ОБРАЗОВАТЕЛЬНЫЯ СИЛЫ РОССІИ

Оглавленіе.

ЧАСТЬ ПЕРВАЯ.

Общественное воспитаніе.

	Стр.
Предисловіе	1
I. Лицеи и университеты	5
II. Задача университетскихъ экзаменовъ	39
III. Церковь и воспитаніе	78
IV. Уставъ гимназій и прогимназій 1864 г.	123

    1. Воспитаніе классическое и реальное, 126.—2. Реальное воспитаніе по „Уставу 1864 г.", 161.—3. Система учебныхъ заведеній должна сообразоваться съ естественнымъ раздѣленіемъ молодаго поколѣнія на два возраста, 164.—4. Самостоятельность школьныхъ корпорацій, 171.

ЧАСТЬ ВТОРАЯ.

Народная школа.

Вмѣсто предисловія: почему немногіе оканчиваютъ курсъ нашихъ гимназій?	215

    1. Недостатокъ народнообразовательныхъ учебныхъ заведеній, какъ причина переполненія нашихъ гимназій ученика-

ми — 221. 2. Псевдоклассицизмъ, какъ причина опустѣнія нашихъ гимназій — 236.

I.	Два разряда народныхъ школъ	265
II.	Обстановка народныхъ школъ	295
III.	Политика и школа	308
IV.	Попечительства народныхъ школъ. — Участіе земства въ народномъ образованіи.	327
V.	Можно ли откладывать повсемѣстное открытіе народныхъ школъ	374
VI.	Русскій языкъ въ народныхъ школахъ	410
VII.	Отношеніе народныхъ школъ къ университету	424

ЧАСТЬ ПЕРВАЯ

ОБЩЕСТВЕННОЕ ВОСПИТАНИЕ

Часто слышны у нас жалобы на недостатокъ энергіи и талантовъ въ русской жизни, на религіозный индиферентизмъ образованнаго класса, на шаткость нашихъ убѣжденій и на равнодушіе русскаго народа къ общественной дѣятельности. Но напрасно стали бы относить все это къ прирожденнымъ свойствамъ русскаго ума. Родина Петра В. и его сподвижниковъ не можетъ быть обвинена въ недостаткѣ энергіи; народъ ознаменовавшій свою исторію „вѣкомъ Екатерины" не долженъ терпѣть недостатка въ талантахъ; народъ воспитавшій поколѣнія Курбскаго, Острожскаго, Минина нельзя обвинить ни въ религіозномъ индиферентизмѣ, ни въ равнодушіи къ общественной дѣятельности....

Не заключается ли въ системѣ нашего общественнаго воспитанія одна изъ главныхъ причинъ современной духовной нищеты нашей общественной и политической жизни? Школа всегда была и будетъ резервуаромъ народныхъ силъ; ея вліяніе чувствуется во всѣхъ направленіяхъ; ея послѣдствія достигаютъ самыхъ отдаленныхъ поколѣній...... Вспомнимъ что существуетъ полнѣйшая аналогія между общественнымъ воспитаніемъ и народной жизнью — и мы должны согласиться съ тѣмъ, что всѣ недостатки нашей общественной жизни коренятся въ школѣ и что исторія народа являетъ здѣсь свою неумолимую послѣдовательность.

Мало найдется утѣшительнаго въ прошедшемъ русскаго общественнаго воспитанія. Мы видимъ что въ теченіи полутора вѣка все было сдѣлано для того, чтобы обезличить образованный классъ русскаго народа, порвать въ немъ чутье народнаго историческаго развитія, сдѣлать изъ него нѣмецкаго чиновника, французскаго маркиза или пародію англійскаго землевладѣльца. Если онъ не сдѣлался ни тѣмъ, ни другимъ, то это должно приписать или особенностямъ великорусской равнины: ее сѣрому небу, безконечной однообразной дали и равнодушной природѣ, или тому счастливому обстоятельству, что русскій человѣкъ вообще „хотя и плохо скроенъ, но крѣпко сшитъ".

Но народная жизнь, послѣдовательная вообще, отличается неумолимой логикой въ дѣлѣ общественнаго воспитанія и потому, на этомъ пути нельзя ошибаться безнаказанно. Быть можетъ новыя поколѣнія русскихъ людей несутъ на себѣ всю тяжесть старыхъ ошибокъ. Напримѣръ. Современный религіозный индиферентизмъ православнаго общества не есть ли прямое слѣдствіе отчужденія мірянъ отъ церковнаго дѣла, однимъ изъ видовъ котораго является отдѣленіе нашего духовнаго общественнаго воспитанія отъ нашего свѣтскаго воспитанія. Недостатокъ энергіи въ образованномъ классѣ легко объясняется тѣмъ, что наша новѣйшая школа, стараясь управлять воспитанникомъ, ничѣмъ не вызываетъ его индивидуальности. Шаткость убѣжденій прививается шаткостью основаній нашего общественнаго воспитанія. Наше равнодушіе къ общественной дѣятельности, кромѣ причинъ находящихся внѣ школы, безъсомнѣнія зависитъ и отъ того, что современная русская школа не можетъ считаться общественнымъ учрежденіемъ. Напротивъ — она совершенно чужда обществу и потому, хотя ученіе и можетъ породить въ душѣ воспитанника жажду дѣятельности, но вся совокупность нашей школьной и общественной жизни не можетъ развить въ немъ тотъ равный гражданскій инстинктъ, безъ котораго возможны увлеченія, но невозможна земская служба.

Понятно, что всѣ предпринятыя въ послѣднее время преобразованія сдѣлаютъ свое дѣло только вполовину или вовсе ничего не сдѣлаютъ, если ихъ развитіе не найдетъ своей поддержки въ системѣ нашего общественнаго воспитанія. Слѣдовательно начала децентрализаціи, самоуправленія и личной свободы, вносимыя теперь въ жизнь русскаго народа, должны вызвать соотвѣтствующія явленія и въ системѣ русскихъ учебныхъ заведеній. Въ противномъ случаѣ или общественное воспитаніе будетъ идти въ разладъ съ требованіями общественной жизни, или самая благодѣтельная реформа заглохнетъ среди неспособнаго поддержать ее общества. Она должна заглохнуть, потому что „одинъ въ полѣ не воинъ".—

И такъ, мы смотримъ на наши учебныя заведенія, какъ на политическія учрежденія нашего отечества, которымъ ввѣрена будущность вносимыхъ въ современную русскую жизнь преобразованій, частные интересы безчисленнаго множества семействъ и вся судьба русскаго народа.

Но если смотрѣть съ этой точки на систему нашихъ учебныхъ заведеній, то многаго остается пожелать во многомъ можно усумниться. Стоитъ только взглянуть на политическія обстоятельства, на отношенія славянскихъ племенъ, на религіозный вопросъ предчувствуемый Европой, на массу внутреннихъ преобразованій безвозвратно измѣнившихъ всю обстановку нашей общественной жизни, для того чтобы понять на сколько принятая въ XVIII вѣкѣ система духовно-дворянского воспитанія неудовлетворяетъ современнымъ потребностямъ русского народа или — выражаясь языкомъ нашихъ предковъ — на сколько ея „на Государево дѣло не станетъ".

Все это должно объяснить читателю поводы послужившіе къ изданію этой книги. —

Дрезденъ, ⁷/₁₉ Іюня 1867.

I.

Лицеи и Университеты.

Потребность, которой удовлетворяют наши университеты и отношение их к другим учебным заведениям, — вот вопрос, останавливающий сначала наше внимание. Прежде всего должно рѣшить: могутъ ли въ нашихъ университетахъ имѣть мѣсто воспитательныя стремленія англійскихъ, или они имѣютъ единственной цѣлью образованіе спеціалистовъ, обработку науки и непосредственное распространеніе ея въ обществѣ? Для рѣшенія этого вопроса нужно взглянуть на всю систему нашего воспитанія.

Начавъ говорить о воспитаніи невольно обращаешся къ англійскому обществу, потому что оно одно имѣетъ разумную и оправданную исторіей систему воспитанія. Хотя русская публика довольно знакома съ ней, я позволю себѣ сдѣлать небольшой очеркъ этой системы.

Англійское воспитаніе стремится къ образованію въ человѣкѣ характера, а не къ одному механическому обученію. Оно достигаетъ своей цѣли двумя путями: ученіемъ и школьной обстановкой.

Обстановка англійскихъ школъ даритъ воспитаннику свѣтлыя, поэтическія впечатлѣнія и дѣлаетъ для него школу чѣмъ то близкимъ, роднымъ. Недаромъ англичане свято хранятъ въ своихъ воспоминаніяхъ и роскидистыя ивы итонскаго парка и дѣтскія прогулки по живописнымъ окрестностямъ. Поэзія этихъ прогулокъ не отравляется мелкимъ полицейскомъ надзоромъ и дѣти рано пріучаются руководить себя на столько страхомъ, сколько чувствомъ чести заставляющимъ ихъ стараться оправдать довѣріе старшихъ. Свобода и просторъ поддерживаютъ въ воспитанникахъ этихъ школъ тѣлесную и душевную бодрость и вызываютъ энергію. Бюсты великихъ англичанъ разставлены по стѣнамъ классовъ; имена великихъ воспитанниковъ ихъ же рукой вырѣзаны по скамьяхъ. Сколько животворящихъ думъ навѣваютъ они на душу юноши, когда онъ станетъ понимать ихъ дѣла! Онъ поищетъ въ себѣ мотивовъ Байрона, Веллингтона, Пилля. Не найдя ихъ генія, найдетъ въ себѣ преданность ихъ дѣлу, найдетъ цѣль жизни и смѣло, сознательно пойдетъ къ ней. Такъ, подъ вліяніемъ обстановки, слагается характеръ человѣка.

Ученіе въ англійскихъ школахъ основано на слѣдующихъ началахъ. Тамъ учатъ немногому, но это немногое выбрано такъ хорошо и изучается такъ основательно, что оно для каждаго воспитанника составляетъ прочную основу образованія. Лишнихъ предметовъ вовсе нѣтъ. Библія, классическія языки и математика составляютъ почти единственные предметы преподаванія. Законъ Божій преподается тамъ прямо по Библіи. Евангеліе невольно оставляетъ нравственное впечатлѣніе въ душѣ воспитанника и роднитъ его съ религіей, между тѣмъ, какъ механическое изученіе библейскихъ компиляцій ведетъ совсѣмъ въ другую сторону. Библія въ англійскихъ школахъ не стоитъ на ряду съ другими предметами — это отдѣлъ ежедневной молитвы. Надобно желать, чтобы и у насъ болѣе обращали вниманія на самую важную книгу христіанства.

Въ англичанинѣ-ребенкѣ школа всегда уважаетъ человѣка и не требуетъ отъ него невозможнаго. Уваженіе человѣческихъ слабостей доходитъ здѣсь до того, что отъ воспитанниковъ неспособныхъ къ математикѣ, требуется менѣе, нежели отъ способныхъ. Это чрезвычайно законно, потому что есть люди имѣющіе рѣшительное отвращеніе отъ математики. Да и объемъ всѣхъ предметовъ, преподаваемыхъ въ англійскихъ школахъ, не такъ великъ чтобы отяготить воспитанниковъ. Это избавляетъ ихъ отъ мелкихъ, унижающихъ душу уловокъ, встрѣчающихся на каждомъ шагу въ нашей школьной жизни.

При опредѣленіи въ школу, ученикъ совершенно отдается у насъ произволу начальника, который можетъ любить его и не любить, наказывать и прощать, иногда, совершенно произвольно. Лица, которымъ извѣстны поступки начальника и которые заинтересованы ими — мѣстное общество — не имѣютъ на директора ни малѣйшаго вліянія; онъ, на дѣлѣ, подчиненъ только ревизору изрѣдка объѣзжающему округъ. Но въ Англіи и надъ школой господствуетъ контроль общественнаго мнѣнія, а въ школѣ такая же законность, какъ и въ частной жизни. Она не можетъ въ ней не господствовать потому что директоромъ назначается здѣсь тотъ, на кого указываетъ общественное мнѣніе.

Не удивительно если воспитанники англійскихъ школъ отличаются чувствами джентльмена. Общій голосъ приписываетъ имъ честность, любовь къ родинѣ, уваженіе человѣка въ другомъ и самоуваженіе, основанное на чувствѣ исполненнаго долга. Прибавьте къ этому основательное классическое образованіе и умѣнье держать себя, и вотъ передъ вами идеалъ джентльмена, типъ гражданина Англіи.

Университеты Англіи преслѣдуютъ ту же идею, какъ и школы. Это заведенія воспитательныя, а потому и положеніе англійскаго студента, также какъ и воспитанника школы, нѣсколько стѣснено; но эти стѣсненія полезны и даже необходимы, потому что въ 15—17 лѣтъ (возрастъ большинства поступающихъ въ англійскіе университеты) человѣкъ еще не можетъ быть полноправнымъ гражданиномъ. Ни въ одной демократіи шестнадцатилѣтніе не подавали голоса въ народныхъ собраніяхъ, потому что ихъ признавали еще не вполнѣ развитыми для гражданской полноправности. Въ этомъ возрастѣ еще необходимо что нибудь, что сдерживало бы и руководило молодого человѣка. Коллегіальное устройство англійскихъ университетовъ, какъ нельзя болѣе удовлетворяетъ этой потребности. Оттого въ англійскихъ университетахъ не можетъ имѣть мѣсто распущенность нравовъ; ей противудѣйствуетъ: строгость коллегіальныхъ обычаевъ, надзоръ декана и туторовъ, общій столъ, общая молитва. Туторъ не полицейскій чиновникъ (какъ мы привыкли видѣть въ нашихъ учебныхъ заведеніяхъ); онъ руководитъ занятіями студентовъ; къ нему можно обратиться за совѣтомъ, который всегда необходимъ для начинающаго и онъ же оканчиваетъ предварительное образованіе недостаточно приготовленныхъ къ университету. Особенно важно то, что туторъ самъ принадлежалъ когда то къ числу лучшихъ студентовъ этаго университета. Это чрезвычайно усиливаетъ достоинство его нравственной цензуры. Коллегіальная дисциплина спасаетъ извѣстный возрастъ (отъ 15 до 20 лѣтъ) отъ того преждевременнаго наслажденія жизнью, которое такъ губительно дѣйствуетъ на молодое поколѣніе.

Англійскіе университеты упрекаютъ въ томъ что ихъ студенты менѣе развиты, нежели на континентѣ. Упрекъ было бы справедливъ, если бы студенты Германіи и Франціи были одного возраста съ англійскими. Тѣ гораздо старше. Къ тому же мы имѣемъ довольно неопредѣленное понятіе о развитіи. Развитымъ нельзя еще назвать молодаго человѣка, который, нахватавшись вершковъ, и ничего не обдумавъ, отступитъ отъ авторитетовъ или на обумъ приметь модныя убѣжденія. Жизнь должно своевременно развить человѣка.

Факультетское раздѣленіе едва замѣтно въ англійскихъ университетахъ. Только на двухъ послѣднихъ курсахъ проглядываютъ оттѣнки факультетовъ. Конечно, это сильное доказательство неразвитости англійскихъ студентовъ, потому что ихъ не признаютъ способными, рѣшительнымъ выборомъ факультета, разъ на всегда опредѣлить свою будущность. Но Англичане правы. Для того чтобы выбрать карьеру богослова, медика, математика, юриста, нужно сознаніе долга, зрѣлый взглядъ на обязанности медика, учителя, адвоката, пастора и главное надобно пониманіе своего призванія. Нельзя ожидать такого развитія въ 15, 16 лѣтъ отъ человѣка не имѣющаго понятія о жизни. Отъ этого происходитъ то, что студенты нашихъ университетовъ такъ часто мѣняютъ факультетъ. Очень многіе изъ нихъ выбираютъ его не сознательно а случайно. Примѣръ товарищей и совѣтъ родителей можетъ бросить человѣка на такую дорогу, которая вовсе не согласна съ его наклонностями. Энергію такого спеціалиста не будутъ поддерживать ни наклонности, ни расчетъ и ему нужно будетъ или принудить себя заниматься предметом к которому он не чувствует склонности, или переменить факультет. В наших университетах, наполненных такими ранними специалистами, мы видим это на каждом шагу.

Чем поздней решительный выбор специальности, тем лучше. Человек созревший, имевший время узнать практическую жизнь, может выбрать себе карьеру даже по расчету. Не имея ни к чему решительного призвания, он все таки будет полезен на своей дороге, потому что личные интересы заменят ему, отчасти, призвание; но в 15, 16 лет расчет непозволителен; в эти лета он еще не может быть так основателен, чтобы ручаться за будущее.

Англичане, отдалив выбор специальности до более зрелого возраста, избавляют человека от непроизвольных ошибок и насилия над своей природой. Но надобно заметить что частные самостоятельные занятия, в которых совершенно правильно и свободно выражаются специальные наклонности человека, в полном ходу в английских университетах. Их вызывает обилие пособий находящихся под рукой у студента, общественное мнение товарищеского кружка, медали, стипендии, поощрения. Но главное поощрение к самостоятельным занятіямъ состоитъ въ томъ, что обязательныя занятія не отнимаютъ у студентовъ всего времени. Къ концу университета англичанинъ, самъ того не замѣчая, дѣлается спеціалистомъ, потому что у него мало по малу опредѣляется группа предметовъ, которыми онъ занимается съ особенной охотой.

Англійскіе университеты даютъ степени своимъ воспитанникамъ. Хотя съ этими степенями не связано никакихъ особенныхъ правъ по службѣ, но общественное мнѣніе требуетъ отъ каждаго воспитанника университета степень бакалавра. Этотъ титулъ краснорѣчиво говоритъ обществу, что молодой человѣкъ не даромъ былъ въ университетѣ, потому что онъ выработалъ для себя общее образованіе, которое ручается за проведенные съ пользой молодые годы.

Спеціальное образованіе англичане кончаютъ подъ руководствомъ какого нибудь извѣстнаго спеціалиста-практика. Кромѣ того молодые адвокаты прилежно посѣщаютъ суды и парламентъ, а доктора занимаются практически медициной. Наконецъ всѣ достаточные англичане ѣдутъ путешествовать и слушать лекціи въ заграничныхъ университетахъ. Вотъ послѣдняя, самая продолжительная школа, черезъ которую проходитъ образованный англичанинъ. Эта школа — жизнь и наука.

И такъ, въ дѣлѣ спеціальнаго образованія, Англія все предоставило личной энергіи, — и ни одна страна въ мірѣ не имѣетъ столько знаменитыхъ адвокатовъ, медиковъ, инжинеровъ, государственныхъ людей и ученыхъ.

Нельзя не обратить вниманія еще на одну черту въ системѣ англійскаго, національнаго воспитанія. Эта страна не знаетъ заведеній, гдѣ дѣтямъ даютъ спеціальное воспитаніе; но отъ этого вовсе не страдаютъ ея государственные интересы. Развѣ ея офицеры уступаютъ воспитанникамъ кадетскихъ корпусовъ? Англія обязана своей гражданской и военной славой, не спеціальнымъ заведеніямъ а духу просвѣщеннаго патріотизма, почерпаемому ея гражданами въ гуманности учрежденій ихъ родины, въ особенности въ народномъ воспитаніи. Если бы это было не такъ, лордъ Веллингтонъ не сказалъ бы, что онъ выигралъ въ Итонѣ Ватерлосскую битву. Итонская коллегія не кадетскій корпусъ. Въ ней не читаютъ ни тактики, ни фортификаціи. Но воспитаніе получаемое въ Итонѣ образовываетъ англійскій характеръ и развиваетъ англійскій умъ, которымъ было суждено побѣдить Наполеона.

Англичане не ошиблись устранивъ специальность въ дѣлѣ воспитанія. Получить военное образованіе во всякое время не трудно для человѣка призваннаго на эту дорогу, потому что изучить тактику и фортификацію никогда не поздно. Къ чему же съ дѣтства вести человѣка по извѣстной спеціальной дорогѣ? Конечно геній, хотя на скоро, но всегда найдетъ свою истинную дорогу, не смотря ни на какія препятствія. Изъ Шиллера не сдѣлала военнаго и штуттгардская академія. Но нельзя этого сказать о людяхъ болѣе обыкновенныхъ. Ихъ талантъ менѣе сильный, но все таки полезный на своемъ мѣстѣ, можетъ совершенно погибнуть только отъ того, что воспитаніе подавитъ его первые проблески. Любопытно знать что вышло бы изъ Потемкина если бы его не исключили изъ духовнаго званія.

Говорятъ что англійскія школы и университеты такъ своеобразны, что годятся только для Англіи. Но если они даютъ англичанамъ превосходное воспитаніе, если они составляютъ гордость и счастіе Англіи, то трудно каждому не пожелать такихъ же результатовъ для своей родины. Для этого не надо разрушать наши гимназіи и университеты, съ тѣмъ чтобы на ихъ развалинахъ воздвигнуть дюжину кембриджей и итонов. Учебныя заведенія не фабрики, но мастерскія. Какъ и всѣ государственныя учрежденія они должны имѣть самостоятельную жизнь, свою физіономію и свою исторію. Но это невозможно, если каждое преобразованіе будетъ совершеннымъ уничтоженіемъ стараго и основаніемъ новаго .....

Россіи не за чѣмъ копировать итонской коллегіи .... Но ея гимназіи должны быть также хорошо примѣнены къ человѣческой натурѣ, какъ и англійскія школы. Говорятъ что у насъ нѣтъ педагоговъ. Это врядъ ли справедливо. Не надо забывать что они теперь не видны, потому что ихъ можетъ вызвать къ дѣятельности только такое свободное учрежденіе, какъ англійская школа.

Отъ англійскихъ университетовъ переходимъ къ нашимъ.

Напрасно стали бы вносить стѣсненія англійскихъ университетовъ въ университеты западной Европы. Это было бы безполезно и вредно, потому что они удовлетворяютъ совершенно другой потребности. Исторически выработался тотъ взглядъ общества, что эти университеты воздвигнуты не для воспитанiя юношества (въ строгомъ смыслѣ этого слова), а для того, чтобы дать возможность людямъ вполнѣ возмужавшимъ достигнуть спецiальности. Блестящее время западныхъ университетовъ совпадаетъ съ той эпохой, когда въ нихъ стремились люди, увлекаемые страстью къ наукѣ. Жизнь этихъ студентовъ-мужей вовсе не похожа на жизнь англiйскихъ студентовъ-воспитанниковъ. Ихъ образовывало не одно книжное ученiе, но жизнь, путешествiя; не одни только филологическiя занятiя, но и политическая дѣятельность выпадала иногда на ихъ долю.

Европа XIX вѣка наслѣдовала этотъ взглядъ отъ своихъ предковъ; мы заимствовали его изъ Европы вмѣстѣ съ внѣшней формой. Западно-европейскiе и наши университеты до сихъ поръ — представители современнаго движенiя въ области мысли. Каждая новая наука, каждая новая мысль находитъ въ нихъ прiютъ и пропаганду. Таковы по крайней мѣрѣ требованiя общественнаго мнѣнiя Европы.

Здравый смыслъ говоритъ, что университетъ, предлагая своимъ слушателямъ такую роскошную умственную пищу, видитъ въ нихъ не воспитанниковъ, а людей съ самостоятельнымъ, возмужалымъ умомъ. Еще ясн ѣй видна роль нашихъ университетовъ изъ того, что профессоры, имѣвшіе вліяніе на современное имъ поколѣніе, выступали передъ публикой не съ стереотипнымъ курсомъ, въ которомъ застыли мнѣнія прошедшаго двадцатилѣтія. Какъ всѣ политическіе дѣятели, эти люди жили жизнью своего вѣка; они страдали и радовались вмѣстѣ съ человѣчествомъ, — и эти чувства одушевляли ихъ лекціи. Публика искала въ нихъ послѣднихъ изысканій, художественнаго, одушевленнаго изображенія былого или разрѣшенія современныхъ вопросовъ. Но вопросы идутъ какъ волны, жизнь поднимаетъ ихъ одинъ за другимъ и человѣку всегда нужно прислушиваться къ чередовому вопросу своего поколѣнія. Гдѣ же научаться понимать ихъ, какъ не въ университетѣ изъ устъ такихъ людей, какъ Кудрявцевъ и Грановскій? Эти жизненные вопросы, переходя лабораторію ихъ души, являются публикѣ въ новомъ свѣтѣ и съ новымъ значеніемъ. Потому то можно десять лѣтъ посѣщать аудиторію одного профессора и въ десять лѣтъ не кончить его курса. Здѣсь дѣло не въ научныхъ фактахъ — ихъ можно вычитать изъ книги — а въ той глубинѣ созерцанія и въ томъ обояніи собственной личности профессора, которое мы видѣли въ Грановскомъ. Подобныя лекціи читаются не для людей одного возраста, извѣстнаго положенія въ обществѣ, извѣстной спеціальности, а для всѣхъ, для публики. На нихъ стекаются люди высоко поставленные образованіемъ, талантами, общественными заслугами и только что призванные къ самостоятельной жизни. Вотъ одна половина университетской публики.

Общественное мнѣніе требуетъ, чтобы всѣ науки имѣли своихъ представителей въ лицѣ профессоровъ. Такимъ образомъ университетъ удовлетворяетъ всѣмъ спеціальностямъ. Въ аудиторію извѣстнаго профессора стекаются люди различныхъ націй, столкнувшіеся на одной спеціальной дорогѣ: это — люди уже окончательно сознавшіе свое призваніе и посвятившіе себя ему. Вотъ другая половина университетской публики. Эти двѣ половины такъ проникнуты одна другой, что нельзя принадлежать ко второй изъ нихъ не принадлежа въ тоже время къ первой и къ первой непринадлежа ко второй.

Слѣдовательно публика русскихъ университетовъ есть часть того же русскаго образованнаго общества; въ нее входятъ взрослые люди всѣхъ направленій и занятій; она имѣетъ одинакіе интересы съ остальнымъ обществомъ.

По этому не должно быть ни малѣйшаго различія между человѣкомъ который слушаетъ университетскія лекціи и образованнымъ частнымъ человѣкамъ.

Въ Германіи, вслѣдствіе прежняго застая политической жизни и поступленія въ университетъ молодыхъ людей того возраста, который еще способенъ увлечься формализмомъ нѣмецкихъ буршеншафтовъ, образовалось сильное различіе между студентами и частными людьми. Студенты отдаляются отъ своихъ согражданъ, стремятся поддержать отдѣльное студенческое общество, хранитъ безобразные законы и для того, чтобы выдѣлиться изъ толпы филистеровъ позволяютъ себѣ разныя странности. Но теперь не среднія вѣка; тѣсныя корпораціи замѣнились обществомъ, въ которомъ каждый долженъ вести себя какъ гражданинъ и нѣмецкая студенческая жизнь, пріучая человѣка неуважать общество, приготовляетъ къ немъ будущаго бюрократа. Вотъ причина почему общественное мнѣніе Германіи давно требуетъ перерожденія своихъ университетовъ.

Идея нашихъ университетовъ первоначально была заимствована изъ Германіи; но такъ какъ въ основу ихъ легла совершенно другая національность, то и наше университетское общество совершенно отличается отъ германскаго. Русская натура не можетъ ограничиться одними отвлеченностями и мечтами; ей нужна жизнь во всей ея дѣйствительности, а не формальная, стѣсненная условными правилами и предразсудками, жизнь нѣмецкаго бурша. Отъ того у насъ слушатель университетскихъ лекцій, въ тоже время гражданинъ общества. Но для того чтобы эта прекрасная сторона нашихъ университетовъ могла вполнѣ развиться нужно дать полную свободу ихъ развитію. Этому противурѣчатъ монополіи профессоровъ, цѣховое устройство факультетовъ, экзамены и множество другихъ стѣсненій.

Университетскія учрежденія не могутъ имѣть воспитательныхъ цѣлей, потому что этому противурѣчитъ допущеніе всѣхъ возрастовъ къ слушанію лекцій, свобода профессора читать о чемъ онъ хочетъ и право слушателей жить гдѣ угодно и какъ угодно. Слѣдовательно нашъ университетъ предназначается для образованія частныхъ людей, полноправныхъ и полноотвѣтственныхъ, гражданъ русскаго общества, подвергающихся только тѣмъ стѣсненіямъ, которымъ подвергается всякій частный человѣкъ.

Къ чему же регулировать его занятія опредѣляя сколько лѣтъ каждый спеціалистъ долженъ слушать лекціи на своемъ факультетѣ? При воспитаніи человѣка необходимо обращать вниманіе на годы, потому что только съ годами крѣпнетъ умъ, пріобрѣтается самостоятельность воли, развивается способность мыслить. Отсюда необходимость опредѣлить число лѣтъ, которое каждый долженъ пробыть въ воспитательномъ учебномъ заведеніи. Но тамъ гдѣ не можетъ существовать воспитательный надзоръ и гдѣ каждый долженъ быть болѣе или менѣе спеціалистъ нельзя опредѣлить число лѣтъ, необходимое для того чтобы каждый усвоилъ спеціальныя познанія. Одинъ имѣетъ болѣе способностей, другой менѣе; одинъ будетъ прилежнѣй заниматься нежели другой. Слѣдовательно первый можетъ сдѣлать въ одинъ годъ то, что другой сдѣлаетъ въ два.

Далѣе, — почему не предоставить публикѣ свободу обращаться къ тому или другому профессору. Свобода эта вполнѣ законна, потому что контроль и ограниченія не надобны тамъ, гдѣ слушатели достаточно развиты и понимаютъ свою пользу. Свобода въ выборѣ профессорскихъ курсовъ дастъ сильный толчекъ жизни русскаго и западно-европейскаго университета. Но для существованія ея необходимы два условія: учрежденіе приватъ-доцентовъ по всѣмъ кафедрамъ и средневѣковая свобода переходовъ изъ университета въ университетъ. Безъ этого невозможно искоренить злоупотребленія вредно дѣйствующія какъ на университетское образованіе, такъ и вообще на развитіе науки. Недостатокъ конкуренціи даетъ просторъ теоріи: не профессоръ существуетъ для слушателей, а слушатели для профессора.

Нечего говорить что форма, совершенно умѣстная въ англійскомъ воспитательномъ университетѣ, вовсе не согласно съ развитіемъ русскихъ университетовъ, потому что публику ихъ составляютъ частные люди всѣхъ возрастовъ, состояній и положеній въ обществѣ. Знаменитого профессора съ пользой могъ слушать и Гумбольдтъ и молодой человѣкъ, только что вступившій на спеціальную дорогу. Къ такому соединенію самыхъ разнородныхъ личностей изъ которыхъ каждая имѣетъ полное право имѣть свои привычки совершенно безполезно приложить форму. Она не имѣла бы ни цѣли, ни смысла.

Но самое важное стѣсненіе встрѣчаемое публикой въ нашихъ университетахъ, стѣсненіе совершенно несогласное съ ихъ назначеніемъ, — это вступительный экзаменъ. Въ

принося никакой пользы обществу вступительный экзамен безъ всякой причины съуживаетъ кругъ деятельности русскихъ университетовъ не позволяя имъ быть возможно доступнымъ проводникомъ высшаго образованiя. Вступительный экзаменъ на всегда затворяетъ двери университета передъ людьми способными, но которымъ обстоятельства помѣшали получить въ молодости полное предварительное образованiе, что, впрочемъ, нисколько не мѣшаетъ имъ знать свое дѣло и добросовѣстно выполнять свои обязанности. Не надо забывать что въ каждой спецiальности главную роль играетъ не предварительное образованiе, а спецiальныя познанiя и талантъ. Въ слѣдующей главѣ мы постараемся подробнѣй развить нашъ взглядъ на университетскiе экзамены.

И такъ если откровенно пожелать, чтобы наши университеты принесли всю пользу, которую они могутъ принести, необходимо принять за исходную точку ихъ организацiи то, что слушатели университетскихъ лекцiй должны быть частные люди, сознательно взявшiеся за изученiе какой нибудь науки, и что они должны подвергаться только тѣмъ стѣсненiямъ, которыя существуютъ для всѣхъ частныхъ людей, какъ гражданъ государства. Университет не должен налагать на личность слушателей никаких новых ограничений.

Бывшее движение наших университетов, направленное против монополіи профессоров, экзаменов и формы вело именно к признанію гражданской полноправности слушателей. Это движеніе показывает, что для наших университетов прошли времена беззаботных увлеченій, и что явилась потребность замѣнить прежнія отношенія к обществу и начальству новыми, болѣе совмѣстными с достоинством людей соединенных одной цѣлью — наукой.

Таким образом наши университеты должны быть самым полным удовлетвореніем той потребности которую чувствуют англичане, когда, окончив свое воспитаніе в Оксфордѣ или Кембриджѣ, они занимаются под руководством извѣстнаго практика-спеціалиста и идут кончать свое спеціальное образованіе в заграничных университетах.

Но какой потребности удовлетворяют наши лицеи? Они не могут преслѣдовать цѣль университетов: для университета необходимо положеніе в большом городѣ, куда стекается многочисленная образованная публика; университет предполагает центральный город края, — без этого невозможно самостоятельное положеніе доцентовъ живущихъ на доходы съ лекцій и право публики произвольно слушать того или другого профессора. За исключеніемъ Одесскаго лицея (недавно преобразованнаго въ университетъ) ни одинъ не можетъ разсчитывать на главное условіе существованія университета — многочисленную публику. Чѣмъ же должны быть наши лицеи если они не могутъ быть университетами?

Признавая достоинства англійской системы общественнаго воспитанія мы выразили желаніе чтобы наши гимназіи давали результаты англійскихъ школъ. Но этого мало. Юношескій возрастъ русской молодежи, точно также, какъ и молодежи англійской, долженъ быть окруженъ обстановкой, способной предупреждать, очень естественное въ молодомъ человѣкѣ, неумѣніе пользоваться свободой. Безъ этого дѣло воспитанія останется неконченнымъ. Если бы наши лицеи, по примѣру англійскихъ университетовъ, обратились къ самостоятельной дѣятельности такихъ учебныхъ заведеній, въ которыхъ русское юношество могло бы естественно кончить свое воспитаніе, — они принесли бы обществу огромную услугу.

Въ системѣ нашего общественнаго воспитанія многое измѣнилось бы тогда къ лучшему.

Оно кончается теперь вмѣстѣ съ гимназіей, и молодой человѣкъ спѣшитъ въ университетъ, гдѣ прежде всего ему предстоитъ рѣшеніе вопроса о правильномъ, согласномъ съ своими наклонностями, выборѣ факультета. Для рѣшенія этаго вопроса нужно размышленіе, самостоятельный взглядъ на будущую карьеру и хорошо опредѣлившееся призваніе. Но мы не вправѣ требовать всего этого въ 16, 17 лѣтъ — возрастъ большинства оканчивающихъ гимназію. Оттого наши университеты наполняются людьми, не всегда вѣрно понимающими ту цѣль которая руководила ими при выборѣ факультета. Много времени пройдетъ прежде, нежели вновь поступившій привыкнетъ къ своей спеціальности или пойметъ свою рѣшительную неспособность къ ней. Въ послѣднемъ случаѣ ему нужно будетъ, потерявъ время, труды и деньги, перейти на новую дорогу или остаться на старой, безъ всякихъ симпатій къ ней. Лицей, ограничивъ обязательное ученіе только предметами, необходимыми для всякой спеціальности, предупредилъ бы слишкомъ ранній выборъ и вредныя его послѣдствія. Но съ другой стороны лицейская жизнь должна естественно вызвать въ студентахъ вопросъ о спеціальности и самостоятельныя занятія. Лучшее средство для достиженія этой цѣли заключается въ (не очень строгомъ) факультетскимъ дѣленіи послѣднихъ курсовъ англійского университета и раздачѣ премій за экзамены и сочиненія по отдѣльнымъ предметамъ.

Въ чемъ же должны состоять занятія студентовъ лицея? Есть познанія, равно необходимыя для юриста, инжинера, медика и богослова. Наши гимназіи (точно также какъ и англійскія public schools) не могутъ вполнѣ закончить эту общечеловѣческую часть образованія. Оттого молодежь, сей часъ послѣ гимназіи поступающая въ университетъ чувствуетъ что ей неизвѣстно еще многое что должно быть извѣстно человѣку. Студентъ начинаетъ заниматься исторіей, политикой, литературой, новыми языками развлекая такимъ образомъ свои спеціальныя занятія. Расположеніе предметовъ чтенія на первыхъ двухъ курсахъ нашихъ университетовъ осязательно доказываетъ, что общее образованіе еще не кончено. Эти курсы наполняются по большей части нефакультетскими предметами. Положимъ что для большинства теперешнихъ слушателей университетскихъ лекцій такая децентрализація занятій является мѣрой довольно практической. Но за то, что можетъ быть непріятнѣй человѣку, поступившему въ университетъ для серьезныхъ юридическихъ занятій и съ совершенно достаточной подготовкой, если его заставятъ слушать латинскій и нѣмецкій языкъ, изысканія о вавилонянахъ и ассиріянахъ или разборъ произведеній славянской литературы?

Лицей давши воспитаннику полное общечеловѣческое образованіе, далъ бы ему впослѣдствіи возможность заняться своимъ предметомъ не отвлекаясь посторонними. Я не говорю о томъ, въ чемъ должно состоять общечеловѣческое образованіе оканчиваемое лицеемъ: это чисто педагогическій вопросъ. Но, кажется, никто не станетъ отрицать необходимость основательнаго знакомства съ исторіей и политическими науками рѣшительно для всякаго образованнаго человѣка. Гимназія не можетъ удовлетворить этому требованію; довольно если она хорошо познакомитъ своихъ воспитанниковъ съ древнимъ міромъ, научитъ правильно писать, сообщитъ первыя свѣдѣнія въ географіи и математикѣ, выработаетъ методъ и привычку къ труду. Лицей, продолжая изученіе классической исторіи и литературы, долженъ дать общечеловѣческому образованію полноту и оконченность, ближе познакомивъ студентовъ съ политическими науками, литературой и исторіей новыхъ обществъ. Самымъ лучшимъ средствомъ для этого было бы введеніе хорошихъ сочиненій, какъ руководствъ, изученіе новыхъ языковъ и обширное, многостороннее чтеніе, безъ котораго почти невозможенъ сознательный выборъ спеціальности. Дипломъ лицея или какое нибудь отличіе въ родѣ англійскихъ honours, ручаясь передъ обществомъ и правительствомъ въ общечеловѣческомъ образованіи студента, служилъ бы прекраснымъ доказательствомъ дѣльности молодаго человѣка, потому что это образованіе не дается легко.

Но еще важнѣй нравственная польза, которую могли бы принести лицеи, давши старому поколѣнію средства выполнить свою главную обязанность: сохранить въ молодомъ поколѣніи физическія и нравственныя силы, разбудить въ немъ способность и охоту къ дѣятельности. Люди нашего времени не могутъ вполнѣ выполнить эту обязанность, потому что общественное воспитаніе кончается теперь вмѣстѣ съ гимназіей, — и 16 лѣтній молодой человѣкъ, вполнѣ предоставленный самъ себѣ, по большей части безъ руководителей, на нѣсколько лѣтъ отдается омуту столичной жизни. Большой городъ, отсутствіе и невозможность всякого надзора, кромѣ обыкновеннаго гражданскаго, и неограниченная свобода — къ услугамъ молодаго человѣка. Эти невыгодныя условія усиливаются, очень естественнымъ въ этомъ возрастѣ неумѣніемъ вести свои дѣла.

Припоминая товарищей своей молодости, каждый вспомнитъ о людяхъ преждевременно отжившихъ. Большею частью это широкія натуры нашей общественной жизни. Они наивно извиняютъ свою неспособность ни къ чему, непостоянство и непослѣдовательность поступковъ порывомъ страсти, которая будто бы ихъ увлекаетъ; но это — дурная привычка привившаяся (обыкновенно) въ періодъ отъ 15 до 20 лѣтъ, когда молодой человѣкъ, въ силу нашей системы общественнаго воспитанія, освобожденный отъ всѣхъ стѣсненій, привыкаетъ къ безпорядочной жизни, и, на оборотъ, отвыкаетъ отъ труда, настойчивости и серьезнаго взгляда на свои обязанности. Онъ почти не виноватъ. Въ этомъ возрастѣ еще очень естественно принять простое увлеченіе, минутную прихоть за страсть; а для того чтобы блеснуть передъ товарищами этимъ бурнымъ чувствомъ широкая русская натура можетъ принять на свою душу не мало глупостей. Все это постепенно обращается въ привычку и ведетъ за собой неисправимыя, на всю жизнь, послѣдствія.

Начало такого грустного явленія заключается въ томъ фактѣ нашего общественнаго воспитанія, въ силу котораго молодой, еще далеко не сложившійся характеръ, безъ руководителей и зрѣлаго пониманія своихъ отношеній къ людямъ, вполнѣ отдается самому себѣ. Эта причина имѣла вредное вліяніе не на одни широкія натуры: она пагубно отозвалась въ жизни многихъ людей съ крѣпкой волей, энергической дѣятельностью и недюжиннымъ умомъ. Такимъ образомъ наша система общественнаго воспитанія, преждевременно оканчиваясь, и слишкомъ рано предоставляя человѣка полной свободѣ университетовъ, вызываетъ — гибель молодого поколѣнія.

Лицей могъ бы предупредить эти печальныя, но, къ сожалѣнію, слишкомъ обыкновенныя явленія нашей общественной жизни. Дисциплина лицея, нѣсколько стѣснивъ свободу молодого человѣка, поддерживала бы его падающую волю. Но для того, чтобы эти стѣсненія не были тягостны для молодыхъ людей и не породили бы антагонизма между ними и начальствомъ, было бы необходимо дать нашимъ лицеямъ коллегіальное устройство англійскихъ университетовъ. Безъ этого педагогическій надзоръ будетъ полицейскимъ шпіонствомъ, очень вреднымъ для нравовъ и нисколько не ограждающимъ ихъ отъ порчи.

При коллегіальномъ устройствѣ всѣ студенты дѣлятся на нѣсколько коллегій (общинъ). Студенты каждой коллегіи живутъ вмѣстѣ подъ надзоромъ попечителей. Попечитель (tutor) — лице образованное и всѣми уважаемое; онъ принадлежитъ къ числу лучшихъ питомцевъ этаго же заведенія; онъ помощникъ, совѣтникъ и руководитель студентовъ. Всѣ стѣсненія коллегіальнаго устройства состоятъ въ томъ, что студенты должны присутствовать при общемъ обѣдѣ и молитвѣ, непремѣнно ночевать въ коллегіи, посѣщать обязательныя лекціи, быть на репетиціяхъ и экзаменахъ. Во всемъ остальномъ студенты свободны. Предосудительное поведеніе наказывается исключеніемъ. Коллегія даетъ молодому человѣку хорошую матеріальную и нравственную обстановку. Порядочное неизвѣстимое помѣщеніе, общій столъ который знакомитъ всѣхъ, хорошее общество и обильныя средства къ занятіямъ, — все это не можетъ не оказать добраго вліянія. Надзоръ умнаго просвѣщеннаго начальника, не можетъ быть тягостенъ и, во всякомъ случаѣ, его общество будетъ полезно для молодаго поколѣнія. Старое поколѣніе не должно быть разобщено съ молодымъ

Съ мыслью о надзорѣ и съ должностью надзирателя русская молодежъ привыкла соединять обязанность рыскать по квартирамъ и вывѣдывать стороной нѣтъ ли гдѣ нибудь попойки или чего нибудь запрещеннаго. Этотъ характеръ власти надзирателя вызываетъ всю ту нелюбовь къ ней, которую мы видимъ въ нашихъ учебныхъ заведеніяхъ. Но если бы назначать на эти мѣста людей образованныхъ, способныхъ помогать студентомъ въ ихъ занятіяхъ и связанныхъ своими лучшими воспоминаніями съ лицеемъ; если бы вмѣнить имъ въ обязанность не роль сыщика, а помощника и руководителя, въ этой власти не осталась бы ничего отталкивающаго. Напротивъ власть попечителя была бы чѣмъ то родственнымъ для молодаго поколѣнія. Tutor коллегіи, живя вмѣстѣ съ студентами поставленъ въ самыя тѣсныя отношенія старшаго брата-руководителя. При любви и уваженіи къ самому институту власти близкія ежедневныя отношенія открываютъ въ хорошемъ начальникѣ англійской университетской общины такія стороны, которыя исчезаютъ у насъ при оффиціальномъ формализмѣ. Это ведетъ съ одной стороны къ громадному вліянію англійскихъ туторовъ на молодое поколѣніе; съ другой къ совершенному отчужденію нашей молодежи отъ стараго, более опытнаго поколѣнія, въ лицѣ его представителя — педагогической власти.

Нѣтъ причины считать невозможнымъ существованіе университета и лицея рядомъ, хотя и должно согласиться съ тѣмъ, что удобства, представляемыя большими городами для университетовъ (въ томъ видѣ, какой мы придаемъ этому учрежденію) составляютъ огромное неудобство для всѣхъ вообще воспитательныхъ учебныхъ заведеній и для лицея въ особенности. Не напрасно судьба устроила самыя знаменитыя школы и воспитательные университеты Англіи вдали отъ знаменитыхъ центровъ ея промышленной и общественной жизни. И само собой разумѣется, что было бы и безполезно и невозможно сохранить строгую послѣдовательность въ соблюденіи этого правила. Исторія предъявляетъ здѣсь много правъ совершившагося факта. Но какъ не пожалѣть напримѣръ о переводѣ Царскосельскаго лицея изъ поэтическаго уединенія Царскаго Села въ огромный и безцвѣтный Петербургъ! Какъ не пожалѣть о томъ, что у насъ вообще даютъ природѣ слишкомъ мало мѣста и значенія въ дѣлѣ воспитанія.

Мы привыкли хранить съ глубокимъ уваженіемъ благородную память Московскаго университета.

верситетского пансіона. Но его новое подражаніе, то есть всякое соединеніе воспитательнаго учебнаго заведенія съ русскимъ университетомъ, было бы явленіемъ совершенно несогласнымъ съ требованіями современной общественной жизни. Хотя одно изъ этихъ учрежденій не исключаетъ другаго (потому что потребности которыхъ они удовлетворяютъ совершенно различны), но цѣль которую долженъ преслѣдовать университетъ исключаетъ воспитательную цѣль бывшаго университетскаго пансіона и дѣлаетъ невозможнымъ соединеніе этихъ двухъ учрежденій въ одно. Цѣль университета научная, практическая; цѣль же лицея (къ этому разряду воспитательныхъ учебныхъ заведеній мы относимъ и бывшій Московскій университетскій пансіонъ) болѣе отвлеченная, воспитательная. Университетъ своими лекціями удовлетворяетъ ученаго, практика, спеціалиста и даже все образованное общество которому онъ дастъ средства, посѣщая публичныя лекціи, непосредственно слѣдить за наукой; занятія же лицея имѣютъ въ виду только общечеловѣческое образованіе воспитанника. Свобода слушателя университетскихъ лекцій, какъ относительно жизни, такъ и относительно выбора предметовъ занятій, основана на его совершеннолѣтіи и достаточной подготовкѣ, одним словомъ на томъ, что его воспитаніе кончено. Стѣсненія же лицея, — необходимая принадлежность воспитанія, а воспитаніе предполагаетъ несовершеннолѣтіе. Все должно быть различно въ этихъ двухъ учрежденіяхъ: въ университетѣ слушатели, въ лицеѣ воспитанники; тамъ полное разнообразіе предметовъ преподаванія, вызываемое разнообразіемъ требованій спеціалистовъ; здѣсь ихъ единство обусловливаемое единствомъ общечеловѣческаго образованія; изученіе наукъ въ университетѣ можетъ продолжаться очень долго, смотря по охотѣ и способностямъ занимающагося; въ лицеѣ занятія кончаются вмѣстѣ съ воспитаніемъ...... Возможно ли соединить въ одномъ учрежденіи, подъ одной непосредственной властью удовлетвореніе такихъ противуположныхъ общественныхъ интересовъ?....

II.

Задача университетскихъ экзаменовъ.

Цѣль учрежденія экзаменовъ можетъ заключаться вопервыхъ въ томъ, чтобы вызвать въ учащихся болѣе энергіи, соревнованія и прилежанія; вовторыхъ — они гарантируютъ обществу, въ данномъ лицѣ, извѣстнаго рода познанія.

Экзамены, какъ прямое средство для возбужденія прилежанія, возможны только въ такихъ учебныхъ заведеніяхъ, гдѣ воспитываются люди еще не вполнѣ понимающіе свою пользу. — Даже въ этомъ случаѣ экзамены и, какъ результатъ ихъ, оставленіе на другой годъ въ томъ-же классѣ — едвали не составляютъ одного изъ тѣхъ устарѣлыхъ педагогическихъ пріемовъ, которые давно пора-бы оставить. Они способны скорѣй запугать ребенка и совершенно отупить его, нежели вызвать въ немъ здоровое, сознательное прилежаніе.

Публика университетскихъ лекцій должна состоять только изъ людей нравственно совершеннолѣтнихъ. Непризнавая этого основнаго принципа нашего университетскаго образованія, необходимо отвергнуть много правъ уже давно сдѣлавшихся достояніемъ русскихъ университетовъ. Къ этимъ правамъ относится спеціальность и разнообразіе лекцій, гражданская полноправность совершеннолѣтнихъ слушателей, отсутствіе воспитательной опеки, свободный выборъ предмета своихъ занятій и т. д. Поэтому русскіе университеты, производя экзамены и выдавая дипломы, могутъ имѣть въ виду только вторую цѣль, то есть: они удостовѣряютъ общество въ томъ, что данное лицо имѣетъ извѣстнаго рода познанія.

По большой части, само общество можетъ отличить золото отъ мишуры, истинный талантъ отъ шарлатанизма — но ему необходимо дать иногда какіе нибудь внѣшніе признаки по которымъ оно могло-бы ихъ отличать. Въ этомъ то и заключается цѣль университетскихъ экзаменовъ и значеніе университетскаго диплома. Это неболѣе какъ рекомендація данная университетомъ извѣстному лицу. Но мы нежелаемъ чтобы какая нибудь профессія была монополіей извѣстнаго класса, если только нѣтъ особенныхъ условій, требующихъ чтобы эта профессія была облечена въ корпоративныя формы. Слѣдовательно, какъ и во всякой рекомендаціи, въ университетскомъ дипломѣ не должно быть ничего обязательнаго.

Экзамены и дипломъ могутъ принести серьезную пользу и обществу и спеціалистамъ. Первому экзамены даютъ возможность сразу отличить спеціалиста отъ невѣжды и шарлатана. Вторымъ университетскій экзаменъ облегчаетъ путь къ прибрѣтенію довѣрія публики. Нѣтъ спору, многіе и безъ этой рекомендаціи университета пользуются извѣстностью хорошихъ спеціалистовъ, но это можетъ случиться иногда, а мы говоримъ о большинствѣ и желаемъ имѣть общее правило. Впрочемъ и эти немногія исключенія много выиграли бы въ общественномъ мнѣніи получивъ университетскій дипломъ. Онъ разомъ заявляетъ ихъ предъ обществомъ съ выгодной стороны, заставляетъ умолкнуть всѣ сомнѣнія и однимъ шагомъ даетъ имъ то довѣріе, для пріобрѣтенія котораго имъ нужны года удачной практики.

Такъ какъ образованіе получаемое въ нашихъ университетахъ имѣетъ преимущественно спеціальный характеръ то и свѣдѣнія гарантируемыя университетомъ въ лицахъ выдержившихъ экзамены могутъ и должны быть спеціальныя по различнымъ отдѣламъ. Въ медикѣ университетъ гарантируетъ необходимыя медицинскія познанія, въ адвокатѣ юридическія и только…

Теперь посмотримъ какъ экзаменуютъ въ нашихъ университетахъ. Начнемъ съ того изъ какихъ предметовъ производятся экзамены? Къ необходимому примѣшивается очень много такого безъ чего можно обойтись. Вмѣсто того, чтобы экзаменовать юриста изъ тѣхъ только наукъ, которые составляютъ его спеціальность, студентовъ юридическаго факультета забрасываютъ множествомъ постороннихъ предметовъ. Въ мое время для полученія университетскаго диплома удостовѣряющаго въ томъ, что человѣкъ имѣетъ необходимыя юридическія познанія нужно было доказать свои силы сначала въ богословіи, потомъ въ латинскомъ и нѣмецкомъ языкахъ, потомъ въ исторіяхъ русской и всеобщей, политической экономіи, статистикѣ, финансахъ, логикѣ, психологіи и исторіи русской литературы; точно также и на факультетѣ естественныхъ наукъ половина времени тратится на обязательное изученіе математики, механикъ долженъ заниматься подробнымъ изученіемъ оптики и т. д. Необходимымъ слѣдстіемъ всего этого бываетъ невознаградимая трата времени. Усилія студента раздробляются стремленіемъ къ нѣсколькимъ цѣлямъ и, не обладая особенными способностями или прилежаніемъ, онъ рискуетъ недостигнуть ни одной. Его заставляютъ тратить, по меньшей мѣрѣ, два года изъ четырехъ на изученіе постороннихъ предметовъ, и его же обвиняютъ потомъ въ неосновательномъ знаніи своего предмета!

Въ этомъ отношеніи въ особенности страдаетъ юридическій факультетъ. На первыхъ двухъ курсахъ этого факультета прежде было всего только три юридическихъ предмета: энциклопедія законовѣдѣнія, исторія русскаго законодательства и исторія римскаго права. (Мы говоримъ про московскій университетъ.) Отъ этого, первые два курса юридическаго факультета, служили болѣе общечеловѣческому образованію своихъ слушателей, нежели избранной каждымъ изъ нихъ спеціальности. Положимъ что этотъ недостатокъ сосредоточенности имѣетъ свою хорошую сторону, потому что онъ развиваетъ умственныя способности слушателя и сообщаетъ его образованію многосторонность. Но все это пришло бы само собой безъ всякаго принужденія, тогда какъ обязательность изученія постороннихъ предметовъ, заставляя слушателя ежегодно терять нѣсколько мѣсяцевъ самаго дорогаго времени, приводитъ его къ невольнымъ упущеніямъ въ той части образованія, отъ которой зависитъ вся его будущность.

Это заставляетъ насъ обратить вниманіе на то, въ какомъ отношеніи должно находиться общечеловѣческое образованіе къ спеціальному. Извѣстно что въ Америкѣ обращаютъ очень мало вниманія на общую часть образованія. Меркантильное общество этой страны заботится прежде всего о томъ, какъ бы поскорѣй дать человѣку возможность имѣть самостоятельный кусокъ хлѣба. Здѣсь люди рано начинаютъ стараться о пріобрѣтеніи спеціальныхъ свѣдѣній и рано мѣняютъ школьную скамейку на банкирскую контору. Это направленіе отзывается на характерѣ американскаго образованнаго общества. Напрасно искать здѣсь великихъ спеціалистовъ, двинувшихъ свою науку на столѣтія. Территорія Америки почти совершенно лишена тѣхъ геніальныхъ теоретиковъ, которые подготовали дорогу будущимъ поколѣніямъ. Здѣсь почти нѣтъ ничего въ этомъ родѣ. Но за то тутъ много изобрѣтателей полезныхъ машинъ, смѣлыхъ и предпріимчивыхъ негоціантовъ..... Все американское общество состоитъ изъ массы этихъ дюжинныхъ спеціалистовъ, которые знаютъ свою спеціальность именно настолько чтобы обезпечить себя, но которымъ недостаетъ ни охоты, ни знанія для того чтобы отнестись къ ней съ болѣе возвышенной точки. Эти дюжинные спеціалисты, рано направившіе всѣ свои помыслы къ одной исключительно практической цѣли, даютъ странѣ общій видъ небывалаго матеріальнаго благосостоянія. Элементарное образованіе тоже распространено здѣсь болѣе нежели гдѣ нибудь. Но Америка нейдетъ далѣе этого.

Европейскія общества и въ главѣ ихъ англійское выработали другой взглядъ на образованіе. Оно долго было здѣсь удѣломъ однихъ только достаточныхъ классовъ народа. У людей неимѣющихъ никакой надобности обезпечивать свое существованіе, небыло никакого побужденія искать въ наукѣ одной только пользы и преслѣдовать исключительно утилитарныя цѣли. Англійское образованіе, вѣрное этимъ преданіямъ, до сихъ поръ носитъ аристократическій характеръ. Двадцатилѣтніе джентльмены, выходя изъ коллегій оксфордскаго или кембриджскаго университета, невыносили оттуда ничего, кромѣ такихъ неприложимыхъ въ практической жизни вещей, какъ основательное знакомство съ классиками, съ жизнью древнихъ грековъ и римлянъ и т. п. Они выносятъ отъ туда великолѣпное общее образованіе и самые ничтожные зачатки своей будущей спеціальности. Впослѣдствіи на этомъ общемъ фонѣ ложатся другія краски. По окончаніи университета, англичанинъ приступаетъ къ рѣшительному выбору своей спеціальности и при этомъ основательное полное общее образованіе даетъ ему огромныя преимущества. Съ этой системой воспитанія неразлучно соединены имена великихъ историческихъ дѣятелей Англіи, прославившихся на политическомъ, ученомъ и литературномъ поприщѣ.

Вотъ два типа современнаго образованія, изъ которыхъ одинъ выработанъ историческою жизнью Англіи, другой торопливымъ, лихорадочнымъ бѣгомъ американскаго общества. На континентѣ Европы отголоскомъ этихъ двухъ направленій къ дѣлѣ народнаго образованія являются современные толки о классическомъ и реальномъ воспитаніи. Мы еще будемъ имѣть случай высказать наше мнѣніе о томъ, какое изъ этихъ двухъ направленій можетъ выработать массу болѣе здоровыхъ народныхъ силъ, какое изъ нихъ болѣе согласно съ достоинствомъ человѣка и націи.... Въ настоящую минуту мы предположимъ что читатель несомнѣвается въ томъ, что классическое направленіе, усвоенное англійской школой, гораздо выше и полезнѣе того дешеваго реализма котораго многіе добиваются съ такимъ жаромъ у насъ.

За тѣмъ намъ остается разсмотрѣть, насколько это полное, многостороннее образованіе англійскихъ школъ и университетовъ составляетъ удѣлъ массы народа. Здѣсь мы сталкиваемся съ печальной необходимостью. Это многостороннее образованіе стоитъ сравнительно дорого, а масса народа слишкомъ бѣдна, для того чтобы терпѣливо тратиться въ ожиданіи той вожделенной минуты, когда старшій сынъ, по всѣмъ правиламъ педагогической системы, усвоитъ свою спеціальность. Ее не утѣшаетъ слава великихъ именъ. Она нуждается не столько въ величіи результатовъ, сколько въ ихъ скорости.

И такъ необходимъ компромиссъ между идеальной стороной классическаго воспитанія и демократической потребностью учиться для того, чтобы жить. Не забудемъ того, что во всѣ времена науки и образованіе существовали не для однихъ, только избранниковъ судьбы, которые могли получить болѣе или менѣе счастливое воспитаніе, но для всѣхъ желающихъ. Въ области интеллектуальнаго развитія человѣчества много званныхъ, но мало избранныхъ и эти избранные, очень часто, принадлежатъ къ числу людей, которымъ неудалось получить художественнаго воспитанія англійскихъ школъ и университетскихъ коллегій, которые учились какъ нибудь, чему нибудь, „на мѣдныя деньги". По большой части они получаютъ возможность учиться только тогда, когда ихъ уже поздно воспитывать.

И такъ ихъ цѣль наука, а не воспитаніе и было бы совершенно напрасно навязывать имъ воспитательную обстановку и навязывать ихъ воспитательнымъ учебнымъ заведеніямъ. Цѣль ихъ научныхъ стремленій становится по большей части не гуманизмъ но медицина, юриспруденція, механика и агрономія. Имъ надо открыть доступъ къ самой наукѣ и очевидно что англійскіе коллегіи, съ ихъ классической обстановкой, непринесутъ имъ ни малѣйшей пользы.

Здѣсь начинается роль нашихъ университетовъ. Ихъ назначеніе способствовать образованіи спеціалистовъ; ихъ нравственная сила заключается въ довѣріи къ индивидуальнымъ силамъ человѣка, къ его здравому смыслу и энергіи; ихъ заслуга предъ обществомъ въ ихъ широкой общедоступности. Раскрывая свои двери предъ всѣмъ нравственно-совершеннолѣтнимъ населеніемъ Россіи, и вполнѣ полагаясь на здравый смыслъ каждаго, русскіе университеты предлагаютъ слушателямъ рядъ болѣе или менѣе спеціальныхъ лекцій, не справляясь о томъ, гдѣ приготовлялся каждый изъ нихъ: дома ли, въ гимназіи и лицеѣ, въ аристократическомъ пансіонѣ или путемъ отрывочныхъ занятій, вечеромъ, въ минуты кратковременнаго досуга. (Если дѣйствительность не всегда соотвѣтствуетъ этому идеалу, то объ этомъ можно жалѣть, но это нисколько не измѣняетъ значенія нашихъ университетовъ.)

Предположимъ что нѣкоторые изъ этихъ слушателей, пользуясь отсутствіемъ внѣшняго контроля, приступятъ къ изученію своей спеціальности безъ достаточнаго общаго образованія. Какъ долженъ смотрѣть на нихъ университетъ?

Мы думаемъ, что онъ долженъ предоставить имъ полное право, усиленнымъ трудомъ, прокладывать себѣ дорогу къ наукѣ. Способность — дѣло великое. Соединившись съ энергіей труда она иногда преодолѣваетъ всѣ препятствія. Извѣстно что люди, лишенные всякаго систематическаго общаго образованія, нерѣдко оказывались передовыми на своей дорогѣ. Совершенно напрасно смотрятъ на полное общее образованіе, какъ на нѣчто безусловно необходимое для всякаго спеціалиста. Если опасно больному рекомендуютъ человѣка который можетъ его вылечить, онъ нетолько небудетъ справляться съ его понятіями о положеніи Ньюфоундленда, но даже проститъ ему тверское jargon. Кому случится совершить преступленіе, тотъ обращается къ Лепо не потому что онъ училcя когда то латинскому синтаксису, но потому, что онъ обладаетъ удивительной способностью, увѣрить присяжныхъ что дважды два будетъ равняться чему вамъ угодно, но только не четыремъ.

Наконецъ: предположимъ даже что между слушателями университетскихъ лекцій найдется много людей съ недостаточнымъ общимъ образованіемъ. Что же изъ этого? Необходимо также предположить что эти слушатели постараются во время своихъ университетскихъ занятій исправить недостатки своего общаго образованія. Если человѣку свойственно пониманіе собственной пользы, то ему должно быть также свойственно и стараніе поправить недостатки своего общаго образованія. Можно быть увѣреннымъ что самолюбіе, желаніе быть нехуже другихъ, практическій расчетъ и благородная гордость заставятъ его минуты свободныя отъ гигіены и патологіи посвящать общему образованію. Хотя Джоржъ Стефенсонъ дѣлалъ механическія изобрѣтенія прежде нежели умѣлъ порядочно читать, но изъ этого еще неслѣдуетъ чтобы тотъ же Стефенсонъ, на закатѣ своихъ дней, былъ человѣкомъ менѣе образованнымъ, нежели большинство людей его поколѣнія, получившихъ классическое воспитаніе въ Итонѣ и Коллегіи Всѣхъ Святыхъ.

Тѣмъ менѣе можно опасаться недостаточности общаго образованія въ слушателяхъ нашихъ университетскихъ лекцій, что учебная часть организована въ нихъ именно такъ, чтобы заставить человѣка отъ избранной имъ спеціальности, обращаться къ цѣлой массѣ знанія. Въ этомъ то и заключается ихъ огромное преимущество предъ всевозможными спеціальными учебными заведеніями. Соприкосновеніе четырехъ факультетовъ вызываетъ обмѣнъ мыслей и незамѣтно пополняетъ въ каждомъ пробѣлы общаго образованія. Лекціи исторіи, философіи, исторіи литературъ и тому подобныхъ предметовъ, всего болѣе способствуютъ общеобразовательному развитію. Онѣ доступны пониманію каждаго. Талантъ профессоровъ занимающихъ эти каѳедры по большей части составляетъ сильное нравственное побужденіе посѣщать ихъ лекціи, единственно для того, чтобы быть на уровнѣ образованныхъ людей своей эпохи. Такимъ образомъ предметы имѣющіе косвенное отношеніе къ спеціальнымъ наукамъ незамѣтно, безъ всякихъ принудительныхъ мѣръ, войдутъ въ кругъ занятій каждаго порядочнаго студента и общее образованіе, тамъ гдѣ оно не развито воспитаніемъ, само собою присоединяется къ спеціальному.

Но нельзя требовать чтобы всѣ слушатели университетовъ, въ одинаковой степени, изучали предметы общаго образованія, хотя, въ тоже время, отъ нихъ можно и должно требовать, чтобы свой спеціальный предметъ они знали съ одинаковой отчетливостью. Отношеніе слушателей спеціальныхъ лекцій къ предметамъ неспеціальнымъ, обуславливается предварительной подготовкой, наклонностями и способностями каждаго. Всѣ упущенія въ области общечеловѣческаго знанія (artes liberales, humanités) не будетъ имѣть такаго пагубнаго вліянія на карьеру медика, какъ неполное или неосновательное знаніе терапіи или гигіены. Отсутствіе достаточныхъ политико-экономическихъ свѣдѣній въ юристѣ еще не такой большой недостатокъ, какъ незнаніе гражданскихъ законовъ своего отечества. Нѣтъ ничего удивительнаго если каждый изъ нихъ обратитъ все свое вниманіе на свои спеціальные предметы и будетъ удѣлять другимъ только свободное время. Этого свободнаго времени у одного можетъ быть болѣе, у другаго менѣе, смотря по способностямъ и предварительной подготовкѣ каждаго. Совершенно неестественно ставить эти свѣдѣнія въ рамку извѣстной программы и дѣлать ихъ неизбѣжнымъ условіемъ для каждаго, кто хочетъ держать спеціальные университетскіе экзамены.

Справедливы ли послѣ этого тѣ преграды, которыя встрѣчаетъ молодежь какъ при поступленіи въ наши университеты, такъ и при переходѣ съ одного курса на другой? Богословское ученіе объ ангелахъ, въ былое время, могло отнять у человѣка право быть современемъ полезнымъ членомъ общества въ качествѣ адвоката, въ особенности, если въ тоже время, переводъ изъ Тацита оказывался не очень удовлетворительнымъ. Изъ за неловкаго отвѣта о какихъ нибудь аборигенахъ Греціи, студентъ подвергался опасности не перейти на слѣдующій курсъ и лишался такимъ образомъ возможности изучать уголовное право, хотя между аборигенами и курсомъ уголовнаго права самый тонкій изслѣдователь не нашелъ бы ни малѣйшей связи.

Не приводитъ ли все это къ убѣжденію въ томъ, что русскіе университеты только тогда вполнѣ перестанутъ противурѣчить научнымъ интересамъ русскаго общества, когда будетъ признано за правило что университетъ ручается обществу только въ томъ, что лица, которымъ выданы дипломы имѣютъ всѣ научныя свѣдѣнія необходимыя для избранной ими спеціальности и если въ этомъ ручательствѣ предметы общаго образованія будутъ оставлены совершенно въ сторонѣ?

Если только въ этомъ должно заключаться ручательство русскаго университета передъ обществомъ, то этимъ значеніемъ университетскаго диплома долженъ опредѣляться объемъ и характеръ университетскихъ экзаменовъ. Ихъ кругъ долженъ ограничиваться одними только спеціальными предметами. Что же касается до обогащенія общей части образованія, то, еще разъ повторяемъ, лучше всего вполнѣ представить этотъ отдѣлъ личному произволу каждаго, и мы находимъ совершенно раціональнымъ, чтобы отвѣтственность падала въ этомъ случаѣ на самыхъ слушателей, а не на университетъ.

Применяясь къ этому постараемся опредѣлить рядъ экзаменовъ которые можно сдѣлать обязательными для каждаго, кто хочетъ получить дипломъ по юридическому факультету. По нашему мнѣнію этотъ рядъ долженъ состоять всего только изъ восьми предметовъ: исторіи русскаго законодательства, римскаго права, гражданскаго права, уголовнаго, общественнаго, государственнаго, международнаго и церковнаго. Особеннаго экзамена изъ энциклопедіи законовѣдѣнія мы не предполагаемъ, потому что тотъ, кто выдержитъ экзаменъ изъ этихъ восьми предметовъ, не можетъ не усвоить себѣ энциклопедическихъ понятій о правѣ. Отдѣльный экзаменъ по этому предмету будетъ только безполезной формальностью.

Въ три или четыре года у всякаго найдется довольно времени для изученія восьми юридическихъ предметовъ, и мы нисколько не сомнѣваемся въ томъ, что если бы всѣ студенты юридическаго факультета для полученія диплома должны были бы держать экзаменъ только изъ предметовъ существенно необходимыхъ для ихъ спеціальности они гораздо успѣшнѣй достигли бы своей цѣли, даже при болѣе строгихъ экзаменахъ, нежели теперь. Тогда общій результатъ экзаменовъ производилъ бы более выгодное впечатлѣніе, повысился бы уровень юридическаго образованія въ нашемъ обществѣ (что такъ необходимо при введеніи адвокатуры и гласнаго судопроизводства) и было бы несравненно менѣе молодыхъ людей съ испорченными карьерами.

Заявляя мысль о необходимости ограничить экзаменъ на полученіе университетскаго диплома только предметами совершенно необходимыми для какой нибудь спеціальности, мы разумѣется и не думаемъ устранить слушателей отъ добровольнаго изученія всѣхъ остальныхъ предметовъ. Мы только желаемъ, чтобы это изученіе не имѣло обязательнаго характера и было совершенно предоставлено произволу каждаго. Большая разница между обязательнымъ экзаменамъ и свободою подвергнуть себя экзамену изъ нефакультетскаго предмета. Нѣтъ никакихъ причинъ, желающимъ экзаменоваться изъ постороннихъ предметовъ, воспрещать эти нефакультетскіе экзамены. Такимъ образомъ въ дипломѣ юриста можно было бы встрѣтить мнѣніе университета о познаніяхъ его въ финансахъ, политической экономіи, исторіи и т. п. Эта отмѣтка будетъ доказательствомъ многосторонности познаній, много говорящей въ пользу спеціалиста. Конечно нельзя ожидать чтобы во всѣхъ дипломахъ, въ одинаковой степени, упоминалось объ этихъ нефакультетскихъ экзаменахъ. Надобно принять во вниманіе размѣръ способностей данныхъ человѣку. Если одному легко нетолько основательно приготовить себя въ какой нибудь спеціальности, но сдѣлать несравненно болѣе, то другому, при самыхъ добросовѣстныхъ занятіяхъ, едва хватитъ времени для изученія своей спеціальности. Въ этомъ случаѣ различіе зависитъ не только отъ способностей, но также отъ матеріальныхъ средствъ, предварительной подготовки и множества другихъ причинъ.

Нельзя также не обратить вниманія на то, въ какомъ объемѣ университетъ долженъ требовать отъ экзаменующагося знаніе каждаго спеціальнаго предмета. Въ университетахъ съ давняго времени сложился обычай экзаменовать по каждому предмету на столько, на сколько этотъ предметъ прочитанъ въ продолженіи послѣдняго года. Сообразно съ этимъ и студенты считали себя обязанными отвѣчать только въ этомъ размѣрѣ. Такой взглядъ на экзамены, имѣлъ въ свое время то практическое оправданіе, что студенты заваленные работой по множеству постороннихъ предметовъ едва успѣвали приготовить каждую науку на столько, на сколько она исчерпана въ профессорскомъ курсѣ послѣдняго года. Требовать отъ нихъ болѣе, въ большинствѣ случаевъ, равнялось бы требованію невозможнаго.

Такой взглядъ на объемъ студентскихъ知знаній, въ прежнее время не приносилъ особеннаго вреда, потому что профессорскіе курсы, по большей части, были не болѣе, какъ равномѣрный очеркъ всѣхъ частей науки. При всей своей неудовлетворительности курсы эти, хотя поверхностно, знакомили слушателей со всѣми частями науки и слѣдовательно профессоръ, въ заменуя по своему курсу, требовалъ отъ экзаменующагося, если не основательнаго, то полнаго знанія всей своей науки. Новые дѣятели университетовъ, излагая слушателямъ свой предметъ, уже неограничиваются ежегоднымъ перечитываніемъ курса, какъ было прежде. Въ своихъ лекціяхъ они по большей части сообщаютъ публикѣ результаты полученные ими отъ самостоятельнаго изученія какого нибудь отдѣла избранной ими науки — результатъ ихъ личныхъ работъ. Но не долженъ ли университетскій экзаменъ идти далѣе? Университетъ ручается обществу за полноту спеціальныхъ свѣдѣній въ человѣкѣ, которому онъ выдал свой диплом, а не за отрывки, какъ нерѣдко случается теперь.

Все это доказываетъ необходимость установить извѣстную норму, которой опредѣлялся бы объемъ каждаго обязательнаго предмета. Мы думаемъ что подобной нормой могла бы быть программа, отъ времени до времени (положимъ чрезъ 3 года) издаваемая совѣтомъ каждаго университета по всѣмъ спеціальнымъ предметамъ, сообразно состоянію науки въ данную минуту. Впрочемъ программа эта должна ограничиваться только общими рубриками, отнюдь не вдаваясь въ подробности, потому что, привычка во всѣхъ своихъ занятіяхъ придерживаться только внѣшнихъ опредѣленій программы и заботиться болѣе о ней нежели о сущности дѣла, можетъ имѣть очень вредное вліяніе на самостоятельность ученыхъ занятій. Программа эта не должна нисколько стѣснять свободу профессора произвольно выбирать предметъ своихъ лекцій. Она только налагаетъ на него нравственную обязанность руководить занятіями студентовъ, по тѣмъ частямъ предмета, которые неизлагаются въ чтеніяхъ послѣдняго года.

Переходим теперь к способам производства университетских экзаменов, к их внешней форме.

Главный внешний недостаток наших экзаменов заключается в той роли, которую играет на них случай. Сколько нам известно экзамены производятся везде по билетам. С помощью этой лотереи университетский диплом достается иногда людям не получившим даже основательнаго понятия о предмете экзамена. Подобныя ошибки, ослабляя нравственный авторитет наших высших учебных заведений, подрывают доверие общества к университетскому образованию вообще.

Многие профессоры надеются устранить эту случайность предлагая экзаменующемуся, сверх попавшагося билета, вопросы по своему произволу. Но мера эта далеко недостигает своей цели, потому что трех или четырых дней и даже недели бывает иногда недостаточно для того, чтобы основательно проэкзаменовать всех желающих. Единственное средство избежать этого неудобства заключается в том, чтобы разложить экзамены на целый год, а не сосредоточивать их в одном месяце. Но об этом мы будем говорить после.

Намъ часто приходилось слышать жалобы на то, что сколько нибудь строгій экзаменъ, вслѣдствіе недостатка основательныхъ свѣдѣній въ студентахъ всѣхъ факультетовъ, служитъ камнемъ преткновенія для большинства экзаменующихся. Причиною этого выставляютъ обыкновенно равнодушіе современнаго молодаго поколѣнія къ наукѣ. Мы смотримъ на это иначе. Людей смолоду отдавшихъ себя какой нибудь спеціальности очень мало. Большинство молодыхъ людей всегда смотрѣло и будетъ смотрѣть на избраніе какой нибудь спеціальности какъ на необходимость. Подчиняться этой необходимости составляетъ обязанность каждаго, но все таки большинство, только по необходимости, входитъ въ тѣсныя рамки какой нибудь спеціальности. Вотъ слабая сторона русской молодежи какъ и всякой другой.

Каждое государственное учрежденіе, въ томъ числѣ и спеціальные университетскіе экзамены, должно быть расчитано не для однихъ только высшихъ натуръ, выдающихся изъ ряду по своимъ способностямъ и нравственнымъ качествамъ, но для людей обыкновенныхъ съ ихъ обыкновенными недостатками и увлеченіями. Карательная роль какого нибудь учрежденія можетъ совершенно удовлетворить только людей съ узкимъ, одностороннимъ взглядомъ. Гораздо выше и гуманнѣе стремленіе предупредить самую возможность проступка. — Человѣчество преимущественно симпатизируетъ тѣмъ формамъ общественной жизни, при которыхъ невозможно развитіе дурныхъ сторонъ нашей природы.

Приложимъ это право къ университетскимъ экзаменамъ. Многіе экзаменуются „на авось". Но причина этого заключается не только въ ихъ собственной лѣни (есть много причинъ болѣе извинительныхъ, но мы беремъ самую худшую), но и въ самой постановкѣ экзаменовъ. У большинства людей невполнѣ приготовившихся къ экзамену, если ихъ торопятъ, естественно является мысль о томъ, что недочетъ въ свѣдѣніяхъ можно будетъ пополнить и послѣ экзамена, а теперь, пока экзамены по билетамъ и недостатокъ времени у экзаменатора даютъ надежду на рискъ, отчего не рискнуть? Но рискъ не удался. Порокъ наказанъ и добродѣтель торжествуетъ! Но вѣдь наказаніе десятаго есть одно изъ самыхъ нелогичныхъ наказаній.....

Вотъ сторона университетскихъ экзаменовъ, брасающая тѣнь на экзаменующихся. Хотя она далеко неимѣетъ такой важности, какъ другіе недостатки университетскихъ экзаменовъ, но мы не хотѣли умолчать и о ней, зная что публика университетовъ имѣетъ слишкомъ много правъ на расположеніе общества для того чтобы не бояться раскрывать свои недостатки и искать средства ихъ исправить.

Если въ этомъ случаѣ и можно жаловаться на экзаменующихся, за то есть бездна другихъ случаевъ, когда экзаменующіеся имѣютъ полное право жаловаться на недостатки теперешней системы экзаменовъ. Первый изъ этихъ недостатковъ — отсутствіе довольно сильныхъ гарантій отъ произвола лица экзаменующаго. Имѣя полное основаніе предположить во всѣхъ дѣйствіяхъ экзаменатора-профессора добросовѣстность и вовсе нежели предполагать противное, мы однако желаемъ чтобы экзаменующемуся было предоставлено болѣе гарантіи справедливости, нежели одна только личная добросовѣстность экзаменатора. Мало ли какимъ слабостямъ подверженъ человѣкъ? Нерѣдко эти слабости управляютъ его дѣйствіями такъ, что онъ самъ этого незамѣчаетъ. Необходимо чтобы воля экзаменатора встрѣчала гдѣ нибудь контроль и, если нужно, противурѣчіе .... Съ этою цѣлью учреждены у насъ ассистенты. Но это учрежденіе при насто[ящей] обстановкѣ, далеко не выполняетъ сво[его] назначенія. Начнемъ съ того, что при бо[ль]шомъ накопленіи экзаменовъ ассистентамъ [ча]сто недостаетъ времени. И профессоръ, и а[с]систентъ экзаменуютъ каждый по своему пр[ед]мету. Кромѣ того ассистенты могутъ б[ыть] слишкомъ подавлены авторитетомъ своего [со]брата по каѳедрѣ, слишкомъ равнодушны [ко] чему бы то ни было и т. п. Понятно по[слѣ] этого отъ чего университетскому экзамену о[чень] часто угрожаетъ опасность обратиться въ с[амо]личную расправу, при производствѣ которой [не]рѣдко принимается въ расчетъ и то, усе[рдно] ли посѣщались лекціи экзаменующаго про[фес]сора. (Въ этомъ послѣднемъ случаѣ профес[соръ] обыкновенно, бываетъ глубоко и вполнѣ доб[ро]совѣстно убѣжденъ въ томъ, что внѣ его [лек]цій, какъ внѣ католицизма, нѣтъ спасенія).

Для обезпеченія интересовъ экзаменую[щаго]ся необходимо чтобы экзамены производи[ли]сь коммиссіей, въ которой участвовали бы, съ [оди]накомъ правомъ голоса, всѣ профессоры и д[о]центы читающіе болѣе близкіе между с[обой] отдѣлы наукъ. Такимъ образомъ профессо[ры] и доценты русской исторіи, всеобщей исто[ріи] и исторіи литературъ должны составлять ка[к] миссіи для производства экзаменовъ изъ историческихъ предметовъ; профессора и доценты по древней словесности составляютъ другую; профессора и доценты гражданскаго, уголовнаго и общественнаго права третью и т. д. Коммиссія образованная изъ людей противуположныхъ научныхъ убѣжденій и соединяющая въ себѣ молодыхъ ученыхъ и людей давно привыкшихъ къ кафедрѣ имѣла бы всѣ достоинства суда присяжныхъ. Это значеніе университетскихъ экзаменовъ отучило бы экзаменующихся отъ привычки безсознательно принимать убѣжденія профессора, но, вмѣстѣ съ тѣмъ, оно дало бы имъ бо́льшія гарантіи, нежели теперь, когда экзаменъ остается личнымъ дѣломъ экзаменующаго. Каждый изъ членовъ коммиссіи долженъ имѣть право предлагать вопросы въ тѣсной рамкѣ того предмета, изъ котораго держатъ экзаменъ и само собой разумѣется что экзаменаціонная отмѣтка должна составлять средній выводъ изъ отмѣтокъ каждаго члена коммиссіи.

Но (могутъ возразить) производство экзаменовъ коммиссіей потребуетъ гораздо болѣе времени, нежели сколько тратится теперь и если профессора и теперь едва успѣваютъ, изъ нѣкоторыхъ предметовъ, проэкзаменовать всѣхъ желающихъ, занимаясь этимъ каждый отдѣльно, то тѣмъ болѣе они не успѣютъ проэкзаменоваться всѣхъ коммиссіей.

Мы согласны что экзаменаціонныя коммиссіи будутъ чрезвычайно обременительны если не измѣнится существующій способъ располагать экзамены. Но отчего же его не измѣнить если это измѣненіе необходимо. При существующемъ порядкѣ, по крайней мѣрѣ, три четверти неудачныхъ экзаменовъ происходитъ не отъ небрежности экзаменующихся, но отъ причинъ нисколько отъ нихъ не зависящихъ. Во 1хъ, отъ нихъ совершенно напрасно требуется, обязательное изученіе многихъ постороннихъ предметовъ (объ этомъ мы говорили выше) и во 2хъ, экзамены расположены не въ такомъ порядкѣ, и не съ такими промежутками чтобы доставить каждому экзаменующемуся полную возможность основательно приготовиться изъ каждаго предмета.

Въ настоящее время экзамены производятся обыкновенно въ послѣдніе два или три мѣсяца каждаго академическаго года. Это короткое время разбивается на нѣсколько сроковъ, смотря по числу обязательныхъ предметовъ. Держать экзаменъ по каждому предмету можно не иначе, какъ въ одинъ изъ этихъ сроковъ, именно назначенный для этого предмета.

Даже при этомъ способѣ распредѣлять экзамены остается обыкновенно нѣсколько дней на прочтеніе каждаго предмета. Но эти промежутки не могутъ одинаково удовлятворять каждаго. Намъ не разъ приходилось слышать такое мнѣніе: человѣкъ занимающійся прилежно въ теченіи года можетъ обойтись безъ приготовленія къ экзамену и экзаменъ никогда не можетъ застать его въ расплохъ. Все это можетъ быть справедливо (и то не для всякаго) при поверхностныхъ экзаменахъ, гдѣ много значитъ случай и гдѣ ограничиваются однимъ только намекомъ на знаніе, вовсе нетребуя отъ человѣка серьезныхъ, самостоятельныхъ занятій. Напротивъ, чѣмъ серьезнѣй экзаменъ, тѣмъ болѣе надобно времени на приготовленіе къ нему. Здѣсь уже не годятся эти блистательные экспромпты, которые далеко не всегда бываютъ результатомъ основательнаго знакомства съ предметомъ. Приготовленіе, систематизація знанія, подведеніе итоговъ, по большей части, необходимы не только для экзаменующихся на первую ученую степень, но и для опытнаго профессора передъ чтеніемъ каждой лекціи. Даже профессора никогда не мѣняющіе своихъ курсовъ слѣдуютъ обыкновенно при чтеніи каждой лекціи замѣткамъ или конспекту и немного найдется такихъ, которые всегда готовы на импровизацію.

Времени для приготовленія къ экзамену одному нужно болѣе, другому менѣе. Это зависитъ отъ способностей, отъ общаго образованія и отъ обстановки каждаго. Одинъ тратитъ половину дня на то, чтобы частными уроками обезпечить свое существованіе, другой живетъ совершенно независимо; тотъ кто имѣетъ независимое состояніе хорошо знаетъ иностранные языки и потому, безъ всякого лишняго труда, пользуется иностранными сочиненіями по своей спеціальности, тогда какъ его товарищъ едва можетъ прочесть страницу въ часъ. Природныя способности одного требуютъ, чтобы курсъ былъ прочитанъ не менѣе трехъ разъ, тогда какъ другому довольно двухъ. Очевидно что при одинаковой силѣ воли тотъ, кто имѣетъ на своей сторонѣ матеріальныя средства, природныя способности и тщательное воспитаніе приготовится къ экзамену втрое скорѣй нежели тотъ кто не имѣетъ ни одного изъ этихъ условій. Неестественно ставить эти два положенія въ совершенно одинаковыя рамки. Къ сожалѣнію настоящая система располагать экзамены, сбивая ихъ къ одной минутѣ — окончанію года, непризнаетъ именно этого естественнаго различія и ставить экзаменующихся въ чрезвычайно неловкое положеніе.

Какимъ же образомъ можно было бы избѣгнуть нивелировки и удовлетворить индивидуальному различію обѣихъ экзаменующихся? Достигнуть этого можно только тогда, когда экзамены будутъ расположены на цѣлый годъ, по одному или по два засѣданія въ мѣсяцъ. Засѣданія профессоровъ въ качествѣ экзаменаторовъ должны прерываться только на два или на три мѣсяца лѣтнихъ вакацій. Каждое засѣданіе можетъ продолжаться одинъ вечеръ, два, три и болѣе смотря по числу желающихъ экзаменоваться. Каждый желающій долженъ объявить объ этомъ за недѣлю до экзамена, для того чтобы, въ случаѣ совершеннаго недостатка или очень ограниченнаго числа желающихъ, не тревожить напрасно экзаменаторовъ. Порядокъ въ которомъ будутъ держаться экзамены вполнѣ предоставляется на волю каждаго экзаменующагося, но можно положить срокъ, впродолженіи котораго должны быть выдержаны всѣ обязательные экзамены. Этотъ срокъ долженъ быть какъ можно длиннѣй, для того чтобы не стѣснять безполезно экзаменующагося и во всякомъ случаѣ не менѣе двухъ лѣтъ.

Подобный способъ располагать экзамены

имѣлъ бы огромное вліяніе, какъ на методъ пріобрѣтенія спеціальныхъ познаній въ университетѣ, такъ и на успѣшное окончаніе курса. Въ настоящее время многихъ удивляетъ огромное число не выдержавшихъ экзаменъ, и общая неудовлетворительность отвѣтовъ лишенныхъ, по большей части, всякаго отпечатка самостоятельности. Но не остается никакаго повода къ удивленію если принять во вниманіе то, что хотя эпоха экзаменовъ составляетъ теперь время самыхъ горячихъ занятій, но свѣдѣнія пріобрѣтаемыя второпяхъ, съ помощью одной только памяти и безъ всякаго содѣйствія критики, далеко не имѣютъ того достоинства, которое они имѣли бы при большей свободѣ мысли. Еще менѣе можно удивляться относительно большому числу не выдержавшихъ экзаменъ. Число это возрастаетъ до громадной цыфры если принять во вниманіе также и тѣхъ, которые вышли изъ университета на первыхъ курсахъ, потерявъ всякую надежду на успѣшное окончаніе. Они должны были оставить университетъ потому что ихъ заставляли не во время держать экзаменъ; а два неудачно выдержанные экзамена (не рѣдко по предметамъ совершенно постороннимъ) составляли законное препятствіе для продолженія своихъ занятій на этомъ факультетѣ.... И не грустно ли думать, что можетъ быть нужна была только лишняя недѣля занятій по этому предмету, для того чтобы пополнить всѣ пробѣлы знанія!

Эти неудобства уничтожаются сами собой если расположить засѣданія на цѣлый годъ и дозволить каждому желающему, изъ каждаго предмета, экзаменоваться только тогда, когда онъ будетъ считать себя достаточно приготовленнымъ. Тогда профессоръ будетъ имѣть физическую возможность и полное нравственное право основательно экзаменовать рѣшительно каждаго. Ему не за чемъ будетъ ни торопиться, ни оказывать снисхожденіе. Но съ другой стороны и экзаменующійся не будетъ имѣть надобности спѣшить, полагаться на русское „авось" и расчитывать на снисхожденіе экзаменатора. Передъ нимъ лежитъ непрерывный рядъ засѣданій и отъ него вполнѣ зависитъ выдержать экзамены теперь или двумя, тремя мѣсяцами позже. Такимъ образомъ, не смотря на то что экзамены производились бы гораздо строже, выдержать ихъ было бы несравненно легче нежели теперь, при всемъ снисхожденіи экзаменаторовъ и при поверхностности настоящихъ экзаменовъ вообще.

Выгоды, которыя имѣютъ экзаменующіеся при подобномъ способѣ производить экзамены очевидны, и намъ остается только высказать наше мнѣніе о томъ, не будетъ ли этотъ способъ стѣснять ученыя занятія профессоровъ. Окончательный отвѣтъ на этотъ вопросъ конечно, что могутъ дать только профессора. Но намъ кажется, что въ этомъ случаѣ руководящею нитью должна быть та мысль, что не слушатели существуютъ для профессоровъ, но профессоръ для слушателей. Если выгоды этого способа слишкомъ велики для экзаменующихся если отъ него зависитъ благополучіе нѣсколькихъ сотенъ семействъ и самый характеръ нашего спеціальнаго образованія и если профессора уже обезпечены матеріально, то неудобства экзаменатора невольно отходятъ на второй планъ.

Впрочемъ можно устроить дѣло такъ, что общество вовсе не будетъ нуждаться въ самопожертвованіи одной стороны (профессоровъ) и что напротивъ новый способъ распредѣлять экзамены можетъ принести и профессорамъ-экзаменаторамъ очень существенныя выгоды. При настоящемъ порядкѣ профессоръ экзаменуетъ въ концѣ года, при чемъ разомъ тратитъ на это скучное дѣло недѣлю или двѣ и за тѣмъ, если его не безпокоитъ обязанность присутствовать на другихъ экзаменахъ въ качествѣ ассистента, онъ можетъ совершенно свободно располагать своимъ временемъ. При новомъ порядкѣ эти двѣ недѣли распредѣлились бы на цѣлый годъ (за исключеніемъ лѣтнихъ вакацій) по одному или по два вечернихъ засѣданія въ мѣсяцъ. Но врядъ ли потеря нѣсколькихъ вечеровъ въ году составляетъ слишкомъ большой недостатокъ системы. Эта потеря могла бы съ избыткомъ вознаградиться увеличеніемъ времени лѣтнихъ вакацій, что составило бы для профессоровъ весьма значительное удобство. Вспомнимъ кстати, что эти вечерніе экзамены, въ продолженіи семестра, то есть мѣсяцевъ, посвященныхъ чтенію лекцій, отчасти существуютъ и въ настоящее время.

Къ этой выгодѣ можно присоединить еще и другую, денежную. Университетъ, какъ свободное и совершенно общедоступное ученое заведеніе, дозволяетъ держать экзаменъ всякому кто хочетъ. Между его лекціями и его экзаменами нѣтъ никакой связи и можно держать экзаменъ не слушая лекцій и, наоборотъ, можно слушая лекціи, не держать экзамены. Университетъ имѣетъ право и долженъ требовать только одно: чтобы лица желающіе получить его рекомендацію по какой нибудь специальности, обладали солидными теоретическими познаніями въ томъ дѣлѣ, за которое они берутся. Но эта неограниченная свобода во всякое время держать экзаменъ, можетъ повести къ особаго рода злоупотребленіямъ: найдутся люди, которые, не имѣя достаточныхъ познаній, будутъ ходить по нѣскольку разъ на одинъ и тотъ же экзаменъ. Чтобы предупредить такую потерю времени и труда экзаменаторовъ было бы полезно установить слѣдующій порядокъ. Каждый кто заявляетъ свое желаніе экзаменоваться изъ какого нибудь предмета, долженъ заявить объ этомъ заранѣе (мы выше предложили за недѣлю) и внести въ тоже время извѣстную сумму въ пользу университета. Исключеніе должно быть сдѣлано только для людей недостаточныхъ. Полученный такимъ образомъ капиталъ распредѣляется въ послѣдствіи между профессорами-экзаменаторами. Такимъ образомъ всякій не благоразумный рискъ отзывался бы матеріальнымъ ущербомъ для рискующаго, а экзаменаторъ былъ бы вознагражденъ за свои труды. Вознагражденіе это совершенно справедливо, потому что, какъ мы сказали выше, между экзаменами и лекціями не должно быть никакой обязательной связи и работы по экзамену составляютъ для профессоровъ совершенно отдѣльное занятіе, неимѣющее никакой связи съ ихъ ученымъ призваніемъ.

Многіе скажутъ: отчего же не назначить особенныхъ экзаменаторовъ, спеціально предназначенныхъ для этого занятія и получающихъ особенное жалованье? Во Франціи есть тенденціи этого рода въ политехнической школѣ и морскихъ учебныхъ заведеніяхъ. Но мы считаемъ этотъ методъ чрезвычайно неудобнымъ. Во первыхъ экзаменаторы по профессіи, будетъ стоить дороже, нежели экзаменаторы-профессора. Ихъ жалованье упадаетъ не на экзаменующихся, но на общество, а этого нужно по возможности избѣгать. Съ какой стати увеличивать штатъ чиновниковъ и соразмѣрно этому возвышать налоги, когда можно обойтись и безъ этого. Во вторыхъ мы боимся, что человѣкъ, сдѣлавшій экзамены своей спеціальностью, будетъ слишкомъ придирчивъ. Сознавая что его болѣе боятся, нежели уважаютъ, онъ будетъ очень склоненъ употреблять во зло обширную власть соединенную съ его обязанностями. Во всякомъ случаѣ его экзаменъ повелъ бы къ безчисленнымъ недоразумѣніямъ, потому что свѣдѣнія экзаменатора по профессіи очень легко могли бы оказаться недостаточными. Наконецъ, въ третьихъ: дипломъ университета пользуется довѣріемъ общества только потому, что общество довѣряетъ юридической личности обнимающей собой весь университетъ. Это не есть рекомендація какого нибудь отдѣльнаго лица, но цѣлой корпораціи успѣвшей пріобрѣсти довѣріе общества учеными заслугами нѣсколькихъ поколѣній. Если отнять экзаменъ у профессоровъ и передать въ власть людямъ гораздо болѣе строгимъ, но не извѣстнымъ въ наукѣ, дипломъ потеряетъ всякую связь съ университетомъ и вмѣстѣ съ этимъ потеряетъ всякое вліяніе на общество.

И такъ экзаменъ долженъ, по прежнему оставаться коллегіальнымъ дѣломъ каждаго русскаго университета. На немъ по прежнему должны встрѣчаться слушатели съ профессорами. Профессора будутъ повѣрять познанія слушателей, но, вмѣстѣ съ тѣмъ, они будутъ повѣрять также и степень соотвѣтствія своихъ чтеній съ потребностями общества. Такимъ образомъ профессоръ будетъ поставленъ экзаменами въ невольное столкновеніе съ движеніемъ современной науки. Коснѣніе становится невозможнымъ. Слѣдовательно экзаменъ будетъ полезенъ, не только для экзаменующагося, но и для экзаменатора.

Наконецъ, нельзя оставить безъ вниманія и того вліянія, которое могутъ имѣть правильно организованные экзамены на нравственный духъ университета. Наука и общество потеряютъ чрезвычайно много если отношенія слушателей и профессоровъ будутъ ограничиваться одной только форменной передачей и выслушиваніемъ „послѣдняго слова науки". Нельзя не пожелать болѣе живой связи, болѣе родственнаго чувства. Экзамены могутъ служить, по нашему мнѣнію, могущественнымъ средствомъ сближенія профессоровъ съ своими слушателями. Безъ встрѣчи на экзаменѣ профессоръ можетъ читать лекціи цѣлый годъ и не имѣть никакого понятіяхъ о самыхъ способныхъ личностяхъ своего аудиторіи. Безъ этой арены первое движеніе развивающихся силъ могло бы быть оставлено безъ руководства, первые проблески дарованія могли бы остаться незамѣченными.

III.

Церковь и Воспитаніе.

Къ числу главныхъ элементовъ общественнаго воспитанія въ Россіи мы должны отнести Церковь и ея служителей — православное духовенство.

Согласно внутреннему смыслу Христіанства Церковь представляется проводникомъ той же нравственной идеи къ которой стремится и общественное воспитаніе. Другими словами Христіанская Церковь преслѣдуетъ туже цѣль какъ и христіанская школа. Поэтому, въ своемъ идеалѣ, церковное устройство должно представлять готовую организацію служителей общественнаго воспитанія въ наиболѣе объемлющемъ смыслѣ этого слова и, наоборотъ, невозможно посвятить себя педагогической дѣятельности, не принявъ на себя въ тоже время — если не оффиціально, то нравственно — обязанности лица духовнаго. Это объясняетъ намъ почему во всѣ времена и у всѣхъ народовъ замѣчается болѣе или менѣе сильное сближеніе между званіемъ учителя и церковной корпораціей.

Нашъ очеркъ общественнаго воспитанія въ Россіи былъ бы слишкомъ неполонъ, если бы мы не коснулись въ немъ тѣхъ элементовъ, которые русское воспитаніе должно получить отъ Православной Церкви.

Православіе представляетъ собой извѣстный политическій принципъ выразившійся въ характерѣ отношеній свѣтскихъ классовъ къ церковному устройству и окончательно сроднившійся съ историческими судьбами русскаго народа. Вытекающее изъ этихъ отношеній значеніе Православной Церкви въ гражданскомъ обществѣ, совершенно не похоже на то значеніе, которое выработала для себя Римская Церковь. Эта разница принциповъ на которыхъ основана церковная администрація въ православіи и католицизмѣ объясняетъ намъ различное вліяніе Восточной и Западной Церкви на индивидуальный характеръ народовъ и общее направленіе ихъ исторіи. Отсюда понятно какое міровое значеніе имѣетъ наша Церковь для нашего общества и какъ тѣсно связаны съ дурнымъ или хорошимъ положеніемъ нашихъ церковныхъ дѣлъ, не только характеръ нашего общественнаго воспитанія, но и политическое значеніе русскаго народа, его международный вѣсъ въ такъ называемомъ „восточномъ вопросѣ" и его историческая будущность. Внѣ Церкви наше общественное воспитаніе превращается въ какую то отвлеченную теорію, совершенно потерявшую почву русской дѣйствительности и окончательно лишенную всякой солидарности съ историческимъ развитіемъ русскаго народа и тѣми инстинктами умственной свободы, представителемъ которыхъ, въ противуположность католическимъ тенденціямъ, всегда была и будетъ Православная Церковь.

Коснувшись нашего церковнаго вопроса, находящагося въ такой тѣсной связи съ системой нашего національнаго общественнаго воспитанія, мы не намѣрены разбирать политическія и нравственныя преимущества нашего церковнаго устройства сравнительно съ католическимъ. Мы не думаемъ проводить паралель между духовенствомъ католическимъ и православнымъ, порицать противуобщественныя стремленія католицизма и восхвалять гражданственность нашего духовенства. Этотъ вопросъ или ясенъ до очевидности для всякаго непредубѣжденнаго ума, или на всегда неразрѣшимъ для людей похоронившихъ свою умственную свободу въ католицизмѣ.

Мы хотимъ только безпристрастно — не обращая ни малѣйшаго вниманія на бревно въ чужомъ глазу — анализировать: почему православное духовенство, не смотря на свое несомнѣнное сочувствіе государственнымъ и гражданскимъ интересамъ русскаго народа — сочувствіе вытекающее изъ его организаціи и прошедшаго и создающее для него тѣже отношенія къ народу, какіе установились въ протестантскомъ обществѣ — далеко уступаетъ протестантскому духовенству въ гражданскихъ заслугахъ на поприщѣ общественнаго воспитанія, проповѣди и науки, пользуется несравненно меньшимъ вліяніемъ на образованное общество и слишкомъ мало удовлетворяетъ современнымъ требованіямъ русской жизни.

Это вопросъ не новый и врядъ ли найдется русскій, которому не приходилось бы много разъ задуматься надъ его рѣшеніемъ. Но анализируя разладъ православнаго духовенства съ требованіями жизни, современный образованный классъ чрезвычайно склоненъ во всемъ обвинить духовенство. Эти обвиненія сдѣлались у насъ какимъ то общимъ мѣстамъ либерализма, позволительною для всѣхъ рутиной. Не не виновато ли само общество въ непониманіи своихъ церковныхъ интересовъ, не должно ли оно принять на себя ответственность во всѣхъ недостаткахъ духовенства — одного изъ главныхъ дѣятелей на поприщѣ умственнаго развитія русскаго народа?

Если внимательно разсмотрѣть обстановку православнаго священника, то, намъ кажется трудно не прійти къ заключенію оправдывающему православное духовенство, какъ сословіе, и нельзя не пожалѣть о реформахъ прошедшаго столѣтія замѣнившихъ бюрократическими формами нашу древнюю, основанную на выборно-земскомъ началѣ, церковную администрацію и нашу древнюю церковно-гражданскую школу.

Рядомъ этихъ реформъ создано современное положеніе нашего священника принужденнаго дѣйствовать подъ вліяніемъ трехъ, совершенно неканоническихъ и крайне неблагопріятныхъ для общественнаго развитія условій. Вотъ они: 1) неудовлетворительность матеріальнаго обезпеченія, 2) совершенное отсутствіе самостоятельности и 3) схоластическое недостаточное для нашего времени образованіе.

Разсмотримъ подробнѣй каждое изъ этихъ условій.

Начнемъ съ воспитанія, которое получаетъ наше духовенство.

Семинаріи составляютъ, безъ сомнѣнія, самое спеціальное и самое закрытое изъ всѣхъ нашихъ учебныхъ заведеній. Ребенокъ духовнаго званія съ самаго дѣтства чувствуетъ себя невольникомъ, котораго хотятъ отлить въ извѣстную форму, для извѣстныхъ цѣлей. Неспособность къ духовной карьерѣ вовсе не принимается въ расчетъ. Личная свобода человѣка быть тѣмъ, чѣмъ онъ хочетъ и можетъ быть уничтожается здѣсь окончательно. Еще недавно малѣйшее отступленіе отъ богословской колеи навлекало на семинариста строгія наказанія. Воспитаннику даже съ астрономіей въ рукахъ было опасно попадаться на глаза начальству, уличенный же въ чтеніи Вальтеръ-Скотта рисковалъ быть исключеннымъ. Естественнымъ послѣдствіемъ этого узкаго богословскаго направленія въ воспитаніи, бываетъ то, что умъ семинариста мало по малу поддается сословной односторонности и совершенному непониманію всего, что сколько нибудь выходитъ изъ схоластическихъ рамокъ школьнаго учебника. Это чрезвычайно вредитъ священнику впослѣдствіи, когда онъ станетъ гра-

жданином своего прихода. Воспитание в исключительно богословском духѣ рѣдко позволяетъ ему сблизиться съ людьми получившими
воспитание въ свѣтскихъ учебныхъ заведенияхъ.
Разобщенный съ наиболѣе образованнымъ кругомъ и изолированный отъ влияния передового
класса нашего общества онъ не чувствуетъ
особенной потребности продолжать свое образование. По немногу онъ отстаетъ и начинаетъ равнодушно относиться ко всему, кромѣ
своихъ матеріальныхъ интересовъ. Напротивъ
къ этимъ интересамъ онъ начинаетъ иногда
оказывать черезъ чуръ много чувствительности.
Послѣднее весьма естественно при той ограниченности средствъ, которая выпала на долю
нашего священника. Такимъ образомъ нашъ
священникъ остается на старой прадѣдовской
дорогѣ въ то время, когда среда, въ которой
ему приходится дѣйствовать, перемѣнилось значательно. Эта смѣна поколѣний безъ всякой смѣны идей вызываемыхъ современными интересами русскаго народа идетъ уже нѣсколько десятковъ лѣтъ въ сословіи православнаго духовенства. Такъ тяжело отражается въ жизни
нашихъ молодыхъ священниковъ эта сословная
обособленность на которую они осуждены самимъ спеціальнымъ воспитаніемъ!

Совершенно въ иныя отношенія къ обществу поставлено духовенство реформатскихъ церковныхъ устройствъ. Воспитаніе получаемое протестантскимъ или англиканскимъ священникомъ дѣлаетъ его неизбѣжнымъ членомъ самаго образованнаго кружка въ странѣ. Встрѣчая поддержку въ обществѣ священникъ поставленъ въ невозможность отставать.

И такъ, одно изъ самыхъ вредныхъ послѣдствій отдѣльности нашихъ духовно-учебныхъ заведеній заключается въ томъ, что она на всю жизнь разобщаетъ духовное сословіе съ свѣтскимъ и лишаетъ ихъ взаимной опоры. Вслѣдствіе этаго духовное званіе, какъ либеральная профессія, упадаетъ съ каждымъ днемъ. Поставленное едва ли не ниже средняго класса нашего общества сословіе православныхъ священниковъ начинаетъ лишаться своихъ лучшихъ элементовъ. Уже въ настоящее время достаточныя духовныя лица стараются повести своихъ дѣтей по другой дорогѣ. Отдавая ихъ въ гимназію они напередъ знаютъ что вмѣстѣ съ поступленіемъ въ нее сынъ священника навсегда разстается теперь съ отцевскимъ званіемъ. Но и тѣ, кому приходится кончить ученіе въ семинаріяхъ очень часто стараются избѣгнуть священства. Энергія ведетъ однихъ въ университетъ, другіе поступаютъ въ составъ черного духовенства, открывая себѣ такимъ образомъ выходъ изъ того подчиненного положенія, въ которомъ находится нашъ священникъ и доступъ къ высшимъ духовнымъ должностямъ. Въ священническомъ званіи, по большой части, остаются только люди, которымъ некуда дѣться. Въ замѣнъ этой убыли сословіе православныхъ священниковъ не получаетъ отъ другихъ классовъ общества никакой поддержки. Чрезвычайно рѣдко встрѣчаются примѣры вступленія новыхъ лицъ въ среду духовенства. Это обстоятельство громче всего говоритъ объ упадкѣ его общественного значенія.

Какъ сословіе закрытое своимъ воспитаніемъ наше бѣлое духовенство лишено всякаго обновленія. Оно стоитъ не соприкасаясь съ другими классами. Въ этомъ ложномъ положеніи его нравственныя силы вырождаются все болѣе и болѣе. Таковъ физіологическій законъ жизни всѣхъ закрытыхъ сословій. Понятно, что до тѣхъ поръ, пока наше духовенство будетъ находиться въ этомъ положеніи мы станемъ напрасно ждать отъ него плодотворной дѣятельности на пользу нашего общественнаго воспитанія и большаго вліянія на нравственное развитіе общества.

Все это заставляетъ насъ желать самаго тѣснаго сближенія между свѣтскими воспитательными учебными заведеніями и семинаріями, между свѣтскимъ воспитаніемъ и духовнымъ. И то, и другое должно давать воспитанникамъ только общее образованіе, не различаясь даже именемъ, одинаково служить мірянамъ и духовенству, и находиться въ совершенно одинакихъ отношеніяхъ къ общимъ цѣлямъ воспитанія и ко всѣмъ сферамъ народной жизни.

Что же касается до спеціально-богословскихъ наукъ, то желающему принять званіе священника всегда возможно изучить ихъ впослѣдствіи, точно также какъ изучаются вообще всѣ спеціальности. Врядъ ли даже представляется надобность основывать въ нашихъ университетахъ особые богословскіе факультеты по германскимъ образцамъ. Прибавленіе нѣсколькихъ каѳедръ посвященныхъ историческому и философскому развитію догматовъ православія къ историко-филологическому факультету могло бы вполнѣ удовлетворить потребностямъ спеціально-богословскаго образованія. Для духовной карьеры не менѣе богословскихъ знаній необходимы практика жизни, знаніе общества и сила наклонностей, пріобрѣтаемыя помимо ученія.

Богословскія каѳедры нашихъ университетовъ послужили бы для будущихъ священниковъ подготовкой къ духовной дѣятельности, для массы общества онѣ были бы поводомъ къ сознательной оцѣнкѣ той исторической и философской истины, которая выработалась въ догматъ православія. Для духовенства эти каѳедры были бы основаніемъ спеціальности, для мірянъ — выраженіемъ общаго принципа обусловливающаго національность въ образованіи.

При такомъ способѣ образованія духовенства мы имѣли бы возможность расширить значеніе нашего университетскаго образованія и осуществленія мысли Петра Великаго желавшаго основать такую школу изъ которой на всякія потребы люди, благоразумно учася, исходили, въ церковную службу и въ гражданскую, воинствовати, знати строеніе и докторское врачевское искусство".

Соединивъ богословское образованіе съ общей массой знаній разрабатываемыхъ русскимъ университетомъ, мы дали бы нашей Церкви возможность располагать несравненно большимъ количествомъ средствъ для образованія талантовъ полезныхъ для православія, чѣмъ она имѣетъ ихъ теперь, при закрытомъ устройствѣ нашихъ семинарій и духовныхъ академій. При

...ославная Церковь будетъ несравненно сильнѣй на поприщѣ духовной дѣятельности тогда, когда бѣлое духовенство будетъ поставлено своимъ воспитаніемъ въ уровень всѣмъ сферамъ общественной жизни, когда оно воспоминаніями дѣтства будетъ соединено со всѣмъ образованнымъ классомъ и путемъ многосторонняго ученія выработаетъ себѣ самостоятельное убѣжденіе и сознательное призваніе, нежели теперь, когда ее опору составляютъ только люди получившіе исключительно-богословское образованіе.

Вмѣстѣ съ этимъ духовенство перестало бы существовать какъ каста, какъ закрытое сословіе для поддержанія котораго необходимъ государственный протекціонизмъ. Оно держалось бы собственными талантами, уваженіемъ всѣхъ классовъ къ духовному званію и тѣмъ положеніемъ въ обществѣ, которое дается высшему образованію.

Еще одна замѣтка. Главнымъ основаніемъ для рукоположенія во священники должно бы служить не семинарское образованіе (какъ дѣлается теперь у насъ) и не поглощеніе большаго или меньшаго количества богословскихъ лекцій (какъ принято въ Германіи), но испытаніе способностей человѣка извѣстныхъ лѣтъ, извѣстнаго положенія въ обществѣ, съ извѣствымъ прошедшимъ къ принимаемому им. священническому званію. Поэтому, для того чтобы получить священство необходимо пред идущая дѣятельность, которая ручалось бы за все будущее человѣка. Отсюда ясно, что священническому званію должно предшествовать какое нибудь другое званіе, которое могло бы служить приготовительной ступенью и испытаніемъ нравственныхъ силъ человѣка желающаго принять священство.

Благодаря тому сродству, какое существуетъ между призваніемъ учителя и призваніемъ лица духовнаго, педагогическая дѣятельность очень часто служила приготовительной ступенью къ различнымъ степенямъ священства. Такъ было во всѣхъ протестантскихъ земляхъ и такой порядокъ, до сихъ поръ, существуетъ въ Англіи. По свойству нашего церковнаго устройства мы считаемъ это соединеніе совершенно возможнымъ и у насъ съ той минуты, когда наше духовенство будетъ освобождено отъ спеціальнаго воспитанія навязаннаго ему въ XVIII вѣкѣ, и когда путь для вступленія въ духовное званіе будетъ заключаться въ свободныхъ наклонностяхъ такихъ же образованныхъ людей, которые, въ настоящую эпоху нашего общественнаго развитія, стремятся обыиновенно къ другимъ сферамъ общественной дѣятельности.

Для православнаго русскаго люда мысль о необходимости соединить въ настоящее время свѣтскія учебныя заведенія съ духовными, для обоюдной пользы мірянъ и духовенства, не можетъ быть одной только отвлеченной, теоретической мыслью, потому что такое соединеніе вовсе не было бы у насъ нововведеніемъ, но только возвращеніемъ къ старому порядку. Не трудно убѣдиться въ томъ, что хотя всѣ старыя училища въ Малой и Великой Россіи основаны подъ знаменемъ религіозныхъ побужденій, но въ своей религіозности они заключали такую массу гражданскихъ инстинктовъ которые дѣлали ихъ одинаково пригодными, какъ для свѣтскаго, такъ и для духовнаго образованія. Духовный колоритъ составлялъ въ это время общій характеръ всякой науки и всякаго образованія, а отнюдь не ихъ исключительную принадлежность.

Соединеніе всѣхъ элементовъ народнаго развитія — какъ духовныхъ, такъ и свѣтскихъ — въ одномъ общенародномъ воспитаніи, составляетъ для нашего общества вопросъ такой неизмѣримой важности, что безъ его разрѣшенія нельзя дать нашему общественному воспитанію совершенно народныхъ формъ и быть вполнѣ увѣреннымъ въ его спокойномъ, нормальномъ ходѣ. Разбирая далѣе новый гимназическій уставъ, мы еще будемъ имѣть случай обратиться къ этому предмету.

———

Но перемѣны въ системѣ воспитанія нашего духовенства ни къ чему не поведутъ, если, въ тоже время, не перемѣнится обстановка священника и тѣ отношенія къ начальству, которыми опредѣляется въ настоящее время степень самостоятельности этого сословія.

Наше духовенство раздѣляется на двѣ половины: свѣтское и монашествующее. Въ ихъ внутреннемъ быту, въ ихъ воззрѣніяхъ на жизнь и отношенія къ обществу — огромная разница. Но вся администрація находится въ рукахъ чернаго духовенства. Вслѣдствіе такого неравновѣсія элементовъ церковной администраціи наши церковныя дѣла управляются слишкомъ съ монашеской точки зрѣнія.

Монастырская администрація и взглядъ монаха на жизнь вовсе не годятся нашему бѣлому духовенству. Священникъ всю жизнь занятъ своимъ приходомъ. Онъ нашъ согражнинъ, онъ не можетъ и не долженъ жить въ отдѣльности отъ народа. На его отвѣтственности лежатъ церковныя требы, сельская школа и нравственное воспитаніе прихожанъ посредствомъ проповѣди. Священнику дорогъ прогрессъ человѣческого общества, потому что онъ самъ гражданинъ-дѣятель этаго грѣшнаго міра. Мірское горе — его горе; прогрессъ общества не минетъ и его семейства. Когда измѣняется характеръ народной жизни, измѣненіе это проникаетъ и въ дѣятельность священника. Еще недавно ученіе вовсе не составляло насущной потребности рабочаго класса: теперь она явилась и священникъ обязанъ удовлетворить этой потребности основаніемъ сельской школы и воскресной проповѣдью. Короче, служа людямъ, священникъ служитъ Богу.

Другая часть нашего духовенства — монашествующіе, тоже служитъ Богу. Но монахъ совершенно иначе смотритъ на міръ и человѣчество. Земля для него только злое начало, которое онъ отвергнулъ. Отсюда отреченіе отъ міра и аскетизмъ. Самый принципъ монашества не допускаетъ никакихъ измѣненій и улучшеній, потому что монашество есть отрицаніе общественной жизни, матеріальныхъ удобствъ и всякаго прогресса. Монахъ добровольно мѣняетъ все это на тѣсную келью, суровый постъ и молитву. Отдѣливъ себя отъ міра, онъ поставляетъ цѣлью своей дѣятельности собственное спасеніе.

Мы не входимъ въ соображенія о томъ, какой видъ служенія религіозной идеѣ выше и нравственнѣй. Мы старались только показать что обязанности и отношенія къ міру совершенно различны у монаха и священника. Небреженіе земными интересами и уничтоженіе собственной воли могутъ составлять добродѣтель монаха, но священнику необходимо и независимое положеніе и самостоятельность характера. Слѣдовательно нельзя управлять съ монашеской точки зрѣнія нашимъ бѣлымъ духовенствомъ.

Къ сожалѣнію наша современная церковная администрація вовсе не даетъ самостоятельности свѣтскому духовенству. Оно находится въ настоящее время въ самомъ полномъ подчиненіи у чернаго духовенства, представителемъ котораго служитъ епархіальный епископъ.

Прежде нежели мы будемъ говорить объ епархіальной администраціи считаемъ нужнымъ замѣтить, что ее не слѣдуетъ смѣшивать съ религіозной догмой. Догматическая часть православнаго исповѣданія неизмѣнна. Она дана

сложилась на вселенскихъ и помѣстныхъ соборахъ и если бы въ настоящее время возникъ въ какой нибудь епархіи новый догматическій вопросъ, то, по старому обычаю, онъ не подлежитъ единоличному рѣшенію епископа или консисторіи, но рѣшенію соборовъ. Епископу и консисторіи ввѣряется только административная и судебная часть, то есть наблюденіе за исполненіемъ обязанностей духовенства, утвержденіе приходовъ за ставленниками, судъ надъ духовными лицами въ тѣхъ случаяхъ когда нарушаются духовные законы и т. п. Догматическое законодательство неизмѣнно, но способъ управленія епархіей можетъ и долженъ измѣняться сообразно состоянію управляемаго общества. Измѣненіе это необходимо тѣмъ болѣе что вопросъ объ администраціи нашего бѣлаго духовенства касается не однихъ только священниковъ, но и всего православнаго народонаселенія Россіи, всѣхъ классовъ нашего общества.

Управленіе епархіей ввѣрено епископу и консисторіи. Извѣстно что ни священники, ни міряне не имѣютъ въ настоящее время никакого вліянія на назначеніе епископовъ, избираемыхъ теперь исключительно изъ среды черного духовенства. Одно это обстоятельство уже обуславливаетъ преобладаніе монашескихъ взглядовъ и привычекъ въ современной церковной администраціи. Преобладаніе это становится еще яснѣй, если вспомнимъ громадность представленной епископу судебно-административной власти. Отъ него вполнѣ зависитъ и личный составъ консисторіи, и порядокъ вершенія дѣлъ

---

[1] Всѣ члены духовныхъ консисторій, числомъ отъ 5 до 7, назначаются синодамъ, по представленію архіерея. Такимъ же порядкомъ они и увольняются. Кромѣ того, въ случаѣ непредвидѣннаго уменьшенія числа членовъ, онъ можетъ назначать временно-присутствующаго. Онъ можетъ также устранять члена консисторіи отъ присутствованія въ дѣлу, къ которому онъ прикосновененъ и удалять впредь до разсмотрѣніе дѣла, члена консисторіи подвершагося отвѣтственности по важному обвиненію (Уставъ дух. консисторіи, стр. 282, 284). Слишкомъ сильное вліяніе архіерея, на рѣшеніе дѣлъ въ консисторіяхъ выражается въ слѣдующемъ. Даже при единогласномъ рѣшеніи, если оно не согласно съ обстоятельствами дѣла и законами секретарь консисторіи имѣетъ право докладывать членамъ о законѣ и объяснять сущность дѣла. Если его представленіе не будетъ уважено онъ подаетъ рапортъ преосвященному въ которомъ излагаетъ тѣ объясненія какъ представлялъ членамъ. Судьба дѣла поданнаго въ архіерейское разсмотрѣніе такова: архіерей указываетъ на обстоятельства съ которыми онъ несо-

Такимъ образомъ въ то время, когда священникъ можетъ достигнуть только благочинія и протоіерейства (имѣющихъ, впрочемъ, только значеніе почетной степени и не дающихъ самостоятельности) санъ епископа служитъ нагляднымъ выраженіемъ тѣхъ преимуществъ, которыми пользуется у насъ — сравнительно съ свѣтскимъ духовенствомъ — духовенство монашествующее.

Христіанскія добродѣтели и просвѣщенная дѣятельность многихъ пастырей нашей Церкви конечно служатъ, въ большинствѣ случаевъ, гарантіей того, что власть епископа будетъ примѣнена для пользы общественной и для блага свѣтскаго духовенства. Но, во первыхъ: самый объемъ власти едва ли не налагаетъ на епископа сумму обязанностей далеко превышающую его физическія силы. Едва ли возможно для человѣка самыхъ высокихъ способностей и энергіи неуклонно слѣдить за всей духовной жизнью епархіи, личнымъ вниманіемъ

санъ и опять отсылаетъ дѣло въ консисторію для новаго обсужденія. За тѣмъ, въ случаѣ новаго несогласія съ мнѣніемъ консисторіи, полагаетъ собственное рѣшеніе, которое и приводится въ исполненіе. (Уставъ духовн. консисторій, ст. 318, 329 и 333.)

предупредить всякое злоупотребленіе и нести на одномъ себѣ всю массу нравственной отвѣтственности. Во вторыхъ: самое добросовѣстное и разумное употребленіе власти не служитъ еще гарантіей того, что добросовѣстность и разумность будутъ достигать своей цѣли. Личная энергія ничего не значитъ передъ энергіей общества и самая благонамѣренная индивидуальная дѣятельность не въ состояніи замѣнить той плодотворной дѣятельности, которая возможна только для общественнаго мнѣнія, для народныхъ массъ и сословій. Но эта послѣдняя дѣятельность ни въ чемъ не можетъ проявить себя, если ей не будетъ дано простора, если ей можно будетъ выразить себя только въ видѣ безсильной оппозиціи или ложной самонадѣянности.

Наконецъ несамостоятельность нашего сельскаго духовенства относительно монашествующаго вредна еще и потому, что всякій застой и угнетеніе, нисколько не поправляя дѣла, порождаетъ новыя злоупотребленія, еще болѣе затрудняющія и еще болѣе дѣлающія невыполнимой задачу епископской власти, въ томъ объемѣ, въ какомъ она приложена къ современной церковной администраціи.

Преимущества чернаго духовенства въ пра-

ковной администраціи совершенно измѣняютъ общественное значеніе нашихъ священниковъ. На дѣлѣ выходитъ что сельскій священникъ ведетъ жизнь болѣе уединенную и бѣдную нежели человѣкъ давшій обѣтъ уединенія и нелюбостяжанія. Всѣ высшія, почетныя и обезпеченныя мѣста заняты чернымъ духовенствомъ: православному священнику остается въ удѣлъ только безгласное повиновеніе. Странный порядокъ! Людямъ отказавшимся отъ міра пришлось управлять имъ и въ монастырской кельѣ вести самую обезпеченную жизнь; бѣлому же духовенству — людямъ которые должны посвятить себя трудамъ на пользу міра — пришлось терпѣть, повиноваться и работать, только потому, что они не даютъ обѣтовъ аскетизма. Вся власть, все значеніе находятся въ рукахъ чернаго духовенства....

А между тѣмъ это подчиненіе одного класса духовенства другому составляетъ явленіе сравнительно новое въ іерархіи Православной Церкви. Слѣдующій историческій фактъ совершенно ясно доказываетъ на сколько такое подчиненіе свѣтскаго духовенства монашествующему противно древнимъ обычаямъ русской церкви. Въ самомъ началѣ уніи, когда митрополитъ Ипатій Поцѣй хотѣлъ поставить своимъ виленским намѣстником архимандрита Іосифа Рутского виленскіе священники (только что признавшіе унію) жалуются, но это какъ на обиду противную „правамъ и стародавнимъ обычаямъ" церкви и просятъ митрополита распорядиться „чтобы монахи вовсе не касались свѣтскихъ священниковъ, потому что ихъ правленіе совсѣмъ иное. Не власть и старѣйшинство, но спокойное, уединенное покаяніе — вотъ ихъ обѣтъ.... Особое учрежденіе капитулъ и особое монахи....."[1]

Единственное средство для того чтобы вызвать въ нашемъ бѣломъ духовенствѣ чувство самостоятельности въ противуположность его теперешней подчиненности монашескому элементу заключается въ выборномъ началѣ.

Напрасно стали бы сомнѣваться въ прил...

---

[1] Считаемъ не лишнимъ привести подлинныя выраженія жалобы виленского капитула (1608 года 1 Сентября) „.... будешъ рачилъ жебы мниси, а конници до священниковъ свѣцькихъ жадной справы не мели, кѣдыжъ иншее заволане ихъ, спокойное, уединеное, покутуючее, на то суть обѣцаны, не на власть и старѣшеньства и тотъ есть порядокъ въ церькви божей нашей и римъской, же иншая капитула, а иншая мнихи законъници... (Вѣстник Западной Россіи 1865 г., кн. 5, стр. 11).

жимости выборнаго начала къ нашему церковному устройству. Не говоря о теоретической несостоятельности подобныхъ сомнѣній, стоитъ только взглянуть на наше недавнее прошлое, для того чтобы разрушить ихъ съ практической стороны.

Въ Малороссіи, до 1722 года, назначеніе митрополита зависѣло отъ выбора знатнѣйшихъ мірянъ и обоихъ классовъ духовенства совершаемаго по гетманскому универсаму, или, въ небытность гетманской власти, напримѣръ въ 1647 году, по приглашенію митрополичьяго капитула[1]. Послѣдній кіевскій митрополитъ избранный такимъ образомъ былъ Іосафъ Краковскій умершій въ 1718 году. Послѣ его смерти митрополія кіевская и галицкая нѣсколько лѣтъ оставалось безъ митрополита. Избранный вольными голосами Иларіонъ Жураковскій не былъ утвержденъ и получилъ не кіевскую, а черниговскую епархію. Въ 1722 году синодъ назначилъ митрополитомъ кіевскимъ Варлаама Вонатовича, архимандрита новгородского тихвинского монастыря. Съ этаго времени забыто древнее обыкновеніе Мало-

---

[1] Архивъ Юго-Западной Россіи. Часть II, т. I, стр. 344.

россіи вольными голосами избирать Архіепископа Кіевскаго, Галицкаго и Малой Россіи.

Надѣлавшее много шуму, въ концѣ XVII вѣка, избраніе епископомъ луцкимъ и острожскимъ Димитрія Жабокрицкаго „значного, заслуженного въ коронѣ волынского шляхтича, православного и ученого человѣка, писаря земского луцкаго", служитъ неопровержимымъ доказательствомъ того, что и выборъ православнаго епископа, у русского народа, еще въ очень недавнее время совершался порѣшенію „всей шляхты желаючой зоставати при непоколебимомъ грекорусскомъ православіи" и мѣстнаго духовенства[2].

Непосредственное участіе общинъ въ назначеніи священниковъ высказывается еще рѣшительнѣй. Очень рано, и очень долго оно является окончательно опредѣленной привилегіей нашего церковнаго устройства. Рѣшеніемъ кіевскаго митрополита Іосифа Солтана (1511 года) предоставляется православнымъ общинамъ пра-

---

[1] Исторія Малой Россіи Бантышъ-Каменскаго. Часть III, стр. 260. Московскій митрополитъ также выбирался въ старину по согласію мірянъ и духовенства. Соловьева, Ист. Россіи, т. V, гл. V.

[2] Лѣтопись Самоила Велички. Т. III, стр. 26 и 302.

„въ случаѣ если священника Богъ возметъ съ этаго свѣта или если священникъ будетъ лишенъ прихода за вину — приискать хорошаго дьякона или священника и тотчасъ явиться съ нимъ (къ митрополиту) или прислать его съ письмомъ ходатайствующимъ о назначеніи...." Митрополитъ обѣщаетъ, дать рекомендуемому общиной ставленнику приходъ, если онъ окажется достойнымъ[1].

Тонъ которымъ проникнутъ этотъ замѣчательный актъ доказываетъ что порядокъ посвященія ставленниковъ по прошеніямъ мірянъ уже въ то время, то есть въ 1511 году, считался древнимъ и неотъемлемымъ правомъ русской общины.

Еще точнѣе опредѣляетъ это право „Стоглавъ" уложенный на Московскомъ Соборѣ 1551 года. По поводу царскаго вопроса о лихоимствѣ новгородцевъ, о томъ что они берутъ по 15, 20 и 30 рублей съ каждаго ставленника и безъ этихъ посуловъ отказываются принимать священниковъ присланныхъ владыкой, хотя бы эти священники были достаточно начитаны и безъукоризненнаго поведенія, Соборъ постановляетъ такъ: „по всѣмъ святымъ цер-

---

[1] Вѣстникъ Запад. Россіи 1866 г., кн. 12, № 20.

квамъ.... избираютъ прихожане священниковъ, дьяконовъ и дьяковъ искусныхъ и грамотѣ гораздыхъ и житіемъ непорочныхъ, и денегъ у нихъ отъ церкви и мзды себѣ не емлютъ ничего, и приходятъ съ нимъ ко святителю, и святитель поучивъ ихъ и наказавъ благословляетъ, и не емлетъ съ нихъ ничего, развѣ благословенныя гривны..."[1]

Считаемъ не лишнимъ замѣтить что представленіе общинами ставленниковъ, то есть кандидатовъ на извѣстные приходы непрерывно примѣняется по всемъ протяженіи XVII и XVIII вѣка[2]. Старожилы помнятъ что еще не такъ давно, въ Малороссіи, священники и причетники не посвящались въ санъ и не опредѣлялись къ мѣстамъ иначе, какъ „по одобренію прихожанъ.

Чрезвычайно любопытнымъ историческимъ фактомъ въ этомъ же родѣ, служитъ высочайшій, собственноручно писанный, указъ императора Павла отъ 3 Іюня 1799 года предоставляющій архіепископу казанскому Амвросію „снабжать (московскихъ старообрядцевъ) священ-

---

[1] Стоглавъ. Гл. 41 и 100, стр. 134 и 281.

[2] Архивъ Юго-Западной Россіи. Часть I, том II и III.

ками по их одобрениям". Правда, такое признание церковной автономии старообрядческих общин не повело ни къ какимъ практическимъ результатамъ вследствие упрямства самихъ старообрядцевъ не пожелавшихъ молиться за Царское Семейство. Но въ этомъ случае гораздо важней принципъ выраженный правительствомъ въ делахъ церковной администрации, чемъ временныя неудачи, вызванныя временными обстоятельствами[1].

Гражданское значение нашего белаго духовенства и его неразрывная связь съ православной общиной какъ нельзя лучше выясняется однимъ правиломъ „Стоглава". Въ немъ говорится о вдовыхъ священникахъ и дьяконахъ. „Аще и вся мирская те вдовые попы и дьяконы почнутъ творити и имъ у церкви Божии не быти, и отъ церкви Божии не питатися, и жити съ мирскими людьми, и тягло имъ государево давати съ миромъ вкупе[2]."

Ходъ историческихъ событий неоднократно доказалъ всю пользу непосредственнаго участия

---

[1] Русский Архивъ 1864 г., стр. 219.

[2] Стоглавъ, гл. 81, стр. 243. Стоглавъ только повторяетъ здесь постановление собора 1503 года. Соловьева, Ист. России, т. V, стр. 277.

православной общины въ приглашеніи священника и тѣсной связи гражданскихъ интересовъ народа съ интересами народной церкви. Упорное отвращеніе простого народа Юго-Западнаго края отъ латинства, его необыкновенная твердость въ отстаиваніи своего церковнаго устройства и вліяніе такихъ личностей, какъ напримѣръ Мельхиседекъ Яворскій[1] можетъ быть объяснено не столько пониманіемъ отвлеченныхъ догматовъ, подобно filioque, раздѣляющихъ православіе отъ католицизма, сколько порядкомъ церковнаго устройства, совершенно различнымъ въ томъ и другомъ. Въ то время, когда католическій ксендзъ всегда и вездѣ является агентомъ какой то внѣшней противонародной силы, для православнаго населенія Юго-Западнаго края священникъ былъ органомъ христіанской общины, выраженіемъ ея политическихъ и человѣческихъ правъ. Въ устройствѣ своей Церкви православная община того времени находило единственное выраженіе и послѣднее убѣжище свободы, и отстаивая своего священника отъ притязаній поль-

---

[1] Игуменъ Матренинскаго монастыря (Кіевской губ.) возбудившій народное движеніе противъ уніи въ 60хъ годахъ прошедшаго столѣтія.

скихъ магнатовъ и уніатскихъ властей она отстаивала свое единственное политическое право.

Такой характеръ церковной администраціи напоминаетъ намъ времена первыхъ христіанъ, когда пресвитеръ выбирался общиной, когда изъ среды пресвитеровъ избирался епископъ свободной подачей голосовъ цѣлой общины и каждый членъ ея считалъ себя облеченнымъ въ священный и даже священническій характеръ¹. Не вдаваясь въ каноническую сторону этого вопроса, мы не можемъ однако не замѣтить что всѣ „Дѣянія и Посланія Апостольскія" проводятъ мысль соединенія всей общины вѣрующихъ подъ авторитетомъ выборной церковной администраціи². Сочиненія первыхъ Отцевъ Церкви, напримѣръ Тертуліана, проникнуты тѣмъ же духомъ.

Но задача церковнаго устройства не можетъ ограничиться однимъ только выборомъ лицъ для исполненія личныхъ обязанностей духовенства къ своей паствѣ. Издавна признано необходимымъ установленіе власти болѣе общей, съ правомъ разрѣшать болѣе важные каноническіе

---

[1] Gibbon — Decline and Fall of R. E.

[2] Напримѣръ: Первое Посланіе къ Коринѳянамъ, гл. VI, 4, гл. XIV и XVI, 3.

вопросы, охранять церковную дисциплину, судить епископа и предписывать нѣкоторыя распорядительныя дѣйствія въ предѣлахъ епархіи или края. Первоначальной формой этой власти въ томъ видѣ въ какомъ она установлена первыми христіанами являются помѣстные соборы. Гиббонъ такимъ образомъ передаетъ намъ исторію этаго учрежденія. „Въ первые времена послѣ смерти апостоловъ, каждая община составляла сама по себѣ республику отдѣльную и независимую и хотя отдаленнѣйшіе изъ этихъ центровъ поддерживали посланіями и посольствами взаимныя сношенія, содѣйствовавшія къ скрѣпленію ихъ единства, но тѣмъ не менѣе различныя части христіанскаго міра не признавали надъ собой никакой общей верховной власти одного лица или какого нибудь одного законодательнаго собранія. По мѣрѣ того, какъ число вѣрныхъ возрастало, они увидѣли выгоду связать болѣе тѣснымъ образомъ свои планы и интересы. Около конца второго вѣка христіанскія общины Греціи и Азіи прибѣгли съ этою цѣлью къ полезному учрежденію провинціальныхъ синодовъ и можно думать, что онѣ при образованіи подобнаго представительнаго совѣта приняли за образецъ знаменитыя въ древности учрежденія своей страны амфитиони и ахейский союзъ іонійскихъ городовъ. Епископы независимыхъ церквей, сначала по обычаю, а скоро и по опредѣленію закона съѣзжались въ главномъ городѣ провинціи въ извѣстные сроки весной и осенью. Въ своихъ совѣщаніяхъ они руководились мнѣніямъ небольшаго числа лучшихъ пресвитеровъ и должны были разсуждать въ присутствіи массы слушателей. Опредѣленія этихъ синодовъ, называвшіяся канонами, истолковывали всѣ важные пункты касательно вѣры и дисциплины... Провинціальные синоды, при помощи непрерывныхъ сношеній сообщались другъ съ другомъ и принимали взаимно свои опредѣленія. Такимъ образомъ вскорѣ начала формироваться Вселенская Церковь и пріобрѣтать всю силу огромной федеративной республики." [1]

По общепринятому мнѣнію — первоначальная организація Христіанской Церкви, въ новое время, нашла свое повтореніе и теоретическую поддержку только у кальвинистовъ, пресвитеріанъ и большинствѣ протестантскихъ толковъ. Но при этомъ обыкновенно забываютъ, что національныя формы нашей церковной администраціи, въ томъ видѣ, въ какомъ

---

[1] Gibbon — Decline and Fall of R. E.

мы застаемъ ихъ въ XVI и XVII вѣкѣ, при несомнѣнной ревности ея авторитетовъ къ православію, представляютъ учрежденіе совершенно подобное церковной администраціи первыхъ христіанъ.

Мы видѣли уже какъ выработалось у насъ право общества принимать непосредственное участіе въ избраніи всѣхъ представителей церковной іерархіи — отъ священника до митрополита. Теперь намъ остается еще указать и на другую, не менѣе замѣчательную, особенность нашего національнаго церковнаго устройства XVI и XVII вѣка — братства и соборы.

Православныя братства этой эпохи составляли какъ бы повтореніе первоначальной христіанской общины, приближеніе новой христіанской жизни къ ея первоначальному идеалу. Одно изъ самыхъ сильныхъ и дѣятельныхъ братствъ было львовское въ Червоной Руси. Гедеонъ Балабанъ, епископъ львовскій — ссорившійся прежде съ этимъ братствомъ — почуя потребность посовѣтоваться съ своей паствой въ тяжелое время наставшее послѣ объявленія уніи, проситъ какъ членовъ своего капитула (крылошанъ) такъ и прихожанъ, отложивъ житейскія заботы посвятить это время на дѣла общественныя и собраться въ Субботу 26 Мая 1604 года въ церковь Успенія Богородицы для совѣщанія объ общемъ мирѣ Церкви и для принятія мѣръ противъ вредныхъ для общественнаго спокойствія смятеній[1]. Такимъ образомъ львовское братство сдѣлало Православную Церковь участникомъ земской жизни и элементомъ гражданской дѣятельности.

Такія то братства покрывъ въ XVI и XVII вѣкѣ всю западную Русь, соединили всѣ ее лучшія силы вокругъ православія въ то время гонимаго и непонятаго, какъ и въ первые вѣка христіанства.

Въ пригласительномъ посланіи митрополита Петра Могилы къ Луцкому братству, на кіевскій соборъ 1640 года, находятся замѣчательныя слова напоминающія времена апостольскихъ посланій и взаимныя отношенія первыхъ христіанскихъ общинъ. „Напоминаемъ братствамъ свѣтскимъ (пишетъ митрополитъ Петръ Могила) чтобы они при своихъ правахъ и вольностяхъ во святамъ благочестіи непоколебимо пребывали и вѣдая одни о нуждахъ и преслѣдованіи другихъ были бы взаимно себѣ совѣ-

---

[1] Вѣстникъ Западной Россіи, 1865 года, кн. 5, стр. 4.

томъ и помощью...."[1] Заботы о благост[ояніи] Церкви, въ самомъ широкомъ значеніи этого слова, о бѣдныхъ, о школахъ, объ обществ[ен]ной нравственности и просвѣщеніи и в[заимная] поддержка составляли цѣль и точку соедин[енія] православныхъ братствъ. Они какъ бы [вво]дили Церковь и Восточное Исповѣданіе во в[сѣ] сферы общественной жизни, дѣлали религ[іоз]ные интересы гражданскими интересами пр[а]вославного человѣка и, въ тоже время, кажд[аго] исповѣдника православія облекали, по выра[же]нію Гиббона, въ церковный характеръ. Т[а]кимъ освященіемъ частныхъ лицъ братст[ва] соединяли вокругъ Православной Церкви [все] лучшіе умы того времени, они давали въ [ея] распоряженіе всѣ наиболѣе нравственные [эле]менты общества, ни сколько не отнимая ихъ, [въ] тоже время у народа и общественной жиз[ни].

Другимъ проявленіемъ той тѣсной связи, [ко]торая существовала въ это время между гр[а]жданскимъ обществомъ и интересами Церк[ви] были помѣстные соборы. Они созываются [пе]ріодически для обсужденія церковныхъ дѣлъ [и] установленія внутренняго порядка. Въ эти[хъ]

---

[1] Памятники Кіевской Коммиссіи для разбор[а] актовъ, т. I, стр. 149.

113

соборахъ принимаютъ непосредственное участіе бѣлое и черное духовенство, знатнѣйшіе міряне и депутаты братствъ. "На сей соборъ, во имя Господне, мы зовемъ и просимъ (пишетъ митрополитъ Петръ Могила въ своемъ пригласительномъ посланіи Луцкому братству) какъ Вашу честь духовныхъ братій .... къ совѣщанію духовному способныхъ, такъ и ихъ милости братій свѣтскихъ ревнующихъ о благочестіи и свѣдущихъ въ правилахъ церковныхъ¹ ..."
Результатомъ этого собора было знаменитое "Православное Исповѣданіе Вѣры" Петра Могилы. Не менѣе замѣчательный соборъ совершился въ 1596 году въ Брестѣ. По совѣщаніи монашествующаго и свѣтскаго духовенства, знатнѣйшихъ мірянъ, земскихъ пословъ и депутатовъ братствъ на этомъ соборѣ была опровергнута унія².

И такъ наша церковная администрація этого

¹ Памятники Кіевской Коммиссіи, т. I, стр. 149.
² Архивъ Юго-Западной Россіи, ч. I, стр. 509 и послѣд. Замѣчательны еще два брестскихъ собора, 1590 и 1594 года, созванныхъ впрочемъ только съ дисциплинарною цѣлью, для разрѣшенія обыкновенныхъ церковныхъ дѣлъ. Второй изъ нихъ, какъ созванный въ небытность короля въ Польшѣ, не имѣетъ юридической легальности (стр. 436).

8

времени основываются на трехъ главныхъ началахъ. 1) Всѣ церковныя должности замѣщаются по выборамъ. 2) Дѣла каноническія и
дисциплинарныя вѣдаются періодическими по-
мѣстными соборами. Менѣе важныя дѣла рѣшаются епископомъ, при участіи мѣстнаго капитула составленнаго изъ лицъ принадлежащихъ къ свѣтскому духовенству. 3) Какъ въ
выборахъ, такъ и на помѣстныхъ соборахъ, на
ровнѣ мірянъ принимаетъ участіе народъ съ
монашествующимъ и бѣлымъ духовенствомъ[1].

Отсюда легко понять почему церковные интересы православія такъ полно затрогивали всю
общественную жизнь, почему они находили,
сія тяжкая и въ человѣка убогая времена, от-
отголосокъ во всѣхъ сердцахъ и ревностныхъ
поборниковъ во всѣхъ слояхъ общества. Это
объясняетъ и самый характеръ борьбы православія съ католицизмомъ въ это время. Бо-

---

[1] Даже выборы настоятелей ставропигіальныхъ
монастырей, напр. Кіево-Печерскаго, совершались при
непосредственномъ участіи мірянъ. (Арх. Юго-зап.
Россіи, ч. II, т. I, стр. 337.)

[2] Такъ характеризуетъ свое время виленское
братство, въ своемъ посланіи къ львовскому, по
поводу основанія въ Вильнѣ православной школы.
(Вѣстникъ Западной Россіи 1865 г., кн. 8, стр.

вался всѣми сословіями русскаго народа; безъ фанатизма, но съ сознательнымъ убѣжденіемъ и чрезвычайнымъ знаніемъ дѣла; разумно и, вмѣстѣ съ тѣмъ, героически. Нѣтъ никакого сомнѣнія въ томъ, что случись теперь перемѣна обстоятельствъ въ пользу католицизма, мы были бы менѣе приготовлены для такой борьбы.

Гдѣ же искать причину такой неблагопріятной для Грекороссійской Церкви перемѣны? Причина этого заключается, по нашему мнѣнію, въ томъ, что измѣнилось самое отношеніе общества къ церковной администраціи. Хотя для насъ по прежнему дорого православное исповѣданіе истинъ христіанства, но за то, намъ стало совершенно чуждымъ управленіе церковными дѣлами. Въ XVI и XVII вѣкѣ церковное дѣло было дѣломъ земскимъ, правомъ и обязанностью гражданъ, однимъ изъ фазисовъ ихъ общественной дѣятельности. Въ настоящее время дѣла Церкви сдѣлались какъ бы исключительной привилегіей духовнаго сословія. Вмѣстѣ съ этимъ „духовное строеніе" сдѣлалось дѣломъ книжнымъ. Его трудно понять „не учась въ семинаріи". Такимъ образомъ нашъ церковный порядокъ, изъ древняго, сложившагося по образцу первоначальной христіанской общины, затрогивавшаго всѣ уголки общественной жизни и дѣлавшаго каждаго исповѣдника православія непосредственнымъ дѣятелемъ и участникомъ церковнаго суда и администраціи, переродился теперь въ формулу консисторскаго дѣлопроизводства — особый видъ бюрократіи, тяжелый для самаго духовенства и совершенно чуждый мірянамъ. Разница огромная, и эта разница объясняетъ все.

Всматриваясь въ современные нравы, въ характеръ современнаго воспитанія, анализируя нѣкоторыя явленія нашей общественной жизни, всѣ замѣчаютъ великую перемѣну — православное общество стало холодно къ своимъ церковнымъ интересамъ; оно едва ли понимаетъ ихъ.... Но не всѣ понимаютъ причину этого страннаго явленія. Предлагаются средства одно другого ничтожнѣй для того, чтобы возвратить общество на прежнюю дорогу. Преслѣдуя такъ называемый нигилизмъ мнѣній, поревнуя наружнымъ формамъ стараются воскресить идею братствъ и увеличивъ число уроковъ закона божія въ школахъ надѣятся усилить вліяніе Церкви на школу и общественную жизнь... Но великіе перевороты общественнаго духа не могутъ быть слѣдствіемъ малыхъ причинъ. Органическія болѣзни не могутъ быть уничтожены палліативными мѣрами.

Мы должны наконецъ понять, что вліяніе религіи на общественную жизнь парализируется съ той минуты, когда вся масса общественной дѣятельности поставлена внѣ церковной администраціи. Для того, чтобы Церковь имѣла вліяніе на людей извѣстной эпохи и сливалась съ общественными интересами поколѣнія, недостаточно одной только традиціи, которая привязывала бы общество къ извѣстнымъ религіознымъ убѣжденіямъ, — надо сдѣлать религію элементомъ общественной жизни. Въ XVI вѣкѣ, какъ и въ первыя времена христіанства, Церковь была не только религіознымъ учрежденіемъ, но органомъ общественнаго воспитанія и общественной дѣятельности. Духовная администрація составляла дѣло не только духовенства, но и гражданскаго общества и потому гражданская общественная жизнь не могла не проникнуться православно-религіознымъ элементомъ и въ силу этого обстоятельства русское общество не могло не отстаивать интересы своей церкви, какъ залогъ своей народности и общественной автономіи. Совершенно подобное явленіе мы видимъ въ Англіи.

Духъ учрежденій улетаетъ вмѣстѣ съ старыми формами и потому нечего удивляться если интересъ нашего общества въ церковныхъ дѣлахъ и вліяніе Церкви на общественную жизнь уменьшились вмѣстѣ съ измѣненіемъ въ основныхъ формахъ церковной администраціи. И потому всѣ палліативныя мѣры, принятыя въ послѣднее время для устройства нашихъ церковныхъ дѣлъ и къ улучшенію положенія нашего духовенства, врядъ ли приведутъ къ чему нибудь, если въ тоже время не будутъ возвращены церковному порядку его старыя основы. Слѣдовательно нашъ церковный вопросъ можетъ быть разрѣшенъ только путемъ образованія совершенно отдѣльнаго церковнаго управленія изъ лицъ принадлежащихъ къ свѣтскому духовенству (по образцу старыхъ капитуловъ), возвращенія къ выборному началу на духовныя должности при непосредственномъ участіи мірянъ и установленія системы періодическихъ помѣстныхъ соборовъ или съѣздовъ мірянъ и духовенства, для обсужденія важнѣйшихъ церковныхъ дѣлъ.

Коснувшись выше той системы воспитанія и общественныхъ отношеній, которыя необходимо возстановить въ быту нашего духовенства, мы не можемъ не пожелать чтобы и его матеріальное обезпеченіе соотвѣтствовало тому, чѣмъ должно быть его воспитаніе и положеніе въ обществѣ. Соотвѣтствіе между тѣмъ и другимъ безусловно необходимо и потому мы позволимъ себѣ сказать нѣсколько словъ о тѣхъ общихъ основаніяхъ которымъ должно удовлетворять матеріальное обезпеченіе нашего духовенства.

Предположивъ въ православномъ священникѣ высшее образованіе и солидарность со всѣми сферами общественной дѣятельности, мы необходимо должны признать за нашимъ свѣтскимъ духовенствомъ право пользоваться той же матеріальной обстановкой, на которую, болѣе или менѣе, привыкла расчитывать часть общества получившая высшее образованіе. Безъ этого мы никогда, или очень мало, могли бы расчитывать на приливъ въ ряды нашей церковной іерархіи свѣжихъ силъ и призваній изъ другихъ классовъ общества.

Само собой разумѣется, что эта степень обезпеченія можетъ быть куплена только цѣною двухъ пожертвованій: сокращеніемъ числа приходовъ и новымъ налогомъ для жалованья приходскимъ священникамъ.

Противъ такого налога можно было бы возражать только съ точки зрѣнія земской экономіи. Но во первыхъ, увеличеніе жалованья священников, въ общей сложности, не можетъ потребовать слишкомъ большаго налога, потому что оно должно сопровождаться уменьшеніемъ числа приходовъ¹. Во вторыхъ, налогъ этотъ вызывается вопросомъ объ общественномъ положеніи и воспитаніи духовенства, тѣсно связаннымъ не только съ ходомъ нашего внутренняго развитія, но и съ успѣхами нашей внѣшней политики и потому онъ имѣетъ за себя столько нравственныхъ и политическихъ оправданій, что всякая излишняя экономія въ мѣрахъ къ обезпеченію духовенства была бы для насъ разорительна. Не надо забывать, что своимъ православіемъ русскій народъ представляетъ въ человѣчествѣ извѣстный общественный и нравственно-религіозный принципъ и что духовенство составляетъ одно изъ главныхъ средствъ для того, чтобы поддержать нравственную высоту самаго принципа.

Но дѣло матеріальнаго обезпеченія приходскаго духовенства не можетъ ограничиться однимъ только удовлетвореніемъ его первыхъ

¹ Само собою разумѣется, что уменьшеніе числа приходовъ должно быть сдѣлано съ большой осторожностью и не иначе, какъ постепенно. Въ противномъ случаѣ, эта мѣра могла бы привести къ важнымъ затрудненіямъ.

нужд. Для того чтобы поднять общественное положение нашего духовенства и усилить это сословие талантами взятыми изъ тѣхъ общественныхъ подраздѣленій, которыя мы привыкли противуполагать духовному званію, необходимо открыть для нашего священника болѣе широкую перспективу будущей общественной дѣятельности и болѣе обширное приложеніе талантовъ, чѣмъ уединенный приходъ. Такимъ поприщемъ можетъ служить для свѣтскаго духовенства участіе во всѣхъ сферахъ общественнаго воспитанія и доступъ ко всѣмъ сферамъ церковной администраціи.

Сообразно съ этимъ широкимъ участіемъ бѣлаго духовенства въ общественномъ воспитаніи и церковной администраціи православному священнику представлялась бы возможность большаго матеріальнаго обезпеченія, какъ вознагражденія за бо́льшія заслуги.

Еще одна замѣтка. Что дѣлать съ тѣми полевыми землями, которыя служили до сихъ поръ однимъ изъ главныхъ средствъ обезпеченія церковныхъ причтовъ? Такихъ земель въ каждомъ приходѣ не менѣе 33 десятинъ. Мы думаемъ что эти земли не могутъ сохранить въ будущемъ свое прежнее назначеніе, потому что занятіе полевыми работами почти совершенно несовмѣстно съ обязанностями священника. Онъ долженъ быть весь отданъ своему приходу. Земледѣліе не должно отвлекать его отъ прямыхъ священническихъ обязанностей. Онѣ слишкомъ многочисленны если ихъ добросовѣстно выполнять. Для его духовной жизни необходимы и минута свободнаго уединенія, и свобода отъ мелкихъ житейскихъ заботъ, неразлучныхъ съ полевымъ хозяйствомъ. Его свободное время должно быть посвящено занятіямъ въ школѣ и приготовленію къ воскресной проповѣди. Возможно ли соединить все это съ хлопотливыми занятіями мелкаго земледѣльца? Кстати замѣтимъ, что до сихъ поръ полевое хозяйство не рѣдко ссорило священника съ его прихожанами.

Церковныя земли будутъ чрезвычайно полезны если смотрѣть на нихъ, какъ на обезпеченіе сельскаго училища. Тогда общинное начальство будетъ само заботиться о ихъ обработкѣ, содержаніе училища будетъ обезпечено постояннымъ поземельнымъ доходомъ и первоначальное образованіе не будетъ болѣе зависѣть отъ взгляда прихожанъ на его необходимость. Такъ обезпечено положеніе школъ въ Соединенныхъ Штатахъ Сѣверной Америки.

IV.

Уставъ Гимназій и Прогимназій 1864 года.

Великія эпохи реформъ служатъ доказательствомъ безсилія и недальновидности человѣческаго ума. Врываясь въ исторію съ девизомъ: veni, vidi, vici, реформа всякій разъ вызывала протестъ историческихъ элементовъ народа. Гдѣ остановится этотъ протестъ, въ чемъ онъ выскажется?.... Онъ выскажется или отмѣной самыхъ реформъ, или первая реформа вызоветъ рядъ послѣдующихъ.... Въ этой вѣчной ломкѣ, безполезно напрягающей народныя силы, изчезаетъ самостоятельное творчество народнаго духа, и все сводится къ чувству глубокаго равнодушія или безсознательнаго повиновенія. Испанія является классической страной погибающихъ реформъ. Россія пережила тяжелую эпоху перемежающихся преобразованій.

Россія давно уже живетъ реформами. Онѣ стали у насъ нормальнымъ положеніемъ дѣла

124

Какъ и все случайное, перемежающіяся реформы создаютъ какой-то гражданскій застой, при которомъ невозможно ни сильное общественное мнѣніе, ни здоровое развитіе первной дѣятельности, ни нравственная сила индивидуальныхъ характеровъ. Въ замѣнъ всего этого постоянныя періодическія реформы даютъ какое-то отрицательное развитіе: критическую способность безъ положительнаго творчества, сознаніе добра безъ силы самопожертвованія, сознаніе своихъ недостатковъ безъ умѣнія взяться за дѣло, высокоуміе и неопытность, слабое недовѣріе къ себѣ и смутную вѣру въ случай. Великія силы народнаго характера исчезаютъ въ массѣ мелкихъ сошекъ, въ попыткахъ сдѣлать что-то; расходуются не въ борьбѣ съ препятствіями, но въ утомительномъ стремленіи къ произвольно взятымъ образцамъ безъ вѣры въ ихъ жизненность, безъ убѣжденія даже въ томъ, что ихъ „на все вѣкъ станетъ".

Надо помнить еще и тотъ страшный законъ, что каждая новая реформа разъясняетъ намъ всю несостоятельность, иногда пагубность реформы прошедшей..... И такъ цѣлый рядъ реформъ..... Глубоко справедливы слова Хомякова: едва ли не всякое десятилѣтіе намъ

бы мы благодарить Бога за то, что десятилѣтіе прошедшему не удалось никого воспитать?

Эта нищета народнаго саморазвитія и эта самоувѣренность реформы могутъ имѣть неисправимыя послѣдствія въ одномъ изъ главныхъ узловъ народной жизни — общественномъ воспитаніи. Многаго недостаетъ намъ: адвокатовъ и судей, капиталовъ и общественныхъ дѣятелей, желѣзныхъ дорогъ и земскаго такта.... Но все это зло поправимое, потому что оно заключено въ предѣлахъ данной минуты, извѣстнаго класса общества, извѣстной мѣстности. Но вопросъ о воспитаніи нельзя ставить на одномъ уровнѣ со всѣми этими частностями народной жизни. Онъ захватываетъ всю народную жизнь, во всѣхъ ея мельчайшихъ проявленіяхъ и изгибахъ. Въ немъ заключается все жизненное содержаніе будущаго поколѣнія: его величіе и паденіе, его сила и слабость, добродѣтели и пороки.

Посягая въ самомъ корнѣ на свободное развитіе народной жизни, всякая реформа общественнаго воспитанія вызываетъ гораздо болѣе недовѣрчивости и осторожности, чѣмъ всѣ остальныя реформы. Откровенно сознаемся, что съ этимъ предубѣжденіемъ мы смотримъ вообще на всѣ педагогическія реформы, въ томъ числѣ и на послѣднія педагогическія преобразованія по учебному вѣдомству въ нашемъ отечествѣ.

1. Воспитаніе классическое и реальное.

Едва ли не всякое десятилѣтіе вносило новыя начала въ наше общественное воспитаніе. Всѣ эти начала поперемѣнно были признаны или неумѣстными, или недостаточными, за ложными.

Послѣднимъ фазисомъ педагогической реформы является Уставъ Гимназій и Прогимназій 1864 года. По его указаніямъ наше общественное воспитаніе остановилось на реформѣ въ духѣ реализма. Но имѣемъ ли мы право предполагать, что эта реформа окончательно разрѣшитъ задачу нашей національной системы воспитанія, что она не поведетъ за собой реформы въ духѣ народномъ, въ духѣ военномъ и вообще спеціальномъ, въ духѣ гуманно-религіозномъ, въ духѣ естественно-раціональномъ, въ духѣ Руссо и англійскаго консерватизма. Кто поручится, что будущія десятилѣтія подобно десятилѣтіямъ минувшимъ — не найдутъ новыхъ предлоговъ для педагогическихъ реформъ? И надобно замѣтить, что каждая изъ этихъ реформъ будетъ имѣть за себя извѣстный принципъ, долю жизненной правды и знаменитые авторитеты.

Современная педагогическая реформа, является только предтечею будущихъ, уже потому, что она совершена только во имя одной причины — недостатка основательности въ нашемъ образованіи. Всѣ остальные недостатки нашей педагогической системы и тѣсно связанные съ ней общественные недуги (напримѣръ: неудовлетворительность въ образованіи нашего духовенства) остаются печальнымъ залогомъ будущихъ реформъ.

Индивидуальная мысль не можетъ охватить различныя стороны нововведеній. Человѣческому уму не дозволено предвидѣть всѣхъ послѣдствій преобразованія. Реформа это такой заклинательный жезлъ, который можетъ сдѣлаться иногда сильнѣй самаго заклинателя. Но въ этой слѣпотѣ, извиняющей многое и объясняющей большую часть человѣческихъ ошибокъ, за каждымъ поколѣніемъ остается правственная обязанность добросовѣстно изучать мотивы послужившіе основаніемъ современнаго ему преобразованія. Обязанность эта въ настоящемъ случаѣ заключается въ отвѣтѣ на вопросъ: какое воспитаніе лучше классическое или реальное?

Но, прежде нежели отвѣчать на этотъ вопросъ, необходимо условиться въ самомъ основномъ. Существуетъ ли какое нибудь противорѣчіе между этими двумя идеями: воспитаніе классическое и реальное? Служатъ ли они выраженіемъ двухъ направленій взаимно исключающихъ другъ друга? Возможно ли здѣсь предпочтеніе и выборъ?

На всѣ эти вопросы можно отвѣчать только отрицательно.

Въ самомъ дѣлѣ, возможно ли классическое воспитаніе безъ реализма? Реальнымъ мы называется все полезное и необходимое въ жизни. По этому, было бы величайшей нелѣпостью давать воспитаніе безполезное и неприложимое къ жизни. Это значило бы сознательно воспитывать людей дурно воспитанныхъ. Это значило бы отрицать до самоотрицанія. Классическое воспитаніе лишенное реальныхъ свойствъ не имѣло бы достаточной причины для существованія. По этому становится яснымъ и очевиднымъ, что или классическое воспитаніе невозможно, или реализмъ есть необходимое свойство классическаго воспитанія. Но реализмъ классическаго воспитанія заключается и въ томъ, чтобы его адепты были съ самыхъ раннихъ обучены чему нибудь непосредственно приложимому къ жизни, въ родѣ: сахарнаго производства, медицины, юриспруденціи и т. п., но въ томъ, что классическій методъ, давая человѣку широкую подготовку, пріучая его къ настойчивому труду, направляя къ сознательному выбору занятій, дѣлаетъ самаго человѣка реальнымъ, въ лучшемъ смыслѣ этого слова.

За тѣмъ рождается другой вопросъ: можно ли получить классическое воспитаніе безъ изученія классической литературы? На этотъ вопросъ мы отвѣчали бы утвердительно. Цѣль классическаго воспитанія заключается не въ изученіи классиковъ, но въ развитіи способностей и подготовкѣ къ жизни. Классики составляютъ только одно изъ средствъ развитія молодаго ума и образованія характера, но они далеко не заключаютъ въ себѣ всего воспитанія. При счастливомъ стеченіи обстоятельствъ это средство можетъ быть вполнѣ замѣнено вліяніемъ семейной обстановки, личными наклонностями, вліяніемъ школы, общественной среды, наконецъ вліяніемъ исключительнаго характера. Цѣль классическаго воспитанія находится гораздо далѣе изученія греческаго или латинскаго синтаксиса, и доказательствомъ того, что изученіе классиковъ еще не составляетъ классическаго воспитанія служатъ, напримѣръ, римляне V вѣка, которые изучая все богатство классической литературы, совершенно утратили достоинство античнаго характера. И такъ пусть будетъ найдено средство безъ изученія древнихъ литературъ сообщить воспитанію современнаго человѣка гуманизмъ, многосторонность и основательность классическаго метода, и мы готовы сейчасъ же отречься отъ нашего предъубѣжденія въ пользу классической литературы.

Основаніе всѣхъ педагогическихъ реформъ, предпринятыхъ въ европейскомъ воспитаніи XVIII и XIX в. заключается въ попыткѣ замѣнить, при воспитаніи, классическія литературы чѣмъ нибудь другимъ, или возстановить замѣненное. И такъ, прежде чѣмъ доказывать абсолютную пользу изученія классическихъ литературъ необходимо рѣшить третій вопросъ: если исключить классическія литературы изъ воспитанія, чѣмъ замѣнить ихъ?

Положеніе реформатора исключающаго классическую литературу изъ воспитанія затрудняется слѣдующимъ обстоятельствомъ. Всѣ знанія полезны. Безполезныхъ знаній нѣтъ, потому что всѣ знанія приносятъ человѣку пользу или положительную или отрицательную. Въ силу этой аксіомы реформатору — если онъ отвергаетъ классиковъ — грозитъ такъ называемое embarras de richesse или, говоря словами русской пословицы, погоня за двумя зайцами. Въ этомъ разнообразіи трудно не потеряться и не впасть въ противурѣчія. Отъ этого всѣ воспитательные курсы новыхъ временъ, составленные внѣ классиковъ, отличаются необыкновенной пестротой, и самымъ причудливымъ сочетаніемъ матеріаловъ. Тутъ будутъ „отцвѣтать не успѣвши разцвѣсть" анатомія и всѣ возможные историческіе учебники, филологія и законовѣдѣніе, словесныя науки и космографія, два новыхъ языка и тригонометрія.... При несовершенствѣ руководствъ, при желаніи выказаться, каждому преподавателю представляется большое искушеніе, вмѣсто того чтобы оставаться простымъ коментаторомъ и добросовѣстно объяснять ученикамъ заданный урокъ, принять на себя профессорскія обязаности, читать лекціи и требовать отъ учениковъ чуть ли не „увлеченія предметомъ". Вотъ почему нашъ гимназическій курсъ, окончательно утративъ вслѣдствіе реформы 1852 г. классическое направленіе, сдѣлался какимъ-то энциклопедическимъ сборникомъ, въ которомъ можно найти начатки всего, безъ сколько нибудь основательнаго знанія чего нибудь. Отъ этого все ученіе въ нашихъ гимназіяхъ какъ будто скользитъ по поверхности, не внося во внутреннюю жизнь воспитанниковъ ничего, кромѣ болѣе или менѣе обширнаго репертуара свѣдѣній, въ массѣ которыхъ онъ не можетъ оріентироваться, приложить къ жизни, съ которыми лучшіе представители нашего воспитанія обращаются такъ, какъ люди получившіе огромное наслѣдство въ то время, когда ни степень образованія, ни прежнее положеніе въ обществѣ, не приготовило ихъ къ разумному пользованію этимъ наслѣдствомъ. Они или тратили силы, задавъ себѣ цѣли выше средствъ, или не умѣли и на чемъ сосредоточить своихъ способностей. Отсюда крайность мнѣній и недоноски либерализма, недостатокъ самостоятельности и практическаго пониманія жизни, отсутствіе серьознаго убѣжденія и преданности своему дѣлу.

Насъ могутъ спросить: почему же, если въ содержаніи каждой отдѣльной группы наукъ естественныхъ, богословскихъ, юридическихъ, математическихъ и т. д. нѣтъ тѣхъ условій, которыя позволяли бы сдѣлать ихъ основаніемъ дѣтскаго развитія, одни только классики, и только они одни, удовлетворяютъ этому требованію

Отвѣтъ заключается въ свойствахъ античной цивилизаціи и ея отношеніи къ современному образованному міру. Эта цивилизація и ея изображеніе — классическія литературы обладаетъ четырьмя великими свойствами, дѣлающими ее незамѣнимой въ дѣлѣ воспитанія: содержаніемъ, методомъ, общечеловѣческой многосторонностью и нейтральностью. Мы постараемся прослѣдить вліяніе каждаго изъ этихъ свойствъ на воспитаніе.

Прежде всего о содержаніи. Всѣ науки новаго времени: исторія, естествознаніе, юриспруденція представляютъ нѣчто условное, противорѣчивое, болѣе или менѣе недоказанное[1]. Въ этомъ мірѣ незаконченности и пробабилизма трудно не потеряться молодому уму.

Напротивъ — древній міръ. Онъ не имѣетъ будущности, въ немъ нечего сомнѣваться,

---

[1] Исключеніемъ изъ этого общаго правила является разумѣется математика. Но, такъ какъ математическій складъ ума представляется рѣдкимъ исключеніемъ, то было бы противуестественно одѣть математику основнымъ курсомъ воспитанія. Это тѣмъ болѣе справедливо, что, въ силу своей абстрактности, математика не можетъ служить средствомъ къ многостороннему развитію человѣческаго ума и сердца и къ формировкѣ характера, въ чемъ именно и заключается задача воспитанія.

въ немъ невозможны ошибки. Его спокойный покой и безстрастная объективность дѣлаютъ его вполнѣ доступнымъ для изученія даже ребенку. Законченностью своихъ формъ, немногосложностью элементовъ и строгой опредѣленностью своего содержанія онъ скоро формируетъ въ ребенкѣ вѣрное и сознательное представленіе. Образы древнихъ героевъ, такъ возвышенно и безкорыстно преданныхъ своей родинѣ и своей политической мысли, не могутъ не имѣть огромного вліянія на воспріимчивую душу юноши и не разбудить въ немъ благородныхъ страстей. Неужели величавые лики Александра Македонского, Ѳемистокла, Гракховъ, Аристида и Сципіона, художественно очерченные древними писателями, ничего не скажутъ человѣку XIX вѣка? Самая узость идей древняго міра, въ противуположность широтѣ и разнообразію современныхъ отношеній, имѣетъ то преимущество, что она представляетъ превосходный базисъ для развитія въ человѣкѣ критики и анализа. Отъ узкаго легче перейти къ болѣе обширному, отъ простаго къ сложному, отъ наивности троянской войны къ дипломатіи XVIII вѣка, отъ философіи Платона къ реформаціи, отъ аграрнаго закона Гракховъ къ Положенію 19 Февраля.

Такимъ образомъ древній міръ, по свойству своего содержанія, можетъ служить превосходною моделью для развитія молодаго ума, разработки взгляда и первой подготовки знанія. Его педагогическое достоинство заключается въ его законченной простотѣ.

Но чтобы воспользоваться этой стороной древней цивилизаціи, необходимо знакомиться съ ея содержаніемъ не изъ третьихъ рукъ — сквозь призму XIX вѣка — но въ ея непосредственномъ отраженіи — въ современникахъ. Изучать ее въ трудахъ позднѣйшихъ ученыхъ, или (что еще хуже) въ учебникахъ, значило бы опять вдаваться въ пробабилизмъ и пріучать ребенка искать не самой истины, но ея подобія, не столько учиться самому, сколько дозволять себя учить.

Все что мы говорили до сихъ поръ о вліяніи античнаго міра на воспитаніе — относится къ его содержанію, къ той массѣ матеріаловъ, которую онъ предлагаетъ для изученія молодаго поколѣнія. Но надо ли связывать изученіе вѣчно-живаго классическаго матеріала съ изученіемъ, давно отжившихъ свое время, классическихъ языковъ? Отчего бы не изучать классическій міръ въ переводѣ на современныя нарѣчія?

Не трудно возражать против этого. Средством воспитания служит не столько содержание древних писателей, сколько неразрывный с ними метод. Содержание, по большей части, дает только большее или меньшее количество знания. Но в период воспитания количество знания играет второстепенную роль. На первом плане стоит образование настойчивой воли, честнаго характера, национальнаго ума, — одним словом того, что составляет человѣка, а не ученаго. Таким образом приобрѣтеніе знаній, являющееся в будущем періодѣ (называем его періодом образованія) цѣлью, в период воспитанія является только одним из средств. В период образованія заботятся о том, чтобы знаніе пріобрѣсти как можно легче и скорѣй, в период же воспитанія, можно не жалѣть усилій, лишь бы выработать метод. Метод создает человѣка, а не масса накопленных свѣдѣній.

Литература классическаго міра может служить превосходным средством для выработки метода. Главное свойство классических литератур: энергія и дисциплина мысли, страшная опредѣленность выраженія, строгая послѣдовательность анализа, логичность вывода, вмѣстѣ с привычкой к настойчивому умственному труду необходимому при изученіи классиковъ, должны положить свой отпечатокъ на всей школѣ. Но для того, чтобы она положила этотъ отпечатокъ свойственнаго классицизму метода, мало одного чтенія. Для огромнаго большинства это значило бы скользить по поверхности. Надобенъ медленный путь послѣдовательнаго разбора при помощи хорошаго комментатора, надобно время для того, чтобы вникнуть и незамѣтно освоиться съ отличительными свойствами античныхъ литературъ. Совокупность всего этого вырабатываетъ методъ, но процессъ самой выработки возможенъ только при изученіи оригиналовъ и досугъ для всего этого можетъ дать только дѣтство.

Къ изученію классическихъ писателей само собою примыкаетъ изученіе современной исторіи, археологіи, домашняго быта древнихъ и изученіе филологическихъ правилъ языка, которое въ свою очередь служитъ основаніемъ грамматическаго изученія всѣхъ новѣйшихъ языковъ. Такимъ образомъ въ одномъ предметѣ дѣти изучаютъ многое, тогда какъ при нашей энциклопедической системѣ ученія, получившей сильное развитіе въ особенности послѣ 1852 года, случается наоборотъ: мы учимся многому для того, чтобы выучить немногое.

Только основательное изученіе классиковъ можетъ дать ученикомъ твердое и самостоятельное знаніе. Неужели еще можно утверждать, что какой нибудь учебникъ можетъ быть лучшимъ средствомъ для преподаванія (напримѣръ) исторіи и смежныхъ съ нею наукъ, чѣмъ постепенное изученіе очевидцевъ событія, сторонниковъ тогдашней мысли и общественной жизни. Только въ шутку можно утверждать, что учебникъ, хотя бы и Грановскаго, лучше познакомитъ ученика съ судьбами Рима, чѣмъ Титъ-Ливій и Тацитъ, Саллустій и Ювеналъ прочитанные съ хорошими комментаріями.

Третье свойство классическаго воспитанія мы назвали общечеловѣческой многосторонностью. Задача общественнаго образованія заключается вовсе не въ томъ, чтобы учить, но въ томъ, чтобы дать возможность учиться. Задача подготовляющаго къ спеціальному образованію семейнаго и общественнаго воспитанія заключается также не въ ученіи, но въ развитіи тѣхъ способностей души, которыя помогутъ человѣку впослѣдствіи, сообразно своимъ наклонностямъ, способностямъ, состоянію, богатству, положенію въ обществѣ и прочимъ условіямъ жизни, проложить себѣ дорогу къ дѣятельности и призсти пользу воспитавшему его обществу. Въ этомъ широкомъ и многостороннемъ приспособлении человѣка заключается цѣль классическаго воспитания. Въ этой цѣли заключается его реализмъ.

Чтобы оцѣнить эту сторону классическаго воспитания надобно разсмотрѣть свойство воспитания противуположнаго, основаннаго на какихъ нибудь спеціальныхъ началахъ.

Одно изъ болѣе распространенныхъ въ нашемъ обществѣ заблужденій заключается въ томъ, что какъ для государства, такъ и для воспитывающихся лицъ гораздо полезнѣй еще въ дѣтствѣ дать познаніямъ и привычкамъ ребенка извѣстное спеціальное направленіе, нежели терпѣливо выжидать, когда создающійся человѣкъ, въ силу развивающагося сознанія и въ силу развивающихся способностей, дастъ самъ себѣ это спеціальное направленіе. Такое спеціальное воспитаніе, по общепринятому мнѣнію, дастъ государству возможность произвольно избирать извѣстное количество людей спеціально знакомыхъ съ той или другой отраслью знанія; для воспитанниковъ это спеціальное воспитаніе (говорятъ) полезно потому, что человѣкъ какъ будто ранѣе выходитъ на прямую дорогу. Въ то время, когда молодежь, получившая классическое воспитаніе, быть можетъ еще находится въ затрудненіи выбора, при спеціальномъ воспитаніи выборъ не только рѣшенъ окончательно, но и всѣ подготовительныя работы, необходимыя въ каждой спеціальности, доведены уже до конца; остается только приложить ихъ къ практикѣ.

Это заблужденіе основано на своего рода оптическомъ обманѣ. У насъ обыкновенно думаютъ, что стоитъ только имѣть реальныя свѣдѣнія, „мастерство въ рукахъ", для того, чтобы быть дѣльнымъ человѣкомъ. Предполагать это значитъ поддаваться вредному самообольщенію... Реалистъ безъ реализма у насъ вещь очень обыкновенная. Этотъ типъ встрѣчается между самыми производительными и обезпеченными профессіями: медиками, инженерами, негоціантами, агрономами, механиками... Отчего же это?... Оттого, что одного знанія мало. Надо умѣть имъ пользоваться, надобно призваніе.

Система спеціальнаго воспитанія нашла обширное примѣненіе въ Россіи и къ сожалѣнію Россія имѣла достаточно времени для того, чтобы вполнѣ ознакомиться со всѣми ее неудобствами.

Они заключаются во первыхъ въ томъ, что такъ какъ будущихъ наклонностей человѣка нельзя угадать, то всѣ спеціально-воспитательныя учебныя заведенія могутъ быть расчитаны только для людей среднихъ способностей, которымъ легко подчиниться всякому направленію и учиться чему прикажутъ. Но ни одна изъ отраслей искуства, ни одна изъ спеціальностей человѣческаго ума, не найдетъ въ этихъ пассивныхъ, легко подчиняющихся внѣшнему давленію натурахъ, своего лучшаго выраженія. Спеціальная школа нивелируя способности сводитъ ихъ къ низшему уровню. Часто ли можно отличить въ ребенкѣ будущее призваніе. Не найдется ли болѣе вѣроятности прищибить его способности въ лотереѣ спеціальнаго воспитанія, нежели въ томъ, что они будутъ поставлены именно въ свою дорогу. Отъ этого всѣ профессіи падали съ переходомъ отъ свободныхъ призваній въ руки людей, получившихъ кастообразное воспитаніе.

Наши духовно-учебныя заведенія служатъ самымъ рѣзкимъ выраженіемъ того вреда, который можетъ пронести обществу спеціальное воспитаніе. Печальный диссонансъ между величіемъ православнаго догмата и его духовенствомъ составляетъ къ сожалѣнію явленіе нерѣдкое въ православіи. Онъ указываетъ на другой диссонансъ: противурѣчіе между жизнью нашего священника и индивидуальными наклонностями многих лиц посвященных этому званию.

Такое состояние нашего духовенства объясняют обыкновенно одними только материальными причинами. Но нельзя сомневаться в том, что и при самом обеспеченном положении наше духовенство не могло бы стать на одном уровне с духовенством англиканским или протестантским. Причина заключается в степени образования и в призвании. Такое различие легко объяснимо, если принять во внимание то, что ряды нашего духовенства пополняются путем специального воспитания без всякого отношения к призванию воспитанника. По этому не удивительно, что к окончанию богословских курсов большая часть способнейших учеников, послушав духу времени и сознавая свое непризвание к великому общественному служению священника (более, нежели какое нибудь другое служение требующем и силы наклонностей и силы самопожертвования), решаются оставить свою специальность. В числе остающихся не мало молодых людей, которые были бы несравненно полезней для всякой другой деятельности, кроме священнической

Вызванные политическими обстоятельствами русскіе люди должны были не разъ принимать мѣры противъ католической пропаганды. Въ дѣятельности князей Острожскихъ, въ заботахъ объ устройствѣ школъ Петра Могилы и Петра Сагайдачнаго, въ болѣзненныхъ „писаніяхъ" Курбскаго, въ основаніи Заиконоспасской академіи, даже въ абсурдахъ Стоглава слышится таже общественная потребность, которая и въ настоящее время тревожитъ русское общество: намъ надо имѣть православное духовенство, которое могло бы стоять въ уровень общечеловѣческой истины, называемой восточнымъ исповѣданіемъ, надобенъ классъ людей, который могъ бы всей своей массой, а не исключительными личностями, поддержать передъ человѣчествомъ здравый смыслъ своего церковнаго устройства..... Но титаническая работа нашихъ патріотовъ XVI и XVII вѣка осталась пока недоконченной. Ex oriente lux — пока горитъ подъ спудомъ.

Какъ въ прежнее время, такъ и въ XIX вѣкѣ, политическія обстоятельства вызвали мѣры противъ католической пропаганды. Но огромная разница въ сущности этихъ мѣръ. Въ настоящее время они направлены по большей части противъ самаго католицизма. Мы заботимся о томъ, чтобы уничтожить его вредное вліяніе на народъ, поразить его анти-государственное значеніе и сокрушить его опоры въ таинственныхъ симпатіяхъ. Но надобно замѣтить, что міръ держится авторитетами а католическій міръ въ особенности. Самое лучшее средство поколебать авторитетъ заключается не въ прямыхъ мѣрахъ, но въ противупоставленіи ему другаго авторитета, болѣе сильнаго нравственно, болѣе вѣрнаго общечеловѣческой истинѣ и человѣческой природѣ. Потому для того, чтобы поколебать вліяніе католическаго духовенства необходимо создать другое нравственное вліяніе.... Если въ первомъ вліяніи очевидная историческая ложь, искаженное толкованіе истинъ Евангелія, уничижена свобода человѣческаго ума, то самый лучшій способъ противудѣйствовать всему этому заключается въ томъ, чтобы открыть передъ міромъ другой идеалъ, который удовлетворяя его уму, трогая сердце, вызывая въ его довѣріе своимъ демократическимъ величіемъ внушалъ бы чувство любви и уваженія своей Евангелической истиной. Другими словами мѣры противъ католическаго вліянія только тогда будутъ достигать своей цѣли, когда мы отдадимъ наконецъ должное нашему праславному духовенству, когда мы поставимъ его наконецъ въ такое положеніе, на которомъ оно стояло бы въ уровень философскимъ и историческимъ истинамъ православія.

Первою въ ряду этихъ мѣръ должно быть многостороннее, общегражданское воспитаніе нашего духовенства. Воспитаніе должно поставить его умственное развитіе въ уровень современнаго общества, своихъ соперниковъ, своей религіозной идеи. Но въ то время, когда весь религіозный Западъ, на сколько его выражаетъ съѣздъ католическихъ епископовъ въ Римѣ, рѣшился отстоять средневѣковую иллюзію католицизма, наши духовно-учебныя заведенія даютъ церкви не мало людей безъ способностей, безъ горячаго убѣжденія и безъ образованія. И ничему болѣе, какъ только спеціальному воспитанію нашего духовенства, современный католицизмъ обязанъ послѣдней силой того чарующаго вліянія, которое онъ до сихъ поръ еще имѣетъ на религіозные умы.

Улучшеніе быта нашего духовенства и тѣсно связанный съ нимъ вопросъ мірового значенія Восточной Церкви не можетъ по этому ограничиться однимъ только улучшеніемъ матеріальной обстановки и преобразованіемъ совершенно плохихъ духовно-воспитательныхъ заведеній въ болѣе совершенныя, быть можетъ даже блестящія въ своемъ родѣ, но, по прежнему, основанныя на почвѣ спеціально-духовнаго воспитанія, и, въ силу своей односторонности, неизбѣжно подверженныхъ тѣмъ самымъ недостаткамъ, которые вообще присущи спеціальному воспитанію.

Въ виду ожидаемыхъ преобразованій въ воспитаніи духовенства, чрезвычайно интересно прослѣдить развитіе мѣръ принятыхъ съ этой же цѣлью въ XVI и XVII вѣкѣ, при обстоятельствахъ близко подходящихъ къ современному положенію вещей. Причины вызвавшія тогда эти заботы совершенно тѣ же, что и теперь. Намъ объясняетъ ихъ, напримѣръ, Петръ Могила, въ то время Кіево-Печерскій архимандритъ, въ своей фундушевой записи Кіевскому Братству, 15 Іюня 1631 года. „Видя что отъ неучености духовенства и необученія молодежи Православная Церковь много теряетъ душъ человѣческихъ, онъ Петръ Могила, желая при благости и помощи Божіей, по собственной своей волѣ, предотвратить столь великую потерю, а также пріобрѣсти удалившихся отъ правовѣрія, вознамѣрился основать школу для того, чтобы молодежь наставляема была во всякой благочестіи, въ добрыхъ обычаяхъ и въ свбодных наукахъ и сіе не для какой либо пользы, или славы своей, но въ славу и честь живоначальной, нераздѣльной, Святой Тройцы, Отца и Сына и Св. Духа, въ пользу и утѣшеніе православнаго народа...."[1].

Напрасно стали бы искать во всей этой запискѣ слѣдовъ основанія спеціально-воспитательнаго заведенія для образованія православнаго духовенства. Единственнымъ мотивомъ основанія школы является польза православнаго люда. Единственнымъ предметомъ обученія — нормальный общеобразовательный курсъ того времени — „науки вызволенные" (artes liberales). Знаменитый митрополитъ какъ нельзя лучше понимаетъ, что только подъ условіемъ этого многосторонняго общаго образованія православное духовенство можетъ противудѣйствовать „утратѣ душъ человѣческихъ", а также и пріобрѣсти удалившихся отъ православія. Послѣдующія событія вполнѣ оправдали такой широкій взглядъ на задачу народнаго образованія и образованія духовенства. Безсильная въ оффиціальномъ отношеніи, бѣдная средствами, составленная изъ самыхъ разнообразныхъ эле-

---

[1] „Памятники изд. Кіевской Врем. Ком. для разбора древнихъ Актовъ", т. II, отд. I, стр. 93.

ментовъ и задавленная политическими обстоятельствами Южная Русь, сама собой, безъ всякой посторонней помощи, ведетъ борьбу съ латинствомъ, создаетъ великое народное движеніе, даетъ учителей и святителей Москвѣ....

Чрезъ 60 лѣтъ послѣ этого ректоръ Кіево-Братскаго Монастыря Кириллъ Филимоновичъ проситъ Гетмана Мазепу о надачѣ Братскому Монастырю села въ Ивангородской сотнѣ. Гетманъ Мазепа, универсаломъ на имя Нѣжинскаго полковника и Ивангородской сотни, объявляетъ: „внявъ прошенію отца ректора съ братіей и изъ уваженія къ братскому всей Малороссіи полезному монастырю, въ которомъ всѣ малороссійскія дѣти желающія учиться получаютъ образованіе" онъ Гетманъ утверждаетъ за этимъ монастыремъ село Бельмачевку въ Ивангородской сотнѣ....[1]

И такъ „всѣ малороссійскія дѣти" учатся въ Кіевскомъ Братскомъ училищѣ, „весь православный народъ" извлекаетъ пользу и утѣшеніе отъ благой мысли основателя?

---

[1] Тамъ же стр. 281.
[2] Вспомнимъ кстати, что въ Кіево-Братскомъ училищѣ получилъ свое воспитаніе сынъ гетмана и будущій гетманъ Юрій Хмѣльницкій, и что если бы его съ этаго времени предназначали къ духовной

Взглядъ на школьное ученіе, господствовавшій въ XVII вѣкѣ превосходно высказался въ двухъ уставахъ Луцкой Греко-Латино-Славянской школы (около 1624 года). Выписываемъ нѣсколько отрывковъ: „такъ какъ наши ученики кромѣ наукъ и добродѣтели ничему другому учиться не будутъ, то мы предостерегаемъ, чтобы они не имѣли у себя для сихъ двухъ предметовъ никакого препятствія..... ученики не должны держать никакихъ военныхъ снарядовъ, ни инструментовъ другихъ ремеслъ, ничего кромѣ принадлежностей школьныхъ"[1]. „Учитель обязанъ будетъ учить и на письмѣ имъ предлагать: отъ Св. Евангелія, отъ книгъ апостольскихъ, отъ всѣхъ пророковъ, отъ ученія Св. Отецъ, отъ философовъ, поэтовъ, историковъ и прочее"[2]. Кромѣ того они должны учиться „пасхаліи, и лунному теченію, и счету, и вычисленію, или правиламъ церковнаго пѣнія"[3]. „Дома дѣти должны вести себя такъ

ванію, Выговскій не получилъ бы титула: „на тотъ часъ гетманъ Войска Запороженаго", то есть избранный управлять войсковыми дѣлами только на время воспитанія настоящаго гетмана.

[1] Памятники т. I, отд. I, стр. 88.
[2] Тамъ же стр. 106.
[3] Тамъ же стр. 107.

как ихъ учатъ въ школѣ, показывая тѣмъ образованность и приличную лѣтамъ своимъ свѣтскость передъ всѣми сословіями"[1].

Можно ли лучше опредѣлить мысль обще-образовательнаго классическаго воспитанія, чѣмъ это сдѣлано творческой рукой XVII вѣка въ этихъ забытыхъ уставахъ. А между тѣмъ нельзя не видѣть въ нихъ обдуманную, внорядичнующуюся въ понятія современниковъ систему взглядъ вѣка. И не вправѣ ли мы не вѣрить послѣ этаго въ исключительность англійскихъ учебныхъ заведеній. Корпоративная самостоятельность, матеріальное обезпеченіе и классическій методъ англійскихъ школъ вовсе не есть слѣдствіе исключительно англійскаго міросозерцанія, но слѣдствіе того счастливаго обстоятельства, что тамъ личный произволъ не поставленъ выше историческаго генія народа, и не поколеблено уваженіе дѣятелей къ правамъ общества на саморазвитіе.

Какъ бы то ни было классическому обще-образовательному воспитанію русской молодежи XVII вѣка тогдашнее духовенство обязано своимъ вліяніемъ на народъ и своей историческою ролью. Выдѣленію же духовныхъ училищъ

---

[1] Тамъ же стр. 111.

въ особыя спеціальныя училища для дѣтей духовнаго званія во второй половинѣ XVIII вѣка, это же сословіе обязано своимъ кастообразнымъ устройствомъ, упадкомъ знанія и потерей вліянія на общество.

Второй недостатокъ спеціально-воспитательныхъ учебныхъ заведеній заключается въ томъ: что они обременяютъ государство и общество излишней заботой о своихъ воспитанникахъ. Если государство, или вообще какая нибудь власть приняла на себя трудъ дать ихъ познаніямъ извѣстное спеціальное направленіе (иногда наперекоръ ихъ призваніямъ), то оно же должно принять на себя и обязанность во всякомъ случаѣ пристроить ихъ къ мѣсту, даже и тогда, когда они совершенно неспособны для своей спеціальности. Это своего рода droit au travail.

И вотъ, вслѣдствіе обилія у насъ спеціально-воспитательныхъ учебныхъ заведеній, почти по всѣмъ отраслямъ гражданской жизни, у насъ чувствуется въ одно и тоже время и „недостатокъ въ людяхъ" для занятія мѣстъ, и недостатокъ въ мѣстахъ для того, чтобы дать занятіе всѣмъ получившимъ какое нибудь спеціальное воспитаніе.

Опять это всего рѣзче выказывается въ

духовномъ вѣдомствѣ. Духовно-учебныя заведенія переполнены дѣтьми получающими спеціальное воспитаніе и потому съ окончаніемъ каждаго курса является большое затрудненіе въ томъ, чтобы дать всѣмъ воспитанникамъ занятія, соотвѣтственныя ихъ воспитанію, а между тѣмъ ни въ одномъ изъ нашихъ образованныхъ классовъ не чувствуется такого недостатка въ знаніяхъ и талантахъ, какъ въ средѣ нашего духовенства.

Не спеціальныя ли военно-воспитательныя заведенія, при чрезвычайномъ обиліи войскъ, привели Россію къ потерямъ крымской кампаніи?

Можно ли послѣ этого вѣрить въ реализмъ (полезность) спеціальнаго воспитанія? Обучая по видимому, реальному оно не рѣдко разрушаетъ въ этомъ реальномъ всѣ полезныя свойства. По видимому дѣлая добро воспитаннику, оно служитъ причиной многихъ бѣдъ въ его жизни, потому что воспитать человѣка въ духѣ той спеціальности, для которой онъ не способенъ, это величайшее зло, которое только можно сдѣлать человѣку. Такимъ образомъ спеціальное воспитаніе, преслѣдуя по видимому реальную цѣль доходитъ до отрицанія реализма.

Гдѣ же этотъ реализмъ? Въ широкой многосторонней подготовкѣ классическаго воспитанія, которое на всегда сохраняло бы за человѣкомъ право свободнаго выбора профессіи и право слѣдовать своимъ наклонностямъ. Многіе скажутъ: зачѣмъ знать купцу латинскую и греческую литературу, — гораздо полезнѣе выучить его технологіи. Съ этимъ конечно ни кто не станетъ спорить въ томъ отношеніи, что для распознаванія товара технологія принесетъ болѣе пользы, чѣмъ эклоги Виргилія и филиппики Демосфена. Но въ природѣ и жизни всегда лучше расчитывать на бо́льшія способности, на запасъ силъ и на высшее интеллектуальное развитіе, чѣмъ сколько строго необходимо для достиженія той или другой цѣли. На этотъ основаніи классическое образованіе не можетъ не быть полезнымъ вездѣ, гдѣ образованіе необходимо, и было бы большимъ заблужденіемъ считать его нужнымъ только для ученыхъ и государственныхъ людей.

И эту очевидную истину забываютъ на каждомъ шагу! Одинъ американецъ выслушавъ посланіе президента Джонстона къ конгрессу, высказался въ такомъ тонѣ, что если человѣкъ, получившій воспитаніе портнаго, могъ написать такой документъ, то онъ не можетъ понять, къ чему всѣ эти университеты и академiи. Но портняжеское воспитанiе и посланiе Джонстона къ конгрессу ничего не доказываетъ. Извѣстно что Шекспиръ не былъ въ въ одномъ изъ университетовъ Англiи, а между тѣмъ всѣ университеты мiра въ продолженiи вѣковъ не могли создать другого Шекспира. Дѣло въ томъ, что Шекспировъ нельзя мѣрить обыкновеннымъ аршиномъ и, какъ невозможна нацiя Шекспировъ, также невозможно образованный классъ нацiи оставить безъ классическаго воспитанiя.

Народъ не можетъ обойтись одной только аристократiей человѣческихъ способностей Шекспирами, Дантами, Стефенсонами.... „Не та земля умна, гдѣ есть умные люди или много умныхъ людей, но та, гдѣ умъ есть достоянiе всей массы." (Хомяковъ.) Въ жизни почти всегда случается, что мелкимъ людямъ поручаютъ великiе интересы. Это законъ необходимости. Но дѣло пойдетъ успѣшно только тогда, когда индивидуальная ничтожность лицъ уравновѣшивается достоинствомъ той среды, въ которой они поставлены, когда общественная атмосфера и школьное воспитанiе даютъ людямъ посредственныхъ способностей то, чего имъ не дала природа. Въ человѣкѣ есть способность становиться въ уровень своему положенiю

Чѣмъ ниже уровень способностей и опытности, тѣмъ опаснѣй индивидуализмъ и тѣмъ нужнѣй для него нравственная поддержка среды и многосторонняго классическаго воспитанія.

Мы однако далеко уклонились отъ главнаго предмета. Разсматривая свойства древней цивилизаціи и ея отношеніе къ современному образованному міру, мы сказали, что эта цивилизація обладаетъ четырьмя великими свойствами, дѣлающими ее совершенно необходимой при воспитаніи: содержаніемъ, методомъ, общечеловѣческой многосторонностью и нейтральностью. Намъ остается теперь говорить только о послѣднемъ.

Классическое воспитаніе, давая человѣку многостороннее умственное развитіе, не отрываетъ его отъ народнаго міросозерцанія, не разъединяетъ его съ историческимъ духомъ, преданіями и инстинктами родной старины, однимъ словомъ сохраняемъ воспитаннику національность ума. „Шекспиръ потому именно и близокъ всѣмъ людямъ, что онъ вполнѣ принадлежитъ Англіи.“ (Хомяковъ.)

Мы далеки отъ мысли безусловно обвинять всѣхъ воспитывающихъ своей дѣтей за границей. Наши учебныя заведенія плохи. Надо ли другое извиненіе? Но не должно ли наше общество бояться, чтобы изъ этого воспитанія не вышелъ впослѣдствіи типъ полурусскаго джентльмена, лишеннаго всякой нравственной связи съ Россіей, типъ космополита, который будетъ ѣхать на родину такъ, какъ пріѣзжаютъ въ нее толпы иностранцевъ — для полученія мѣста, наслѣдственныхъ доходовъ, изъ любопытства....

Можно легко поставить ребенка внѣ круга обращенія той или другой народности, но и надо забывать, что въ такомъ случаѣ человѣкъ не только можетъ остаться чуждымъ своему народу, но, въ лицѣ своего народа, чуждымъ человѣчеству. Своенародности не дастъ русскому ребенку ни нѣмецкая, ни швейцарская школа.

Но, чтобы быть органомъ народнаго самосовершенствованія, русская школа должна сроднить каждое новое поколѣніе со всей народной жизнью: ея страданіями и прирожденной ей исторической идеей, ея славой и горемъ. Она должна научить его понимать величіе судебъ русской земли, даже въ поучительномъ безобразіи нѣкоторыхъ ея свойствъ и историческихъ моментовъ. Школа должна научить своихъ питомцевъ любить не только славу русской земли, но и ея мученичество. Такова національная цѣль школы, перейдемъ теперь къ средствамъ.

Предметами ученія въ періодъ воспитанія могли бы быть или русскій міръ, или жизнь и литература западныхъ народовъ, или классики.

Исключительное изученіе русскаго историческаго міра и русской народности въ дѣтствѣ, казалось бы, ближе всего подходитъ къ коренной задачѣ русскаго воспитанія — воспитать развитое поколѣніе русскихъ людей. Но сосредоточенное изученіе только „своего" не могло бы не сообщить молодому поколѣнію нѣкоторой узости понятій, такъ мало свойственной скептическому русскому уму. Къ тому жъ русскій міръ, быть можетъ самый сложный изъ всѣхъ міровыхъ элементовъ, выступавшихъ до сихъ поръ на историческое поприще, едва ли доступенъ понятіямъ дитяти. Про него можно сказать то же, что сказалъ когда то Грановскій объ исландской литературѣ: „.... въ сферѣ поэзіи нерѣдко встрѣчаются произведенія, наслажденіе которыми достается читателю можно сказать съ боя, вслѣдствіе напряженнаго усилія и изученія. Стыдливая красота такихъ произведеній неохотно выступаетъ наружу изъ подъ причудливой формы, въ которую заключило ее своенравіе художника, или особенный, историческими условиями определенный, складъ народной мысли. Какъ и древняя литература сѣвера, русская земля отличается этой независимой отъ внѣшняго убора и трудно постигаемой красотой внутренняго содержанія. Вотъ двѣ причины почему русскій міръ не можетъ и не долженъ быть исключительнымъ предметомъ изученія въ дѣтствѣ. Онъ можетъ служить книгой для чтенія, но основаніемъ педагогическихъ занятій въ періодъ воспитанія долженъ быть принятъ иной фазисъ человѣческаго развитія.

Цивилизація Запада имѣетъ также очень важныя неудобства. Всѣ новыя западно-европейскія цивилизаціи отличаются сложностью составныхъ элементовъ, громаднымъ объемомъ историческаго процесса и ослѣпительнымъ разнообразіемъ формы. Въ нихъ не менѣе загадочнаго, чѣмъ въ русской исторіи и, можетъ быть еще болѣе недоказаннаго. Все это дѣлаетъ западный міръ недоступнымъ для изученія ребенка не только у насъ, но даже на Западѣ. Не случайно Фенелонъ взялъ сюжетъ для своего „Телемака" изъ жизни Греціи, а не изъ пѣсней Нибелунговъ.

Если русскій міръ и западная цивилизація имѣютъ каждый своего рода педагогическія несовершенства, то классики представляютъ явленіе совершенно противуположное. По своей простотѣ классическій міръ вполнѣ доступенъ даже уму ребенка; въ своей законченности онъ даетъ ему цѣльное и совершенно вѣрное представленіе минувшаго; по богатству мысли онъ служитъ превосходнымъ средствомъ умственнаго развитія; по логичности метода и изяществу формъ онъ является, для всѣхъ поколѣній и всѣхъ народовъ, незамѣнимымъ путемъ для выработки метода, не касаясь при этомъ національныхъ инстинктовъ ума. Никакая другая цивилизація не представляетъ такого полнаго соединенія всѣхъ этихъ свойствъ въ объемѣ нѣсколькихъ томовъ.

Чуждый современнымъ страстямъ, классическій міръ остается нейтральнымъ для всѣхъ временъ и народовъ. Какъ средство воспитанія онъ даетъ только общечеловѣческое основаніе, на которомъ народная жизнь можетъ впослѣдствіи построить все свое разнообразіе, обусловливаемое вѣкомъ, спеціальностью и общественной средой. Классическій міръ какъ и Евангеліе (не забудемъ что во главѣ классическаго воспитанія стоитъ Библія) напечатлѣваетъ въ умѣ ребенка только вѣчныя незыблемыя истины, оставляя законный просторъ для временнаго и національнаго. Развивая въ душѣ воспитанника общечеловѣческое, онъ позволяетъ ему остаться самимъ собой. Въ своемъ вѣчно-холодномъ нейтралитетѣ, классическій міръ является неизмѣннымъ другомъ всѣхъ историческихъ народовъ, создающихъ цивилизацію вѣка.

Въ началѣ этой главы мы пришли къ слѣдующему вопросу: какое воспитаніе лучше реальное или классическое?

Теперь мы считаемъ себя вправѣ отвѣчать на этотъ вопросъ такимъ образомъ: воспитаніе не можетъ быть не классическимъ, но всякое классическое воспитаніе непремѣнно бываетъ реально.

Этотъ реализмъ классическаго воспитанія объясняетъ намъ почему въ двадцать лѣтъ англичанинъ „знаетъ" менѣе чѣмъ нѣмецъ или русскій того же возраста, но за то въ тридцать онъ „сдѣлаетъ" гораздо болѣе, чѣмъ нѣмецъ въ тридцать пять, а русскій во всю жизнь.

2. Реальное воспитание по „Уставу 1864 года".

Пятый параграфъ Устава 1864 года, „по различію предметовъ содѣйствующихъ общему образованію и по различію цѣли гимназическаго обученія", создаетъ у насъ два рода воспитанія: реальное и классическое.

Чѣмъ будетъ реальное воспитаніе? Менѣе совершеннымъ. — Чѣмъ будетъ классическое? Болѣе законченнымъ.... Вѣроятно такъ. — Классическое воспитаніе является такимъ образомъ представителемъ многосторонности въ образованіи, широты взгляда; напротивъ, реальное будетъ преслѣдовать болѣе практическія, спеціальныя цѣли. Это воспитаніе дѣловаго, производительнаго класса общества....

Но именно этого то различія въ цѣляхъ гимназическаго обученія мы и не можемъ допустить. Нормальное воспитаніе не обучаетъ человѣка непосредственно полезнымъ и приложимымъ къ жизни предметамъ, оно не даетъ ему уже приготовленной для его спеціальности и разжеванной пищи; оно даетъ ему только сознаніе и умственное развитіе необходимое для выбора спеціальности, силу воли и энергію труда. Воспитаніе не столько учитъ, сколько формируетъ характеръ и учитъ только для того, чтобы формировать характеръ. Говоря словами стараго устава „кромѣ наукъ и добродѣтели" воспитаніе не должно преслѣдовать никакихъ практическихъ цѣлей¹. Въ этомъ правственномъ приготовленіи къ жизни и заключается реализмъ классическаго воспитанія и его высокая практичность.

Пускай дѣти, возмужавъ, забудутъ свое классическое воспитаніе .... Они могутъ забыть только его внѣшніе атрибуты, но его сущность останется въ нихъ незамѣтнымъ инстинктомъ жизни, отпечаткомъ вѣка, племеннымъ типомъ. Нравственная сила этаго типа поднимать ихъ на самыхъ практическихъ профессіяхъ, въ которыхъ классическое образованіе, какъ прямое условіе дѣятельности, нужно менѣе всего. Странно было бы предполагать, что практическія профессіи требуютъ только одной рутины ума и узкаго односторонняго образованія. Напротивъ, намъ кажется, что чѣмъ одностороннѣе дѣятельность человѣка, тѣмъ многостороннѣй должно быть его образованіе. Безъ этаго, необходимое равновѣсіе его духовныхъ способностей было бы нарушено, и утратила

---

¹ Памятн. изд. Кіев. Врем. Ком., т. I, отд. I, ст. 8.

бы творческое отношеніе къ своей спеціальности, безъ котораго не можетъ существовать хорошій практическій дѣятель. Медикъ, технологъ, артилеристъ, агрономъ и механикъ могутъ не нуждаться въ знаніи латинскаго языка, но для того, чтобы быть хорошими спеціалистами, имъ необходима самая широкая общая подготовка, невозможная внѣ классическаго воспитанія.

По этому именно для наиболѣе реальныхъ профессій узкое реальное воспитаніе является наименѣе практичнымъ. Оно даетъ человѣку средства только въ обрѣзъ, и, именно вслѣдствіе этаго, даетъ ему по большей части недостаточно. Надобна исключительная сила наклонностей и исключительное призваніе, для того чтобы, при этой бѣдности средствъ реальнаго воспитанія, идти къ своей спеціальности далѣе рутины.

Кому не извѣстна притча Спасителя о грядущемъ женихѣ, о томъ какъ у встрѣчавшихъ его не было достаточно приготовлено масла, для того чтобы вновь наполнить свѣтильники...

Притча эта какъ нельзя лучше объясняетъ значеніе классическаго воспитанія въ развитіи человѣка. Это воспитаніе можетъ быть названо роскошью, иногда роскошью безполезною, но

11*

все таки, относительно массы людей, оно имеет въ себѣ задатки болѣе широкаго умственнаго развитія и болѣе здоровой дѣятельности, чѣмъ всякое узко-реальное воспитаніе.

3. Система учебныхъ заведеній должна соображаться съ естественнымъ раздѣленіемъ молодаго поколѣнія на два возраста.

Но окончательное оправданіе классическаго воспитанія невозможно до разрѣшенія одного важнаго сомнѣнія. Неужели до 17—18 лѣтъ (возрастъ, прежде котораго нельзя считать воспитанія оконченнымъ) вся молодость человѣка должна быть посвящена Цицерону и Титу Ливію, т. е. развитію однихъ только общихъ знаній; неужели человѣкъ, которому суждено завтра сдѣлать окончательный выборъ дороги, не имѣетъ права сегодня, въ стѣнахъ воспитавшей его школы, приготовить себя и сдѣлать рѣшительный шагъ къ этому выбору?

Но существуетъ неизмѣримая разница между „приготовленіемъ себя" и „предназначеніемъ другого" къ извѣстной дорогѣ. Классическое воспитаніе должно быть организовано такимъ образомъ, чтобы, уничтожая всякое предназначеніе извнѣ, способствовать тому, что бы каждый воспитанникъ, еще въ школѣ, свободно приготовилъ себя не только къ выбору спеціальности, но, на сколько возможно, и къ самой спеціальности. Эта дополнительная цѣль классическаго воспитанія можетъ быть достигнута очень легко.

Сообразно физическимъ законамъ развитія, воспитаніе человѣка распадается на два очень различающіеся одинъ отъ другого періода. Собственно классическое воспитаніе, однообразное по содержанію и лишенное всякихъ подраздѣленій, не можетъ продолжаться за предѣлы 14—15 лѣтъ. Далѣе начинается другой періодъ. Ученикъ изъ состоянія пассивнаго ученія, переходитъ въ состояніе болѣе или менѣе дѣятельной любознательности, выступаютъ наружу его наклонности, проявляется вкусъ къ тому или другому занятію.

Во второмъ періодѣ воспитаніе, увеличивая въ воспитанникахъ массу общечеловѣческаго развитія, должно подготовить ихъ также къ сознательному выбору спеціальности. Стремленіе это еще не должно поглощать всего времени и всего вниманія воспитанниковъ, но оно уже входитъ составнымъ элементомъ его личной дѣятельности.

Учебный курсъ не долженъ идти наперере естественному развитію человѣка. Поэтому и классическія школы этого періода должны располагать жизнь воспитанника такимъ образомъ, чтобы въ тѣни общаго образованія выяснялись основанія будущей спеціальности, адвокатской, церковной, ученой, государственной и т. д. Исключительное занятіе классиками во второмъ періодѣ сдѣлало бы воспитаніе одностороннимъ и спеціальнымъ и много уменьшило бы его общеобразовательное значеніе.

Переходя отъ предметовъ ученія къ школьной обстановкѣ нельзя не замѣтить того, что оба возраста едва ли могутъ быть подчинены одной и той же педагогической дисциплинѣ.

До 14—15 лѣтъ существуетъ эта неокрѣпшая нравственность, эта естественная несостоятельность воли, которая освобождаетъ человѣка почти отъ всей отвѣтственности за свои поступки. Неразвитость наклонностей и необходимость дать сначала самую общую подготовку, подводитъ всѣхъ воспитанниковъ этого возраста къ одному общему уровню. И такъ въ этомъ возрастѣ необходимы болѣе внимательный надзоръ, болѣе обширное вмѣшательство въ частную жизнь и занятія воспитанника; болѣе однообразія въ самихъ занятіяхъ.

Условія эти совершенно перемѣняются око-

15—17 лѣтъ. Этотъ періодъ заставляя предполагать въ воспитанникахъ болѣе самообладанія, позволяетъ болѣе на нихъ полагаться и требовать отъ нихъ гораздо большей отвѣтственности. Личность воспитанника, хотя онъ еще и не является полноправнымъ членомъ общества, имѣетъ гораздо болѣе правъ на свободу и самостоятельность дѣйствій. Педагогическія стѣсненія являются уже какъ бы частными ограниченіями этой свободы, добровольно, изъ сознательнаго убѣжденія, налагаемыми имъ на себя. Въ семьѣ и школѣ воспитанникъ долженъ быть поставленъ на правахъ младшаго брата пользующагося руководствомъ и совѣтомъ болѣе опытныхъ. Передъ закономъ воспитанникъ является съ правомъ попечительства (curra) избираемаго имъ по произволу, а не опеки (tutella) налагаемой на него другими.

Подчинять оба возраста одной и той же дисциплинѣ, насильственно подводить различныя условія ихъ физическаго и умственнаго развитія подъ уровень одной и той же школьной обстановки, заставлять человѣка въ 17 лѣтъ точно также проводить свой день, какъ онъ проводилъ его въ 10—12 лѣтъ — это значило бы создавать такую педагогическую систему, при которой взрослый человѣкъ долженъ былъ бы отказаться отъ естественныхъ правъ своего развитія, въ замѣнъ чего, дѣтямъ представлялось бы искушеніе вести жизнь болѣе самостоятельную, чѣмъ позволительно въ ихъ возрастѣ.

Мы даже не можемъ понять, какимъ образомъ одно и тоже лицо можетъ добросовѣстно и съ одинаковымъ тактомъ выполнить свои педагогическія обязанности относительно обоихъ возрастовъ разомъ. Для одного возраста начальникъ учебнаго заведенія является опекуномъ, обязаннымъ иногда думать за воспитанника, руководить его дѣйствіями и нести всю нравственную отвѣтственность за его будущее, для другаго только попечителемъ, обязаннымъ помогать своею опытностью доброй волѣ воспитанника. Эти роли такъ различны, что требуютъ совершенно различныхъ способностей и педагогическаго умѣнья. Во всякомъ случаѣ едва ли возможно войти въ обѣ роли разомъ, не поставивъ себя въ фальшивое положеніе къ обоимъ.

Отсюда очевидно какъ неестественно прежнее устройство нашей гимназій (и вообще всѣхъ учебно-воспитательныхъ заведеній: Училища Правовѣдѣнія, кадетскихъ корпусовъ и проч.), по которому, молодежь трехъ высшихъ классовъ была подчинена той же школьной дисциплинѣ, какъ и дѣти 10—12 лѣтъ. Вмѣстѣ съ этимъ становится понятнымъ, почему въ нашихъ школахъ, не смотря на множество безполезныхъ стѣсненій, могла удержаться значительная роспущенность нравовъ.

Новый гимназическій уставъ опредѣляя организацію воспитательно-учебнаго заведенія, къ сожалѣнію, не обратилъ должнаго вниманія на это противурѣчіе въ характерѣ двухъ періодовъ человѣческаго воспитанія. Впрочемъ нельзя сказать чтобы въ уставѣ 1864 года, была совершенно упущена изъ виду необходимость раздѣлять воспитанниковъ на два возраста. Но сознаніе этой необходимости высказалось только слѣдующимъ, едва замѣтнымъ, намёкомъ: „по мѣрѣ возможности, низшіе четыре класса гимназіи помѣщаются отдѣльно отъ высшихъ трехъ классовъ"[1]. Затѣмъ новый уставъ, болѣе, ничего не сдѣлалъ въ этомъ направленіи.

А между тѣмъ различіе возрастовъ составляетъ такое неизбѣжное условіе умственнаго и физическаго развитія, которое неминуемо должно быть положено въ основаніе нормальной системы воспитанія. Эти условія создаютъ не

[1] Примѣчаніе къ 3му § устава.

столько различные предметы ученія, сколько различныя отношенія воспитанниковъ къ ученію, къ обществу и школѣ и до тѣхъ поръ, пока это различіе не будетъ положено въ основаніе нашего общественнаго воспитанія, нашимъ учебнымъ заведеніямъ всегда будутъ угрожать или монастырская закрытость или преждевременная полноправность дѣтей-воспитанниковъ.

Слѣдовательно однимъ изъ самыхъ главныхъ пунктовъ педагогической реформы у насъ — должно бы быть раздѣленіе учебныхъ заведеній, сообразно возрасту воспитанниковъ на два рода. Первый для младшаго возраста соотвѣтствовалъ бы англійскимъ школамъ въ Итонѣ, Гарро, Винчестерѣ, Гигби и нашимъ первымъ четыремъ классамъ гимназій. Въ немъ воспитаніе оканчивалось бы около 14-15 лѣтъ; ученіе ограничивалось бы исключительно общеобразовательнымъ классическимъ курсомъ. Другой родъ учебныхъ заведеній (мы назвали ихъ выше лицеями) по методу ученія, педагогической обстановкѣ и объему преподаваемыхъ наукъ соотвѣтствовалъ бы англійскимъ университетамъ. Ихъ педагогическая роль оканчивалось бы около 17—18 лѣтъ. По окончаніи лицея представителямъ каждаго молодаго поколѣнія оставалось бы только уже въ какую нибудь спеціальную отрасль знанія, посредствомъ практическихъ занятій, чтенія, руководства спеціалистовъ или университетскихъ лекцій. Для послѣдняго фазиса развитія нѣтъ границъ въ предѣлахъ человѣческой жизни и талантовъ, нѣтъ педагогическихъ правилъ и нормы постепенно развитію. Личность выступаетъ, наконецъ, въ всемъ своемъ самовластіи.

Мы уже имѣли случай коснуться этого предмета[1] и потому считаемъ себя вправѣ не повторяться. Скажемъ только что приведенное выше примѣчаніе къ 3му § новаго устава не можетъ освободить нашу воспитательную систему отъ ея кореннаго недостатка, вызывающаго крайне-неловкую натянутость въ отношеніяхъ воспитателей къ воспитанникамъ старшаго и младшаго возраста и въ отношеніяхъ воспитанниковъ обоихъ возрастовъ къ уставу учебнаго заведенія.

4. Самостоятельность школьныхъ корпорацій.

Еще одинъ вопросъ остался неразрѣшеннымъ въ гимназическимъ уставѣ 1864 года.

[1] Гл. I — Лицеи и Унив. и гл. II — Задача Ун. Экз.

Мы говоримъ о необходимости освободить въ ши учебныя заведенія отъ всѣхъ внѣшнихъ реформъ и предоставить каждому изъ нихъ право индивидуальной самостоятельности и индивидуальнаго саморазвитія.

Одно изъ самыхъ дурныхъ преданій нашей школьной администраціи заключается въ привычкѣ безпрестаннаго вмѣшательства и перемѣнъ въ дѣлѣ народнаго образованія. Внутренней, самостоятельной, независимой отъ министерства жизни наша школа давно не имѣетъ. Все ея развитіе въ XVIII и XIX вв. заключается въ подчиненіи внѣшнимъ стѣсненіямъ случайныхъ административныхъ распоряженій. Вотъ почему школы не составляютъ у насъ корпоративнаго юридическаго лица, облеченнаго властью и нравственной отвѣтственности передъ настоящимъ и будущимъ. Какъ власть, такъ и отвѣтственность лежитъ у насъ не на школьной корпораціи, но на принятой въ данную минуту административной системѣ и ея представителяхъ: не на Магницкомъ, а въ Аракчеевѣ. Подъ гнетомъ бюрократической иниціативы исчезаетъ иниціатива учебнаго заведенія и самая задача воспитанія превращается въ простое исполненіе бумагъ за нумерами. Такое учебное заведеніе можетъ отличиться въ публичномъ экзаменѣ, блеснуть на ревизіи, но въ немъ никогда не найдется корпоративной силы, которая могла бы возбудить въ обществѣ неограниченное довѣріе къ своему духу, выработать хорошее преданіе, пріобрѣсти нравственное вліяніе на воспитанниковъ и освободиться отъ недостатковъ своего вѣка.

Общественное воспитаніе только тогда можетъ влить въ націю освѣжающія силы здороваго молодого поколѣнія, когда школа развивается независимо отъ періодическихъ колебаній народной жизни. Другими словами: народное воспитаніе, чтобы быть источникомъ народнаго самосовершенствованія, должно стоять независимо отъ дурныхъ и хорошихъ администрацій. Оно не должно подчиняться ни революціямъ, ни реакціямъ. Школа это своего рода status in statu, передъ которымъ, изъ уваженія къ себѣ, и изъ уваженія къ будущему, должны преклониться всѣ направленія, всѣ господствующія партіи и всѣ héros du jour.

Не трудно убѣдиться, что вопросъ о самостоятельности школъ составляетъ одинъ изъ самыхъ жизненныхъ вопросовъ каждаго поколѣнія. Опасно уничтожать индивидуальную жизнь учебнаго заведенія, потому что для народнаго саморазвитія необходимо народное воспитаніе, во всѣхъ своихъ ступеняхъ — начиная сельской школой и кончая университетскими лекціями — поставленное внѣ владычества партій. Анализъ убѣжденій и дѣйствій всѣхъ, безъ исключенія, партій открываетъ въ каждомъ изъ нихъ зародышъ ихъ паденія. Въ вигизмѣ XVII вѣка легко открыть революціонный чартизмъ, въ торизмѣ того же времени наклонность къ абсолютизму. Въ духовенствѣ, въ демократіи, въ аристократической лигѣ, въ войскѣ, однимъ словомъ, рѣшительно въ каждомъ классѣ имѣющемъ вліяніе на народную жизнь, легко найти задатки печальной односторонности, которая по временамъ заставляетъ націю уклоняться съ пути своего нормальнаго развитія. Уклоненія эти происходятъ въ то время, когда сила обстоятельствъ усиливаетъ противуположный элементъ, быть можетъ также несовершенный въ себѣ самомъ, и справедливый только поневолѣ.

Что если школа будетъ во всемъ подчиняться этой силѣ обстоятельствъ и этимъ періодическимъ приливамъ и отливамъ?.... Что если она будетъ жить увлеченіями всѣхъ партій господствующихъ въ данную минуту и вмѣстѣ съ ихъ паденіемъ, перемѣнять авторитеты, вѣрованія, обстановку, убѣжденія?

Самое меньшее зло заключается въ томъ,

что подобная школа будетъ недоноскомъ всѣхъ направленій. Постоянное пребываніе въ мірѣ переходныхъ, неустановившихся идей невыгодно отразится на школѣ и наукѣ, преподавателяхъ и ученикахъ. Она должна будетъ сдѣлаться политической ареной, какъ зеркало отражать современныя ходячія идеи, поклоняться героямъ дня и увлекаться увлеченіями толпы. Чѣмъ сильнѣе будетъ несамостоятельность школы, тѣмъ менѣе будетъ она въ силахъ выработать поколѣніе, которое стало бы выше поколѣнія предъидущаго. Даже болѣе. Мы сомнѣваемся чтобы въ ней нашлась сила удержать молодежь на уровнѣ стараго поколѣнія.

Минутные порывы могутъ сдѣлать много добраго на поприщѣ общественной дѣятельности, подъ знаменемъ противуположныхъ убѣжденій. Но прилагая эти порывы къ школьной жизни, мы непремѣнно измѣнимъ всю сущность воспитанія и лишимъ школу своего высоко-нравственнаго и художественнаго назначенія: приготовлять молодое поколѣніе къ жизни, въ самомъ многостороннемъ значеніи этого слова. Мы дадимъ ей рабольпную роль приготовлять неразумное орудіе той или другой партіи.

Учебное заведеніе должно стоять не только

въ уровнѣ вѣка, но выше своего вѣка. Въ немъ зачатокъ вѣковъ грядущихъ. Общество, въ данную минуту, можетъ дѣйствовать въ извѣстномъ направленіи, въ духѣ извѣстныхъ практическихъ цѣлей. Между тѣмъ цѣль учебнаго заведенія выше временныхъ цѣлей того или другого поколѣнія. Эта цѣль и идеальная и практическая вмѣстѣ. Она вмѣщаетъ въ себѣ всѣ цѣли жизни и всѣ направленія общества.

Пусть же въ минуты народныхъ увлеченій школа стоитъ выше уровня общаго развитія, пусть она, не поддаваясь ни увлеченіямъ эпохи, ни народнымъ страстямъ, предохранитъ молодое поколѣніе отъ страшной односторонности, изсушившей народную жизнь Франціи въ ея вѣчномъ, неугомонномъ колебаніи между увлеченіями господствующихъ партій, и сдѣлавшей изъ Польши, свободной въ XVI вѣкѣ, жалкое орудіе іезуитской политики въ XVII¹.

───────

¹ При несамостоятельности школъ учебники служатъ вѣрнымъ отраженіемъ господствующихъ направленій, но отнюдь не истины. Недавно вышла съ одобренія французскаго министерства, „Краткая исторія Франціи съ древнѣйшихъ временъ до нашихъ дней". Въ виду послѣднихъ мексиканскихъ событій въ особенности интересны слѣдующія заключительныя строки этого учебника: „Таковы результаты

Разумѣется въ Россіи можно не опасаться не только великихъ разрушеній, но и простого преобладанія партій. Но, при этой тишинѣ общественнаго духа, тѣмъ болѣе опасны для нормальнаго развитія русскаго народа, тѣ отрывочныя направленія, которыми объясняется большая часть реформъ совершенныхъ въ нашемъ общественномъ воспитаніи.

Все равно откуда бы ни выходили эти направленія: отъ государственной власти, отъ об-

---

ставое счастіе новой французской имперіи. За ее предѣлами Наполеонъ III возвратилъ Мексикѣ свободныя учрежденія и далъ средство противустоять громаднымъ захватамъ Соединенныхъ Штатовъ и намѣрену быть тѣмъ, чѣмъ должна быть большая и умная страна, то есть однимъ изъ великихъ рынковъ міра и Франціи" (Volks-Zeitung 1867, 12 Juli). Во времени реставраціи существовали исторіи для которыхъ не существовалъ императоръ Наполеонъ I. Учебники австрійскихъ и итальянскихъ школъ безъ сомнѣнія заключаютъ въ себѣ не менѣе рѣзкую перемѣну во взглядахъ на событія 48 года.

Какъ жалки должны казаться молодому поколѣнію всѣ эти продѣлки, и какую пользу принесла бы самостоятельность школъ уже однимъ тѣмъ, что она избавила бы администрацію отъ искушеній педагогической дипломатіи, которая не можетъ не уронить правительство въ глазахъ, даже, десятилѣтнихъ учениковъ.

12

щества, отъ отдѣльныхъ лицъ, — но, если поставить случайные личные взгляды поколѣнія или лица, выше историческихъ преданій школы, то гдѣ же и когда можно будетъ остановиться?

Существованіе самостоятельной школы до такой степени необходимо для нормальнаго развитія народной жизни, что въ видахъ поддержанія этой самостоятельности никогда нельзя сдѣлать слишкомъ много. Недостаточно одной только независимости по уставу, на клочкахъ мертвой бумаги защищающей школы отъ внѣшняго наплыва случайныхъ преобразованій. Необходимо болѣе существенное — независимость матеріальная.

Процвѣтаніе англійскихъ школъ было бы невозможно если бы ихъ существованіе зависимо отъ ежегоднаго бюджета канцлера казначейства и популярности министерскихъ биллей въ парламентѣ. Какая нибудь фракція радикаловъ давно начала бы считать и взвѣшивать во что обошлось Англіи ея школьное и университетское воспитаніе; что даетъ ежегодно народъ на поддержаніе ихъ вѣковыхъ парковъ, готическихъ коллегій и капеллъ; было бы исчислено, какія жертвы приносятся для того, чтобы сохранить это, единственное въ своемъ родѣ соединеніе общественнаго воспитанія съ сем-

ной жизней, здоровымъ воздухомъ и удовольствемъ лодочнаго состязанія и какъ дважды два было бы доказано какъ много удешевилось бы общественное воспитаніе отъ продажи въ частныя руки, напримѣръ Итона — мѣста воспитанія десятковъ поколѣній, нравственную колыбель столькихъ великихъ людей.... Люди осудившіе женщину за то что она возлила на голову Іисуса Христа драгоцѣнное нардовое муро подъ видомъ общественной пользы и раздачи пособія бѣднымъ, продали бы это муро и какія нибудь городскія фаланстеріи давно служили бы мѣстомъ народнаго воспитанія.....
Ломали же средневѣковыя живописныя окна, для того, чтобы добыть нѣсколько фунтовъ олова.....

Если англійскіе школы до сихъ поръ сохранили свою древнюю естественность, если англійское воспитаніе до сихъ поръ остается воспитаніемъ здоровой души въ здоровомъ тѣлѣ (mens sane in corpore sane), то этимъ Англія обязана исключительно матеріальной независимости своихъ средневѣковыхъ училищъ; иначе давно нашелся бы поводъ и давно отыскались бы средства, подкапавшись подъ ихъ юридическую самостоятельность, разрушить случайно сохранившійся, и только теперь оцѣ-

12*

ненный по достоинству, остатокъ средневѣковой старины.

Примѣромъ того, что можетъ случиться съ учебнымъ заведеніемъ, если оно не обезпечено матеріально служитъ исторія нѣжинскаго лицея. Въ 1865 году первое черниговское земское собраніе отказало лицею въ незначительномъ денежномъ пособіи. Необезпеченно матеріально, существованіе нѣжинскаго лицея — мѣста воспитанія Гоголя — должно было прекратиться. Вспомнимъ что едва ли не всѣ наши высшія и среднія учебныя заведенія находятся въ подобномъ же, крайне зависимомъ положеніи и что всякій дефицитъ въ государственномъ бюджетѣ можетъ поставить на карту всю систему нашего общественнаго воспитанія и безъ того расчитанную только въ обрѣзъ. Съ этимъ можно сравнить громадныя сокровища пожертвованныя оксфордскимъ университетомъ (однимъ изъ главныхъ rentier Англіи) на дѣло Карла I и консервативной партіи.

Судьба нѣжинскаго лицея ясно доказываетъ двѣ вещи: во первыхъ то, что безъ матеріальной самостоятельности внутренняя самостоятельность школъ становится невозможна, во вторыхъ то, что было бы слишкомъ непрактично, въ дѣлѣ народнаго просвѣщенія,

саться одного только вмѣшательства центральной государственной власти и во всемъ положиться на добрую волю общества. Въ дѣлѣ воспитанія, общества могутъ увлекаться минутнымъ настроеніемъ отнюдь не менѣе правительствъ. Ходячія идеи вѣка имѣютъ на нихъ еще болѣе вліянія, чѣмъ на государственную власть и слишкомъ была бы печальна судьба общественнаго воспитанія, если бы оно зависѣло во всемъ отъ направленія господствующаго въ данную минуту въ правительственныхъ сферахъ или въ обществѣ. Все это убѣждаетъ въ крайней необходимости гарантировать судьбу учебнаго заведенія отъ личныхъ взглядовъ и прихотей поколѣнія, поставить его выше случайныхъ интересовъ и невѣжественнаго равнодушія той или другой минуты, того или другого сословія.

Но существуетъ и противуположное мнѣніе. Говорятъ, что слишкомъ большое развитіе автономіи училищъ, поселяя въ этихъ училищахъ ни чѣмъ ненарушаемую рутину, позволяетъ имъ отставать отъ своего вѣка. Этотъ застой самостоятельныхъ учебныхъ заведеній, въ свое время, вызвалъ протесты передовыхъ умовъ Англіи: Бэкона, Милля, Бокля, Гиббона и кончился вмѣшательствомъ парламента въ устройство англійскихъ школъ и университетовъ.

Но что доказываетъ этотъ фактъ? То, что вмѣшательство центральной государственной власти въ дѣла общественныя или частныя бываетъ иногда законно и необходимо. Но кто и когда въ этомъ сомнѣвался? Для чего бы и существовала бы центральная государственная власть, если отнять у ней право и обязанность вмѣшательства въ исключительныхъ случаяхъ? Но для чего же въ мелочахъ прибѣгать къ крайнимъ средствамъ, за чѣмъ, подобно медвѣдю басень Крылова, отгонятся мухъ камнями, къ чему, скажемъ наконецъ, эта профанація государственной власти тамъ, гдѣ достаточно однѣхъ только здоровыхъ общественныхъ силъ? Много управлять, не значитъ ли управлять дурно?

Вмѣшательство англійскаго парламента въ устройствѣ англійскихъ школъ и университетовъ вызвано исключительными причинами — средневѣковымъ происхожденіемъ англійскихъ школы и упорнымъ вліяніемъ ея средневѣковыхъ преданій. Благодаря нивелирующему духу XVIII вѣка, этихъ причинъ для континента Европы не существуетъ. А между тѣмъ, сколько насильственныхъ реформъ испытала

совершилось, напримѣръ въ Россіи, на глазахъ текущаго поколѣнія!

Но, не смотря на всѣ правительственныя заботы объ общественномъ воспитаніи въ XVIII и XIX вѣкѣ, наши школы понизились до уровня посредственности. Весь протекціонизмъ государства не могъ создать національной семьи ученыхъ, не могъ обезпечить русскіе университеты полнымъ комплектамъ русскихъ профессоровъ, не могъ выдвинуть впередъ ни одного русскаго учебнаго заведенія, которое освободило бы (по крайней мѣрѣ достаточную часть общества) отъ необходимости ощупью рѣшать вопросъ: гдѣ, по какой системѣ, воспитывать своихъ дѣтей?

Причину всѣхъ этихъ неудачъ, надо искать въ нашей самонадѣянности, въ томъ, что мы слишкомъ смѣло брали на себя трудъ руководить теченіемъ народной жизни, вмѣсто того, чтобы руководиться этимъ теченіемъ. Отъ метода противуположнаго надо ожидать лучшихъ результатовъ. Вотъ почему мы желаемъ, чтобы каждому учебному заведенію было предоставлено какъ можно болѣе самостоятельности. Пусть каждое изъ нихъ, свободно развиваясь подъ контролемъ общественнаго мнѣнія, выработаетъ свою педагогическую систему, свои преданія, свой нравственный духъ и войдетъ въ самую тѣсную связь съ мѣстными семейными интересами. Примѣры такой самостоятельности учебныхъ заведеній представляетъ намъ Англія. Только при этихъ условіяхъ можетъ родиться преемственная связь между воспитанниками, чувство уваженія и любви къ школѣ и эти историческія воспоминанія, которыя придаютъ училищу, какъ юридическому лицу, физіономію, блескъ и нравственный авторитетъ. Бюрократія не можетъ создать ничего подобнаго....

Послѣ всего высказаннаго нами выше, трудно отвѣчать на вопросъ: на сколько нашъ новый учебный уставъ удовлетворяетъ идеѣ самостоятельной школы?

Откровенно сознаемся, что недостатокъ самостоятельности школъ составляетъ, по нашему мнѣнію, едва ли не самое слабое мѣсто новаго устава.

Эта несамостоятельность двухъ родовъ. Во первыхъ, гимназія несамостоятельна извнѣ отъ общихъ заботъ о народномъ просвѣщеніи. Во вторыхъ, она несамостоятельна внутри, потому что единственнымъ ручательствомъ ея благосостоянія является личность директора, рядомъ съ которой мы не видимъ нравственно самостоятельной школьной корпораціи, представляющей несравненно болѣе задатковъ исторической послѣдовательности и долговѣчности, чѣмъ самый геніальный директоръ.

Крайняя зависимость школы отъ общаго административнаго направленія совершенно ясно опредѣлена 13 § новаго устава: „директоръ гимназіи и инспекторы гимназій и прогимназій избираются попечителемъ учебнаго округа и утверждаются въ должностяхъ: первый министромъ просвѣщенія, а послѣдній попечителемъ учебнаго округа".

Чтобы деликатно избавиться отъ неспособныхъ чиновниковъ въ одномъ вѣдомствѣ была принята, въ прежнее время, метода протежировать этихъ чиновниковъ по учебному вѣдомству. Одинъ изъ такихъ protégé получилъ мѣсто директора гимназіи! Но, положимъ, такія протекціи выводятся изъ употребленія. За то остается другая опасность. Самъ попечитель округа, по собственному увлеченію, совершенно неумышленно, можетъ ошибиться въ человѣкѣ.

Надобно замѣтить, что назначеніе людей въ педагогическія должности вообще сопряжено съ бо́льшими затрудненіями, чѣмъ всѣ другія назначенія. Профессора можно назначить потому таланту который онъ высказалъ въ своихъ ученыхъ изысканіяхъ, за техниковъ говоритъ спеціальный экзаменъ, за чиновника — пройденная служба; но какъ опредѣлить нравственную высоту человѣка вызывающаго въ воспитанникѣ чувство инстинктивнаго довѣрія, какъ угадать этотъ педагогическій тактъ, эту безкорыстную преданность дѣлу, эту умѣніе разбудить чувства совѣсти и чести и проч. и проч. Все это замѣчается не во время кратковременныхъ посѣщеній гимназій округа и не изъ оффиціальныхъ бумагъ. Для всего этого мало, чтобы человѣкъ „бросился въ глаза", мало даже хорошаго отчетливаго преподаванія. Кстати замѣтимъ, что самъ Арнольдъ, знаменитый начальникъ школы въ Ригби, былъ долго незамѣченнымъ педагогомъ.

Въ дѣлѣ воспитанія ничто не дѣлается мгновенно, по вдохновенію, а потому и выборъ воспитателей едва ли можетъ быть сдѣланъ удачно, если единоличныя назначенія властью попечителя, безъ участія мѣстнаго заинтересованнаго элемента — гимназической корпораціи — будутъ приняты за общее правило.

И такъ государство, по новому уставу, оставляя исключительно за собой (въ лицѣ попечителя округа и министерства народнаго просвѣщенія) прерогативу повсемѣстнаго назначения директоровъ учебныхъ заведеній, предприняло, по нашему мнѣнію, задачу, далеко превышающую его средства.

Это не значитъ чтобы право назначать директоровъ учебныхъ заведеній было вообще несовмѣстно съ властью государства. Мы говоримъ только, что обязанность выбрать способныхъ директоровъ для всѣхъ учебныхъ заведеній не только Россіи, но вообще всякаго значительнаго государства, рѣшительно превышаетъ силы каждаго правительства.

Второй родъ несамостоятельности — отсутствіе корпоративности въ устройствѣ учебныхъ заведеній — парализируя какъ внутреннюю, такъ и внѣшнюю жизнь нашей школы, дѣйствуетъ еще болѣе разрушительно на ея будущее развитіе.

Съ перваго взгляда воспитаніе является исключительнымъ дѣломъ одного руководящаго лица. Русскій умъ очень мѣтко выразилъ это мнѣніе пословицей: „у семи нянекъ дѣти безъ глазъ". Этимъ кажущимся свойствомъ воспитанія объясняется обширная власть предоставляемая директорамъ почти всѣхъ воспитательныхъ учебныхъ заведеній.

Но, на самомъ дѣлѣ, воспитаніе, менѣе чѣмъ что нибудь можетъ быть названо дѣломъ одного лица. Head-master англійскихъ школъ, не смотря на все свое полновластіе, является не болѣе, какъ однимъ изъ недолговѣчныхъ органовъ, того сложнаго и долговѣчнаго организма, который не умираетъ вмѣстѣ съ директоромъ, воспитательное вліяніе котораго дѣйствуетъ помимо его вліянія и безъ котораго личность директора является совершенно безпомощной и безсильной. Этотъ организмъ — школьная корпорація, сама школа.

Словомъ „корпорація" мы обозначаемъ не одно только собраніе лицъ признанныхъ оффиціальными дѣятелями воспитанія, но всю совокупность обстановки имѣющій вліяніе на общественное воспитаніе. Слѣдовательно корпорацію школы составляетъ, группировка предметовъ одушевленнаго и неодушевленнаго міра, проникнутыхъ одной руководящей идеей и ведущей къ одной общей цѣли — воспитаніе въ извѣстномъ духѣ.

Католицизмъ достигаетъ этого гармоническаго единства, соединяя задачу воспитанія съ существованіемъ нѣкоторыхъ монашескихъ орденовъ. Что то великое, въ этомъ полномъ самопожертвованіи на пользу ближняго, въ отреченіи отъ личныхъ взглядовъ во имя высшей идеи, отъ личной самостоятельности до достижения общих целей ордена. Можно не соглашаться съ пріемами ихъ воспитанія, можно отвергать ихъ пониманіе задачи человѣческаго развитія, можно презирать и гнушаться ихъ тайными цѣлями, но нельзя не благоговѣть предъ самопожертвованіемъ ордена, нельзя не уважать въ немъ способности дружнаго дѣйствія. Къ сожалѣнію эта колоссальная сила теряется совершенно безполезно для человѣчества. Извѣстно что монашескій орденъ воспитываетъ юношество не для него самаго, не для семьи, не для общества.... Такое естественное воспитаніе противурѣчило бы всей сущности монашескихъ учрежденій. Онъ воспитываетъ молодое поколѣніе для католицизма, для послушанія ордену, на службу какой нибудь предвзятой идеи.... Католическій орденъ не можетъ воспитывать иначе, потому что самъ орденъ есть результатъ предвзятой идеи уносящей его въ другой міръ, къ другому міросозерцанію. Путемъ этого католическаго воспитанія, вольномыслящая, полупротестантская Польша первыхъ двухъ Сигизмундовъ превратилась въ фанатическую Польшу Сигизмунда III и Владислава. Этимъ же путемъ Испанія побѣдившая мавровъ и открывшая Америку обратилась въ Испанію изгнавшую мавровъ, инквизиціонную, полудикую. Даже народу-врагу нельзя пожелать этакого воспитанія!

Школьныя корпораціи устроены на совершенно другихъ началахъ въ протестантской Англіи. Онѣ вполнѣ отданы англійскому міру и каждая изъ нихъ держится тѣми же принципами, какъ и цѣлая Англія. Одаренная привычкой самоуправленія, поставленная подъ контроль общественнаго мнѣнія и поддерживаемая всей нравственной силой англійской церкви, она является вполнѣ англійскимъ учрежденіемъ, предназначеннымъ для того, чтобы воспитать гражданъ для Англіи. Разберемъ каждое изъ этихъ основаній англійской школьной корпораціи.

По видимому Англія обезпечила свои училища людьми посвятившими себя общественному воспитанію тѣмъ же путемъ, какъ и строгій католицизмъ. Она облекла званіе учителя званіемъ лица духовнаго. Вотъ слова доктора Визе по этому поводу: „въ Англіи не нужно теоретически доказывать необходимость союза Церкви со школой.... Большая часть служащихъ при public schools всегда принадлежала къ духовному званію и почти не слыхано, чтобы директоръ, какъ пастырь учительской и ученической общины, не имѣлъ церковнаго посвящения. Исключеніе составляетъ, какъ мнѣ сказали, одинъ только Кемденъ, который, не-будучи посвященъ въ духовное званіе былъ назначенъ королевою Елизаветою ректоромъ вестминстерской школы. Докторъ Арнольдъ въ Ригби, еще до принятія должности домашняго священника при школѣ считалъ себя настоящимъ законоучителемъ своихъ воспитанниковъ".

"Въ одномъ изъ своихъ писемъ докторъ Арнольдъ говоритъ, что сколько ему извѣстно, многіе въ Англіи не захотѣли бы сдѣлаться учителями, если бы въ тоже время не имѣли духовнаго званія. Это объясняется тѣмъ, что по понятіямъ англійскаго общества духовный имѣетъ право на большее уваженіе, нежели учитель наукъ. Не званіе учителя, а званіе духовное признается вообще въ Англіи to be the profession of a gentleman (занятіемъ джентль-мена)..."

"И такъ почетъ заимствуемый школой отъ церкви доставляетъ нерѣдко въ Англіи лучшія силы учительскому званію. Достоинство духовнаго отца соединенное съ званіемъ учителя, составляетъ благородный мотивъ этой связи. Изъ обращенія съ учениками легко убѣдиться въ томъ, что многіе учителя-священники имѣютъ самое возвышенное понятіе о своемъ призваніи. Я читалъ письмо одного директора, который между прочемъ говоритъ: „не смѣю обѣщать, что въ моемъ заведеніи съ дѣтьми будутъ обращаться съ родительскою нѣжностью — никто не можетъ имѣть къ чужимъ дѣтямъ чувствъ отца и матери — но, какъ лицо духовное, я всегда питалъ къ своимъ воспитанникамъ, по крайней мѣрѣ, чувство ихъ крестнаго отца, и считаю своею обязанностью пещись о нихъ такъ, какъ будто бы я дѣйствительно былъ въ числѣ свидѣтелей при ихъ крещеніи и какъ бы далъ за нихъ *обѣтъ*." Это можно принять за убѣжденіе весьма многихъ учителей и за благотворное слѣдствіе ихъ духовнаго званія."

„Если бы мы захотѣли (что впрочемъ *легко* сдѣлать) изъ случайныхъ мнѣній, заключающихся въ письмахъ доктора Арнольда, вывести родъ наставленія для учителей по его понятіямъ, или, вѣрнѣй, его идеалъ воспитателя, то нашли бы, что первое правило его состоитъ въ томъ, что учитель прежде всего долженъ быть рѣшительнымъ христіаниномъ, второе, что онъ долженъ умѣть держать себя съ достоинствомъ, какъ прилично истинному джентльмену. Уже послѣ этихъ необходимыхъ ус-

ми слѣдуютъ и основательное научное образованіе, и ученость, и способность учить....
Объ учителѣ онъ выражается такъ: "я нуждаюсь въ человѣкѣ, который былъ бы христіаниномъ и джентльменомъ, человѣкомъ дѣятельнымъ, который обладалъ бы здравымъ смысломъ и понималъ бы дѣтей."

(Какая противуположность — прибавимъ мы отъ себя — господствующему у насъ взгляду на званіе воспитателя. Мы прежде всего требуемъ отъ него учености, массы свѣдѣній и едва думаемъ объ остальномъ....)

Арнольдъ не допускаетъ и въ учителѣ истинно-мужественнаго характера безъ расположенія къ общественной дѣятельности: "вѣрно то, что чѣмъ дѣятельнѣй мой духъ и чѣмъ болѣе онъ работаетъ надъ великими нравственными и политическими вопросами, тѣмъ лучше для школы, ибо воспитаніе есть динамическій, а не механическій процессъ". Любовь къ общественной жизни въ школѣ и любовь къ общественной жизни внѣ школы, должны идти у учителя рука объ руку. Арнольдъ "душевно преданный общественному благу, свободно мыслящій и принимающій сердечное участіе въ интересѣ, чести и славѣ общества, къ которому принадлежитъ", не хочетъ имѣть товарищемъ по службѣ человѣка принимающаго должность, "не входя тѣломъ и душей въ духъ національной англійской системы."

(Къ сожалѣнію, въ Россіи найдется не много гимназій, съ такимъ единствомъ патріотическихъ убѣжденій и такимъ искреннимъ сочувствіемъ политическому прогрессу, какого требуетъ Арнольдъ. А безъ всего этого никогда не можетъ установиться національная система воспитанія....)

"Величайшее вліяніе на воспитанниковъ докторъ Арнольдъ производилъ своимъ характеромъ. Вся личность его служила для нихъ неодолимымъ призывомъ къ подражанію въ жизни. Имъ казалось при этомъ, что онъ видитъ сокровеннѣйшее въ сердцѣ каждаго, и его же сердцѣ они видѣли одну неусыпную заботливость о ихъ благополучіи. Они чувствовали что какъ истинный воспріемникъ отъ купели онъ поминаетъ ихъ въ своихъ молитвахъ и болѣе всего печется о ихъ вѣчномъ блаженствѣ. Все его существо было проникнуто духомъ истиннаго христіанина. Въ обыкновенномъ обхожденіи онъ даже рѣдко говорилъ съ своими воспитанниками о религіи: она была начальной нотой его сердца, чудно гармонировавшей съ идеей добра и съ поческимъ настроеніемъ его духа, которое онъ сохранилъ до преклонныхъ лѣтъ. Безъ этой задушевной веселости и способности симпатизировать такимъ веселымъ существамъ, какими естественно бываютъ мальчики, ни одинъ учитель, думалъ онъ, не пріобрѣтетъ сочувствія юношества, такъ что Арнольдъ совѣтовалъ иногда молодымъ людямъ, которые высказывали излишнюю строгость и серьезность характера, усвоенныя ими въ Оксфордѣ отказаться отъ званія учителя или воспитателя."[1]

И такъ въ католицизмѣ Церковь воспитываетъ людей для предвзятой идеи, въ англійской школѣ она воспитываетъ ихъ для страны. Благодаря своему вполнѣ-гражданскому положенію Англиканская Церковь обезпечиваетъ англійскому юношеству хорошихъ воспитателей, а странѣ хорошихъ гражданъ.

Нельзя не пожелать и для Россіи тѣхъ же отношеній Церкви къ школѣ, которые такъ хорошо установились въ Англіи и нельзя не сознавать, что союзъ господствующей Православной Церкви съ русской школой и союзъ русской школы съ господствующей Церковью

---

[1] Базе — Нѣмецкія письма объ англійскомъ воспитаніи, стр. 130 и 133.

составляетъ для насъ не роскошь, но существенную необходимость. Хаосъ и безпрестанныя перемѣны въ системѣ нашего общественнаго воспитанія начинается съ того времени, когда XVIII вѣкъ насильственно передѣлалъ наши древнія, общеобразовательныя церковно-гражданскія школы, служившія всѣмъ классамъ общества, въ двѣ параллельныя системы воспитанія: дворянскую и духовную. Общее недовольство этими обоими системами воспитанія и безпрестанныя въ нихъ перемѣны ясно доказываютъ несостоятельность современнаго раздѣленія училищъ на свѣтскія и духовныя. Обѣ категоріи одинаково недостигаютъ общихъ цѣлей воспитанія и одинаково ненародны.

Вправѣ ли мы предпринимая у себя какую нибудь педагогическую реформу оставить безъ вниманія указанія нашего собственнаго историческаго опыта? Можемъ ли мы, хотя бы временно, оправдывать это печальное раздѣленіе нашего общественнаго воспитанія, однимъ только современнымъ уровнемъ образованія нашего духовенства и недавно сложившимися общественными отношеніями, поставившими наше духовенство въ такое невыгодное положеніе относительно другихъ классовъ общества? Положимъ что степень развитія и матеріальное положеніе массы современнаго духовенство не позволяютъ расчитывать на то, что въ немъ, тотчасъ же, наши школьныя корпораціи найдутъ источникъ своего обновленія. Но зачѣмъ расчитывать на массу, когда можно ограничаться на первый разъ выборомъ лицъ? Зачѣмъ раздѣляя духовное воспитаніе отъ свѣтскаго лишать нашу общерусскую школу одного изъ ея жизненныхъ элементовъ? Скажемъ болѣе — зачѣмъ лишать ее будущности?

Откладывая неизбѣжное соединеніе духовныхъ и свѣтскихъ училищъ въ одномъ общерусскомъ воспитаніи мы не можемъ оправдать себя современнымъ положеніемъ массы православнаго духовенства. Было время, когда и масса англиканскаго духовенства находилась въ тѣхъ же отношеніяхъ къ англійскому gentry. Отъ насъ зависитъ продолжать въ русскомъ обществѣ эти отношенія во имя какой нибудь „необходимости" или выйти на прямую дорогу. Но извѣстно, что законъ необходимости не есть наилучшій изъ законовъ.

И такъ русская школа прежде всего должна опираться на Православную Церковь, на ея лучшихъ гражданскихъ инстинктахъ, корпорація школы должна найти свое дополненіе въ великой церковной корпораціи. Этотъ союзъ, съ одной стороны поднялъ бы значеніе Православной Церкви, сдѣлалъ бы наше духовное сословіе осязательнымъ дѣятелемъ на пользу общую, возвысилъ бы его и въ собственныхъ глазахъ, и въ глазахъ человѣчества; съ другой стороны онъ освятилъ бы нашу школу, далъ бы ей болѣе русское народное значеніе.

Намъ могутъ возразить, что такое соединеніе духовнаго воспитанія съ свѣтскимъ и вообще, такое непосредственное участіе духовенства въ организаціи учебныхъ заведеній создало бы у насъ клерикальную партію и, подобно тому, какъ это случилось во многихъ католическихъ странахъ, могло бы сдѣлать наше народное воспитаніе одностороннимъ и подчинить его какой нибудь внѣшней цѣли не согласной съ общими русскими интересами. Но возможна ли у насъ вообще партія духовенства? Русскій народъ стоитъ не за духовенство, но за принципъ православія какъ выраженіе извѣстнаго политическаго и общественнаго принципа имѣющаго великое значеніе въ свободномъ развитіи человѣческаго духа. Русское духовенство стоитъ за русскій народъ какъ за храмъ этого принципа. Но православіе никогда не было и не будетъ дѣломъ партіи или, вообще, дѣломъ какой нибудь искусственной, іерархической организаціи, основанной на иллюзіяхъ боязливаго человѣческаго ума и средневѣковыхъ преданіяхъ. Его основной принципъ держится самъ собой, своей внутренней, неотъемлемой у всякой общественной истинѣ силой. Эта внутренняя устойчивость принципа объясняетъ намъ почему, не смотря на все прошедшее и настоящее зло нашего церковнаго устройства, не смотря на свою временную дезорганизацію, не смотря на всѣ перемѣны обстоятельствъ, православные инстинкты человѣческаго ума выдержали борьбу съ католической партіей, всегда опирающейся на свѣтскую власть, превосходно организованной и не слишкомъ разборчивой въ средствахъ.

Современное образованное общество едва ли умѣетъ цѣнить по достоинству и пользоваться тѣмъ прекраснымъ качествомъ нашего духовенства, что оно не имѣетъ и не можетъ имѣть никакихъ исключительно церковныхъ интересовъ и стремленій; что оно всецѣло отдано духовному развитію того народа, среди котораго ему приходится дѣйствовать. Эта черта рѣзко и навсегда отличила его отъ духовенства католическаго, которое не можетъ не дѣйствовать въ совершенно противуположенномъ духѣ. Въ государствѣ политическомъ видимомъ папизмъ составляетъ всегда свое собственное, хотя и незамѣтное съ перваго взгляда, государство. Католическое духовенство всегда до самоуничтоженія подчиняется его интересамъ и замысламъ и иногда готово поддерживать ихъ ко вреду своей родины. Духовенство Италіи оказало самое сильное сопротивленіе дѣлу италіянской независимости, именно потому, что эта независимость противурѣчила мірскимъ интересамъ Ватикана.

Но никогда и никто не могъ упрекнуть массу православнаго духовенства въ подобныхъ противуобщественныхъ стремленіяхъ. Оно никогда не теряетъ сознанія своей гражданской связи съ остальными соотечественниками и, подобно протестантскому духовенству, можетъ служить органомъ общественнаго развитія на началахъ вполнѣ народныхъ, подъ знаменемъ народной самобытности.

Кромѣ Церкви англійская школьная корпорація опирается еще на два могучіе элемента мѣстной жизни: силу общественную и силу самоуправленія.

Нельзя сомнѣваться въ томъ, что никакія педагогическія системы и никакіе педагоги не будутъ достаточны, до тѣхъ поръ, пока общественная и политическая жизнь народа не будет заключать въ себѣ элементовъ здороваго воспитанія. Въ Турціи нельзя получить воспитаніе англійскаго гражданина не смотря на учителей англичанъ. И потому, мы считаемъ однимъ изъ основныхъ элементовъ англійской школы ея открытость для всѣхъ сословій, свободную жизнь учениковъ и контроль общественнаго мнѣнія. Послѣднее проявляется преимущественно въ учрежденіи попечительствъ (trustees), которыя занимаются экономическими дѣлами заведенія, приглашаютъ учителей, выбираютъ иногда директора и вообще заботятся о матеріальномъ и нравственномъ благосостояніи школы, и такъ называемомъ fellowship. „Какъ велика честь быть fellow," говоритъ докт. Визе, „показываетъ постоянное упоминаніе при имени и титулѣ давно вышедшихъ ученковъ: late fellow of ..... Такимъ образомъ университеты могутъ расчитывать не только на привязанность къ себѣ студентовъ получившихъ ученую степень, и перешедшихъ потомъ къ жизни самостоятельной, но и на сочувствіе цѣлаго сонма мужей занимающихъ общественныя должности и обязанныхъ своимъ образованіемъ преимущественно одному изъ отечественныхъ университетовъ." Во время пренія объ университетахъ въ Нижнемъ Парламентѣ докт. Визе имѣлъ случай убѣдиться, какъ крѣпка эта связь, и какой обширный кругъ она охватываетъ.[1]

Такимъ образомъ въ Англіи трудно опредѣлить, гдѣ кончается корпорація школы и гдѣ начинается собственно общество и общественная дѣятельность. Едва ли не вѣрнѣй предположить, что весь передовой и наиболѣе образованный классъ англійскаго общества или легально (попечительство) или нравственно (fellowship) входитъ въ составъ школьной корпораціи. Школа живетъ общественной свободой. Въ замѣнъ этого общественная свобода преимущественно поддерживается школой. Атмосфера школы есть продолженіе той же атмосферы, которою дышетъ образованное общество и вся страна. При этихъ условіяхъ воспитаніе не можетъ быть ненароднымъ; его результаты не могутъ быть неконсервативными; его духъ непатріотическимъ.

Чтобы еще болѣе убѣдиться въ той круговой порукѣ, которая существуетъ между англійской школой и англійской жизнью, мы приведемъ еще одинъ примѣръ. Извѣстно что англійское общество привыкло обходиться своими

---

[1] Визе — Нѣмецкія письма объ анг. восп., ст. 87.

средствами. Страна self-governement'а имѣетъ очень мало чиновниковъ; но въ минуту опасности каждый англичанинъ дѣлается констеблемъ и заботится о поддержаніи порядка и общественнаго спокойствія. Подобные факты удивившіе Европу въ 1848 г. (по поводу демонстраціи чартистовъ) становятся менѣе изумительными, если мы обратимъ вниманіе на аналогическое явленіе въ жизни англійской школы. Опять выписывая изъ сочиненія кн. Вяземскаго. „Въ англійскихъ школахъ недостатокъ надзора не такъ великъ, какъ кажется съ перваго взгляда. Высшій классъ всѣхъ этихъ заведеній, называемый обыкновенно шестымъ, sixth form, даетъ каждому, кто въ него вступаетъ званіе сеніора и налагаетъ на него обязанности съ этимъ званіемъ неразлучныя. Только пятый классъ, fifth form, находится внѣ его контроля, но за то и не имѣетъ съ своей стороны никакой власти надъ низшими классами. Такъ какъ въ шестой классъ переводятся только надежные воспитанники, то начальство можетъ съ увѣренностью полагаться на ихъ содѣйствіе къ поддержанію дисциплины и кн. Вяземскій находитъ, что воспитанники шестого класса считаютъ вообще дѣломъ чести не употреблять во зло этого довѣрія."

„Съ перваго взгляда отношенія сеніоровъ къ своимъ младшимъ товарищамъ, вслѣдствіе системы такъ называемаго послушничества (fagging-system) кажется жесткимъ. Каждый сеніоръ имѣетъ, по крайней мѣрѣ, одного послушника (fag), т. е. младшаго ученика, который служитъ у него на побѣгушкахъ, исполняетъ, что ему сеніоръ приказываетъ и проч. Но я всегда находилъ, что младшіе съ охотою приводили въ порядокъ книги старшихъ, убирали ихъ платья и т. п. и если мой проводникъ спрашивалъ у нихъ „чей ты послушникъ?", то мальчикъ всегда произносилъ имя своего сеніора съ веселымъ и довольнымъ лицемъ; видно было, что онъ прислуживалъ ему съ удовольствіемъ. Такъ же убѣдился я что младшіе дорожатъ своими отношеніями къ старшимъ, потому что послѣдніе защищаютъ ихъ, какъ патроны своихъ кліентовъ и, при всякомъ случаѣ, оказываютъ имъ свое содѣйствіе.

„Послѣ этого, продолжаетъ докторъ Визе, понятно почему Арнольдъ имѣлъ полное право сказать: если я могу положиться на мой шестой классъ, то я совершенно спокоенъ."[1]

Безъ сомнѣнія fagging-system въ дурно

---

[1] Визе — Нѣм. письма объ анг. восп., стр. ix.

устроенной школѣ можетъ повести къ безчисленнымъ злоупотребленіямъ. Но тамъ, гдѣ старшій и младшій классы раздѣлены только нѣсколькими семестрами, гдѣ слѣдовательно между ними существуютъ товарищескія отношенія, гдѣ общественное мнѣніе такъ сильно, что только нравственныя достоинства могутъ дать званіе сеніора, fagging-system можетъ принести огромную пользу пріучая старшій классъ пользоваться довѣріемъ, возбуждая въ немъ чувство личной чести и сознаніе своего гражданскаго долга и давая младшимъ воспитанникамъ цѣлый классъ товарищей-руководителей, а главѣ школы — многочисленныхъ помощниковъ въ дѣлѣ воспитанія. Школа построенная на этомъ началѣ по необходимости должно воспитывать въ характерѣ если не достоинства, то предразсудки джентльмена.

Эту аналогію между англійской школой и англійскимъ общественнымъ духомъ можно заключить слѣдующимъ отрывкомъ изъ романа Диккенса: „каждый изъ насъ (учениковъ) чувствовалъ себя участникомъ въ славѣ заведенія (management of the place) и въ поддержаніи его характера и достоинства"[1].

---

[1] Copperfield, vol. I, ch. XVI.

И так общественное воспитание Англіи опирается на всѣхъ наиболѣе англійскихъ элементахъ: Церкви, внѣшнемъ вліяніи общества и внутреннемъ самоуправленіи. Если бы случайно поколебался одинъ элементъ, другіе будутъ имѣть достаточно силы для того, чтобы противудѣйствовать упадку и поддержать школьную корпорацію. Только въ такомъ видѣ школы и общественное воспитаніе могутъ быть охранителями народности и общественнаго спокойствія.

Напрасно приписываютъ одному только островскому положенію Англіи свободное и послѣдовательное развитіе ея учрежденій. Для англійскаго народа и англійской народности школы и воспитаніе составляютъ другой La Manche въ продолженіи вѣковъ ревниво оберегавшій ея духовную самостоятельность.

На чемъ же, на какихъ элементахъ нашей народной жизни будетъ основана у насъ школьная корпорація? Неужели же одна личная распорядительность директора, можетъ замѣнить вліяніе нравственныхъ силъ Церкви, общества, самой школы? Неужели въ личности директора, издалека назначаемаго министерствомъ будетъ заключаться у насъ будущность школьной корпораціи и общественнаго воспитанія?

Къ сожалѣнію перечитывая новый уставъ, мы не нашли въ немъ ничего, что могло бы ручаться за корпоративную автономію нашихъ воспитательныхъ учебныхъ заведеній, ничего, что вызывало бы сочувствіе и участіе внѣшнихъ общественныхъ силъ въ жизни и дѣятельности школы. Мало того, что наши гимназіи поставлены въ совершенную зависимость отъ всѣхъ случайныхъ направленій временно входящихъ въ составъ государственной администраціи, но внутри самой школы не создается ничего, кромѣ абсолютизма директорской власти. Всѣ второстепенныя лица входящіе въ составъ гимназическаго начальства избираются непосредственно директоромъ изъ лицъ способныхъ и имѣющихъ на то право. Имъ же она представляются къ увольненію отъ должности (§ 17 уст.). Въ случаѣ несогласія директора съ мнѣніемъ педагогическаго совѣта директоръ представляетъ объ этомъ попечителю учебнаго округа на разрѣшеніе, а если дѣло не терпитъ отлагательства, то исполняетъ оное по собственному убѣжденію и немедленно доноситъ о своемъ распоряженіи попечителю § 20). Вотъ тѣ немногія правила, которыя служатъ основаніемъ всей будущей организаціи нашихъ школъ. При благопріятныхъ обстоятельствахъ правила эти могутъ установить въ гимназіяхъ болѣе или менѣе порядка, но ихъ слишкомъ недостаточно для того, чтобы дать русскому народу, въ русскихъ школахъ, прочныя основанія его нравственной жизни и послѣдовательнаго развитія; для того, чтобы гарантировать воспитанію право быть независимымъ отъ всевозможныхъ увлеченій; для того, чтобы поддержать индивидуальную дѣятельность директора одною изъ тѣхъ стихійныхъ силъ, которыя вліяютъ болѣе всякаго индивидуальнаго лица. Эту собирательную силу въ дѣлѣ воспитанія составляютъ школьныя корпораціи, въ самомъ широкомъ, англійскомъ, значеніи этого слова, т. е. корпораціи организованныя при участіи Церкви, вліяніи передоваго класса общества и внутреннимъ самоуправленіи.

Послѣдствіемъ этого отсутствія корпоративнаго начала въ организаціи нашего общественнаго воспитанія будетъ то, что всякая гимназія, въ своихъ учителяхъ будетъ имѣть людей менѣе преданныхъ своему дѣлу и менѣе довольныхъ своимъ положеніемъ. Отношеніе дѣятелей къ задача воспитанія и служебныя перспективы будутъ совершенно чиновничьи. Самостоятельное развитіе учебнаго заведе-

существованіе его въ формѣ юридическаго лица, сознающаго свою нравственную задачу, свое point d'honneur и свою коллективную отвѣтственность передъ обществомъ, становится немыслимо.

Можно предвидѣть, что при этихъ условіяхъ, наше общественное воспитаніе не уйдетъ далеко и его отношеніе къ будущимъ поколѣніямъ, едва ли не будетъ опредѣлено тѣми же недостатками, которые вызвали многія педагогическія реформы совершенныя на нашихъ глазахъ: бѣдностью воспитывающихъ элементовъ, непрочностью основъ и совершенно случайнымъ выборомъ лицъ и направленій.

Мы неизбѣжно приходимъ къ такому заключенію: развитіе нашей педагогіи должно заключаться не въ подражаніи иностраннымъ образцамъ и не въ стараніи прислушаться къ ходячимъ мнѣніямъ Европы, но въ твердомъ и неуклонномъ стремленіи выработать національную систему общественнаго воспитанія.

Не слѣдуетъ однако предрѣшать въ подробностяхъ вопросъ о томъ, въ чемъ должна заключаться эта народность нашего общественнаго воспитанія. Можно найти много частныхъ недостатковъ въ устройствѣ того или другого учебнаго заведенія, на многое можно смотрѣть съ произвольной точки. И потому нельзя сомнѣваться въ томъ, что для достиженія народности въ дѣлѣ воспитанія, недостаточно самыхъ подробныхъ и обдуманныхъ опредѣленій закона и самаго безукоризненнаго гуманизма сочиняемыхъ въ кабинетѣ уставовъ. Было бы слишкомъ ненародно, создавать модель „народности" для русской школы...

Но нашъ вѣковой историческій опытъ можетъ привести насъ къ одному, правда не многосложному, но совершенно положительному выводу — никакія педагогическія комбинаціи, никакія улучшенія въ обстановкѣ преподаванія и распредѣленіи уроковъ не могутъ замѣнить двухъ условій существенно необходимыхъ для жизни русской школы: ея корпоративной самостоятельности подъ высшимъ контролемъ Земства и Государства и тѣснаго союза съ Православной Церковью. Первое пробудитъ въ ней струю свободной исторической жизни и неразлучнаго съ ней стремленія къ самосовершенствованію. Въ энергіи корпоративныхъ учрежденій заключается неистощимый запасъ народныхъ силъ, отвергаемый до сихъ поръ, но готовый сдѣлаться „главою угла"

Второе не только сольетъ наше общественное воспитаніе со всей массой духовной жизни народа, но подниметъ его на уровень мiроваго значенія неотъемлемо принадлежащему Восточному Исповѣданію. Оставаясь чисто русскимъ, наше общественное воспитаніе могло бы тогда опереться на великое историческое начало, сочетающее строгость религіознаго догмата съ свободой религіозной и политической и полное уваженіе церковнаго и государственнаго преданія съ широкими началами раціонализма.

конецъ первой части.

ЧАСТЬ ВТОРАЯ.

НАРОДНАЯ ШКОЛА.

Вмѣсто предисловія.

Почему немногіе оканчиваютъ курсъ нашихъ гимназій?

Много перемѣнъ пережили наши гимназіи по части администраціи, преподаваемыхъ предметовъ, системы обращенія съ учениками и т. п. Но одинъ фактъ въ ихъ жизни остается неизмѣннымъ: число оканчивающихъ воспитанниковъ несравненно менѣе числа поступающихъ.

Для примѣра возмемъ одну изъ провинціальныхъ гимназій 50-хъ годовъ. По пріему 1850 года въ нее поступило около шестидесяти учениковъ. Къ 1857 году, т. е. къ окончанію курса, изъ этого пріема, осталось только десять человѣкъ. Подобное же отношеніе между пріемомъ и выпускомъ, замѣчаются въ этой гимназіи во всѣ предшествующіе и послѣдующіе годы.

Беремъ эпоху болѣе современную. Незначительность числа оканчивающихъ курсъ гимназіи, сравнительно съ числомъ поступающихъ въ нее, повторяется и послѣ педагогическихъ реформъ 1864 года. Огромному большинству званныхъ, по прежнему, не удается попасть въ избранные. По нѣкоторымъ даннымъ можно даже заключить, что эта диспропорція увеличилась. Изъ министерскихъ свѣдѣній видно, что въ пяти учебныхъ округахъ, оканчивающіе курсъ гимназисты составляютъ едва 4,2% всего числа учащихся. Изъ поступившихъ въ харьковскія гимназіи учениковъ, едва половина достигаетъ пятаго класса. Въ курской гимназіи на сто учащихся оканчиваетъ курсъ только два ученика [1]. Такой печальный результатъ дали новыя гимназіи!

И такъ отъ 50-ти до 75-ти % общаго числа гимназистовъ не суждено окончить курсъ въ томъ учебномъ заведеніи, которое, по настоящему, должно бы дать имъ первую точку опоры въ жизни! Мы беремъ намѣренно уменьшенную цифру. На самомъ дѣлѣ диспропорція гораздо разительнѣе. Какая драма заключается въ этой бездушной цифрѣ! Сколько скрываетъ она напрасно потраченной молодой силы, разбитыхъ

---

[1] Горленко. Наши гимназіи (Вѣстникъ Европы 1869 г., кн. 3).

надеждъ и стремленій! Не думаемъ, что бы даже вѣдомость о «смертности» во время холеры, изображала собой такую сумму слезъ и семейнаго горя, какъ вѣдомость о педагогическомъ морѣ, хронически повторяющемся въ нашихъ гимназіяхъ.

Количество «некончившихъ курса» весьма энергически указываетъ на то, что въ организаціи нашихъ среднихъ учебныхъ заведеній было и есть что-то ненормальное, противурѣчащее требованіямъ народной жизни, что-то такое, вслѣдствіе чего нѣкоторые классы нашего общества, отдавая своихъ дѣтей въ гимназіи, чувствуютъ, что имъ здѣсь какъ-то не по себѣ, что уровень и составъ нашего гимназическаго воспитанія и образованія, для большинства, или совершенно безполезенъ, или является недоступнымъ идеаломъ.

Нельзя же не спросить по какой причинѣ отъ 50 до 75% общаго числа гимназистовъ, не оканчиваетъ курса нашихъ гимназій? Общее явленіе не можетъ не быть подчинено общему закону. Серьезный фактъ долженъ имѣть серьезную причину.

Было бы несправедливо приписывать всѣ случаи неокончанія курса гимназіи однимъ только болѣзнямъ и ранновременной смерти нѣкотораго числа учащихся. Разумѣется, и то и другое случалось и будетъ случаться, но не иначе какъ въ видѣ исключенія. Исключеніями же нельзя объяснить такой фактъ, подъ который подходитъ огромное большинство индивидуумовъ.

Точно также фактъ этотъ не объясняется и тѣмъ предположеніемъ, будто бы только наиболѣе способные и прилежные имѣютъ привилегію оканчивать курсъ нашихъ гимназій. Во первыхъ, всѣ государственныя и общественныя учрежденія, въ томъ числѣ и гимназіи, создаются не для исключеній хватающихъ звѣзды съ неба, а для людей «какъ вы, да я, какъ цѣлый свѣтъ». Ничто не можетъ быть уродливѣе учебнаго заведенія для геніевъ. Во вторыхъ, каждый, кто хотя сколько нибудь знакомъ съ жизнью нашихъ гимназій, очень хорошо знаетъ, что въ числѣ какъ окончившихъ курсъ, такъ и неокончившихъ попадаются люди съ самыми разнообразными способностями. Съ одной стороны вы видите здѣсь учениковъ «весьма не быстрыхъ разумомъ», поднявшихся, благодаря трудолюбію, до седьмаго класса, съ другой—мы видимъ людей съ замѣчательными способностями, оставляющихъ гимназію въ одномъ изъ низшихъ классовъ. Слѣдовательно причина огромнаго числа не оканчивающихъ курса нашихъ среднихъ учебныхъ заведеніяхъ существуетъ независимо отъ прилежанія и лѣности каждаго отдѣльнаго ученика.

По нашему мнѣнію, причина эта заключается во первыхъ, въ томъ, что у насъ не было и почти нѣтъ такихъ учебныхъ заведеній, которыя давали бы народу дешевое, но практическое во всѣхъ условіяхъ жизни образованіе, во вторыхъ — въ псевдоклассицизмѣ, давшемъ, послѣ реформы 1864 года, тонъ нашему гимназическому воспитанію.

Псевдоклассицизмъ устраняетъ изъ гимназіи тѣхъ воспитанниковъ, которые, при болѣе раціональномъ устройствѣ учебной части, могли бы окончить ее съ пользой для себя и для общества. Недостатокъ народно-образованныхъ учебныхъ заведеній (приспособленныхъ къ потребностямъ народной массы) наполняетъ наши гимназіи людьми, которымъ, по недостатку средствъ, не суждено окончить курса и для которыхъ, по той же причинѣ, гимназическій курсъ будетъ почти безполезенъ въ жизни.

Такимъ образомъ, псевдоклассицизмомъ и отсутствіемъ народно-образованныхъ учебныхъ заведеній, наши гимназіи (и вообще, всѣ среднія учебныя заведенія), съ двухъ концевъ, поставлены въ совершенно ложное, противное интересамъ русскаго народа, положеніе. Предметъ слишкомъ важный для того, чтобы не поговорить о немъ подробнѣе.

Непосредственная задача предположенной части этого сочиненія, народное образованіе, обязываетъ насъ коснуться въ этомъ предисловіи только одной изъ этихъ причинъ,—недостатка народныхъ школъ. Мы прежде всего коснемся этой причины. Но мы не можемъ оставить безъ вниманія и вторую. Весьма распространенный въ нашемъ обществѣ ложный взглядъ на сущность классицизма (что такое классическое воспитаніе и что такое классическая школа) послужилъ поводомъ для постановленій нѣкоторыхъ земскихъ собраній, въ которыхъ классическая школа болѣе или менѣе смѣшана съ народной школой. Практическое послѣдствіе такого непониманія характера и цѣли классической школы будетъ заключаться въ томъ, что нѣкоторыя земства въ пользу классическаго воспитанія «урѣжутъ» народную школу. Въ тоже время, непониманіе сущности классическаго воспитанія ведетъ къ вреднымъ административнымъ претензіямъ и псевдоклассицизму. Слѣдовательно, говоря о народной школѣ, мы должны, во избѣжаніе всѣхъ возразумѣній, анализировать характеръ русскаго псевдоклассицизма.

Недостатокъ народнообразовательныхъ учебныхъ заведеній, какъ причина переполненія нашихъ гимназій учениками.

Необходимо различать задачу общественнаго воспитанія отъ задачи народнаго образованія. Хотя эти двѣ потребности и родственны между собой, хотя онѣ очень часто переходятъ одна въ другую, но смѣшивать обѣ задачи въ одну значило бы не достигнуть цѣлей ни той, ни другой. Школьное воспитаніе составляетъ удѣлъ болѣе достаточнаго класса. Масса народа почти не нуждается въ школьномъ воспитаніи, но очень много нуждается въ знаніяхъ, въ образованіи.

Мы не желаемъ, чтобы эти слова были истолкованы въ томъ смыслѣ, будто бы мы считаемъ позволительнымъ пренебречь нравственнымъ воспитаніемъ народа. Напротивъ... Мы только считаемъ школу не единственнымъ и не самымъ главнымъ средствомъ нравственнаго воспитанія народныхъ массъ.

Постараемся отграничить область народной школы.

Всякое сколько нибудь законченное и систематическое воспитаніе стоитъ сравнительно дорого. Это фактъ общеизвѣстный. Но этому оно по плечу только человѣку, имѣющему сколько нибудь независимыя средства. Большинство же русскаго народа, какъ и всякаго народа, никогда не было окружено матеріальной независимостью и досугомъ, никогда не имѣло возможности окружить всѣмъ этимъ своихъ дѣтей. Слѣдовательно, вполнѣ законченное и систематическое воспитаніе составляетъ привилегію (надо же называть вещи ихъ именами) болѣе или менѣе достаточнаго класса общества. Большинство же вынуждено или вовсе обойтись безъ школьнаго воспитанія, или ограничится образовательными учрежденіями менѣе совершенными, но болѣе общедоступными. Какъ всѣ вообще человѣческія желанія, такъ, между прочимъ, и желаніе воспитывать своихъ дѣтей очень часто должно колебаться между тѣмъ, что мы желали бы имѣть, и тѣмъ, чего можемъ достигнуть.

Школьному воспитанію достаточнаго меньшинства мы придаемъ чрезвычайную важность. Не забудемъ, что именно это меньшинство служитъ обыкновенно представителемъ государственной власти и что порча нравовъ всегда проникала въ народъ черезъ образованіе и достаточные классы. Напримѣръ, Польша ушла только потому, что ея шляхта утратила политическій тактъ и нравственное чувство своихъ предковъ.

Такъ какъ достаточное меньшинство обыкновенно составляетъ управляющій, то есть наиболѣе вліятельный классъ, такъ какъ въ тоже время, вслѣдствіе существующихъ формъ распредѣленія народнаго богатства, только относительно-достаточный классъ (обыкновенно) имѣетъ возможность пользоваться благодѣяніями общественнаго воспитанія, то естественно желать, чтобы на вопросъ о воспитаніи достаточнаго меньшинства было обращено должное вниманіе. Желательно, чтобы высшій классъ каждаго народа, опираясь на разумное и многостороннее воспитаніе, сознавалъ бы свои обязанности относительно государства и общества, былъ бы способенъ выдержать всевозможныя искушенія и умѣлъ бы не только радѣть о своихъ сословныхъ интересахъ, но и руководить народомъ для пользы самаго народа.

Но занявшись школьнымъ воспитаніемъ достаточнаго меньшинства, озаботившись тѣмъ, чтобы классъ людей, пользующихся большимъ досугомъ и развитіемъ и большимъ расположеніемъ къ общественной дѣятельности, былъ вполнѣ достоинъ своего положенія, государство далеко еще не выполнило всѣхъ своихъ педагогическихъ обязанностей относительно народа. Необходимо подумать и о недостаточномъ большинствѣ, для котораго недоступно систематическое и законченное школьное воспитаніе. Такимъ образомъ рождается обязанность государства учредить цѣлую систему учебныхъ заведеній по своей дешевизнѣ и общедоступности пригодныхъ для этого большинства, хотя, можетъ быть, во многихъ отношеніяхъ и не удовлетворяющихъ идеалу законченнаго и систематическаго воспитанія.

Такимъ образомъ устанавливается неравенство воспитанія. Система полнаго и законченнаго воспитанія, de facto, является принадлежностью достаточнаго класса. Люди недостаточные, только въ видѣ исключенія, попадаютъ на эту дорогу. Народнымъ же массамъ необходима наука «дешевая», доступная карману каждаго, и въ тоже время приносящая хорошій денежный процентъ. Надо дать народу возможность «учиться на мѣдныя деньги», но учиться не напрасно, а такъ, чтобы выгода составляла «рубль на рубль».

Такимъ образомъ, является необходимость признать разграничивающую линію между общественнымъ воспитаніемъ достаточныхъ классов общества и народным образованием масс. Если педагогическая задача государства, по отношению къ достаточному классу общества, заключается въ томъ, чтобы основать цѣпь учебныхъ заведеній, вполнѣ удовлетворяющихъ всѣмъ цѣлямъ физическаго и нравственнаго воспитанія (задача эта разсмотрѣна нами въ первой части этого сочиненія) то, относительно народныхъ массъ, его обязанность заключается въ томъ, чтобы основать такія учебныя заведенія, при посредствѣ которыхъ народъ могъ бы за дешевую плату извлечь изъ науки возможно большую пользу.

Многимъ можетъ показаться несправедливостью такое неравенство, полагаемое нами въ основаніи нашего взгляда на народное образованіе. Прежде всего, мы сами сожалѣемъ объ этомъ неравенствѣ. Но оно не зависитъ отъ личной воли правительства, отъ живущаго теперь поколѣнія общественныхъ дѣятелей и тѣмъ менѣе отъ личной воли автора. Нельзя же зажмуривъ глаза смотрѣть на тотъ очевидный фактъ, что до тѣхъ поръ, пока существуетъ достаточное меньшинство и недостаточное большинство, нѣтъ никакой возможности установить для обоихъ классовъ совершенно одинаковое школьное воспитаніе. Средства и потребности обоихъ классовъ совершенно различны. Они не могутъ быть удовлетворены одною и тою же системой учебныхъ заведеній. Полное и законченное воспитаніе стóитъ, сравнительно, дорого. Учреждая общую для всѣхъ систему образованія и воспитанія, то есть открывая вездѣ учебныя и ученыя заведенія съ одинаковой обстановкой, одними и тѣми же предметами ученія и продолжительностью курса, слѣдовало бы, или понизить уровень воспитанія достаточнаго класса до уровня недостаточныхъ народныхъ массъ, или устроить дѣло такимъ образомъ, чтобы дѣти бѣднѣйшихъ подданныхъ государства могли получать полное и законченное воспитаніе. Первое было бы нарушеніемъ личнаго права каждаго жить по средствамъ. Второе, практически невозможно. Гдѣ найдетъ общество столько средствъ, чтобы дать всѣмъ своимъ членамъ одинаковое, полное школьное воспитаніе и одинаковое, многостороннее образованіе, когда у него не хватаетъ средствъ даже на то, чтобы дать всѣмъ классамъ общества одинаковую среднюю продолжительность жизни и равное физическое развитіе. Поэтому, стремленіе дать всѣмъ, то есть, и достаточному, и недостаточному классу общества однообразное школьное воспитаніе и образованіе, является, по крайней мѣрѣ, въ настоящую минуту, такой же недостижимой утопіей, какъ и стремленіе сдѣлать всѣхъ людей одинаково богатыми, физически здоровыми и способными для внѣшнихъ проявленій интеллектуальной жизни человѣка. Общество не можетъ тратиться на то, чтобы дать всѣмъ своимъ гражданамъ воспитаніе, превышающее средства большинства, потому что такая система не только поглотила бы всѣ наличныя средства общества, но гораздо большая половина осталась бы въ дефицитѣ. Наконецъ такая система воспитанія, въ огромномъ большинствѣ случаевъ, была бы пагубна для самихъ воспитываемыхъ, потому что развило бы въ нихъ потребности, превышающія ихъ настоящія и вѣроятныя средства и приготовила бы ихъ не къ той средѣ и дѣятельности, которыя должны быть ихъ удѣломъ.

Книжное ученіе массы русскаго народа опредѣляется слѣдующими данными. Народъ желаетъ учиться, но народныхъ школъ, до настоящего времени, у насъ почти не существовало. Вполнѣ приспособленныхъ къ народнымъ потребностямъ народныхъ школъ у насъ нѣтъ и теперь. Тѣ, которыя существовали и большая часть существующихъ теперь народныхъ школъ могутъ удовлетворить только самаго невзыскательнаго ученика, то есть они «съ грѣхомъ пополамъ» учатъ читать и писать, но не всегда выучиваютъ понимать прочитанное. Между тѣмъ, въ массѣ народа найдется много людей неспособныхъ удовлетвориться одной только грамотностью. Они захотятъ отъ науки большаго. Желаніе совершенно законное. Простая сельская школа, съ духовенствомъ во главѣ, въ томъ видѣ, въ какомъ она существуетъ теперь, ихъ не удовлетворяетъ. Хороши или дурны наши среднія учебныя заведенія, предназначенныя для воспитанія достаточнаго класса, но, во всякомъ случаѣ, въ нихъ можно большому научиться, нежели въ обыкновенной народной школѣ, управляемой духовенствомъ различныхъ вѣроисповѣданій. Представители народной массы, имѣющіе надобность учиться, но чувствующіе крайній недостатокъ въ народно-образованныхъ учебныхъ заведеніяхъ, которыя давали бы дешевое, но общеполезное образованіе, постановлены въ необходимость выбрать одно изъ двухъ: или остаться при томъ размѣрѣ учености, которая дается сельскимъ дьячкомъ и приходской школой, или обратиться къ среднимъ учебнымъ заведеніямъ — гимназіямъ.

Отсюда, переполненіе низшихъ классовъ нашихъ гимназій.

Но окончить курсъ гимназіи гораздо труднѣй, нежели поступить въ нее. Найдется довольно недостаточныхъ родителей, которые, отдавъ своихъ дѣтей въ гимназію, весьма скоро начинаютъ ощущать недостатокъ средствъ для того, чтобы матеріально обезпечить своихъ дѣтей во все продолженіе семилѣтняго курса. Кромѣ того многіе изъ нихъ позволятъ себѣ критически отнестись къ гимназическому курсу и вслѣдствіе этого замѣтятъ, что семилѣтнее пребываніе въ гимназіи весьма слабо обезпечиваетъ ихъ дѣтямъ средства къ существованію. И такъ, съ одной стороны нужда, съ другой, очевидная, неприложимость гимназическаго курса къ ихъ профессіи заставитъ ихъ взять своихъ дѣтей изъ четвертаго, пятаго и даже третьяго класса гимназіи. Одинъ небогатый и обремененный семействомъ уѣздный аптекарь, при воспитаніи своихъ сыновей, сознательно держался такой системы: онъ оставляетъ ихъ въ гимназіи до четвертаго класса; затѣмъ, не обращая вниманія на то, хорошо или дурно учится его сынъ, онъ выключалъ его изъ гимназіи и отдавалъ въ ученіе къ провизору. Замѣчено также, что сыновья купцевъ третьей гильдіи, въ то время когда эта гильдія существовала, очень часто поступали въ гимназію, но очень рѣдко ее оканчивали.

Отсюда — сравнительная пустота высшихъ классовъ гимназіи.

Мы противъ спеціальнаго направленія въ воспитаніи. Наши псевдоклассическія гимназіи мы болѣе всего не одобряемъ потому, что онѣ имѣютъ характеръ спеціально-филологическихъ учебныхъ заведеній. Мы сожалѣемъ о тѣхъ, имѣющихъ состояніе родителяхъ, которые, не справляясь съ будущимъ призваніемъ ребенка, приготовляютъ своихъ дѣтей къ карьерѣ, для которой, по всей вѣроятности, они не будутъ имѣть ни способностей, ни призванія. Но отнимите одно условіе—средства и картина мѣняется совершенно. Нельзя не сочувствовать отъ всей души небогатому семейству, старающемуся дать своимъ дѣтямъ возможность, знаніемъ какого нибудь ремесла или спеціальнаго предмета, какъ можно скорѣй обезпечить себѣ матеріальную независимость.

Гармоническое развитіе всѣхъ природныхъ способностей человѣка составляетъ идеалъ воспитанія. Но тамъ, гдѣ оно невозможно, необходимо примѣняться къ обстоятельствамъ. Недаромъ говорится, что нужда измѣняетъ законъ и что она есть наивысший изъ законовъ. Гимназіи, лицеи и университеты составляютъ послѣдовательныя звенья полнаго педагогическаго развитія. Но если матеріальный недостатокъ мѣшаетъ какому нибудь члену общества воспользоваться этимъ сложнымъ механизмомъ, тамъ необходимъ другой механизмъ, вполнѣ приспособленный къ матеріальному положенію недостаточныхъ членовъ общества. Народная школа (говоримъ прямо) менѣе совершенная школа въ томъ отношеніи, что она представляетъ менѣе способовъ для многосторонняго развитія человѣка. Но, для большинства членовъ русскаго народа, какъ и всякаго народа, народная школа — единственно возможная школа.

Отступленіе отъ полной и законченной системы воспитанія, въ настоящемъ случаѣ, вытекаетъ не изъ прихоти патріархальнаго самодурства, но изъ экономическаго положенія огромнаго числа семействъ, изъ того неотразимаго факта, что стремленіе къ полной и законченной системѣ воспитанія было бы, въ данномъ случаѣ, вещью не только непрактической, но и недостижимой. Иногда лучше стремиться къ меньшему, но за то къ достижимому и несомнѣнно полезному. По этому, мы оправдываемъ и приведеннаго нами въ примѣръ аптекаря, и купцевъ третьей гильдіи. Возможное, прежде всего.

Утѣшеніемъ, въ настоящемъ случаѣ, служитъ то обстоятельство, что истинно способные и полезные люди образуются не только системой воспитанія, но и силой природнаго здраваго смысла и опытомъ дѣйствительной жизни. Мы ежедневно видимъ, что люди выходятъ изъ семействъ, которымъ обстоятельства не позволили дать своимъ дѣтямъ какое нибудь школьное воспитаніе. Да еще какіе люди! Уайты, Стефенсоны, Зотовы, Аркрайты, Вильямы Смиты, Кулибины и имъ подобные...

Такимъ образомъ, мы приходимъ къ убѣжденію въ необходимости открытія множества народно-образовательныхъ учебныхъ заведеній, которыя, не преслѣдуя отдаленныхъ педагогическихъ цѣлей, давали бы русскому народу образованіе безъ всякихъ претензій, но здоровое, хлѣбное, дешевое и пригодное во всѣхъ случайностяхъ жизни. Рядомъ съ системою общественно воспитательныхъ учебныхъ заведеній, предназначенныхъ [1]) для достаточнаго мень-

---

[1]) Если мы говоримъ „предназначенныхъ," то это вовсе не значитъ, чтобы они были предназначены въ томъ смыслѣ, въ какомъ у насъ есть учебныя за-

шинства, должны существовать народно-образовательныя школы, предназначенныя для всѣхъ и расчитанныя по карману каждаго. Въ первой части этого сочиненія мы разсмотрѣли общественно-воспитательныя учебныя заведенія. Въ этой части будемъ говорить о народныхъ школахъ.

Намъ остается сказать нѣсколько словъ о нравственномъ воспитаніи народа. Грамотность, знаніе четырехъ правилъ ариѳметики и тому подобное, очень мало вліяютъ на народное воспитаніе. Правительство, научившее всѣхъ грамотѣ, еще не можетъ обольщать себя надеждой, что оно создало государству столько же хорошихъ гражданъ, сколько въ его распоряженіи людей способныхъ подписать свою фамилію. Между тѣмъ, какъ ни «распинайся» за народъ, но, при настоящемъ распредѣленіи богатствъ, грамотность и знаніе практически-полезныхъ спеціальныхъ предметовъ составятъ весь репертуаръ учености, доступной народнымъ массамъ. Народъ хотя и учится въ

ніи, предназначенныя для дѣтей привилегированнаго класса. Здѣсь идетъ рѣчь объ экономическихъ средствахъ, предоставляющихъ каждому семейству на выборъ болѣе дорогую или болѣе дешевую систему школъ.

школѣ, но на самомъ дѣлѣ онъ остается безъ школьнаго воспитанія или, говоря словами Бокля, «огромное большинство даже наиболѣе привиллегированныхъ націй не имѣетъ настоящаго воспитанія, кромѣ того, которое навязывается трудностями и столкновеніями жизни» [1].

Слѣдовательно, въ то время, когда достаточное меньшинство воспитывается жизнью и школой, народныя массы воспитываются почти одной только жизненной обстановкой. Для меньшинства существуютъ итоны и кембриджъ, College de France и Conservatoir des Arts te des metiers гейдельбергскій и московскій университеты. На долю большинства остаются только сельскія и уѣздныя училища. Народная школа при существующемъ распредѣленіи народныхъ богатствъ, всегда будетъ слаба въ педагогическомъ отношеніи. На этотъ счетъ мы не можемъ и не должны себя обманывать.

Къ счастію, ученіе составляетъ одно изъ средствъ воспитанія, но не самое воспитаніе. По этому хотя народная школа составляетъ только очень слабое средство общественнаго воспитанія народа, но народъ не остается безъ

---

[1] Бокль—Отрывки изъ царствованія королевы Елисаветы, 142.

общественнаго воспитанія (Дурнаго или хорошаго—это другой вопросъ). Свободныя учрежденія, мудрое законодательство, хорошее общественное устройство, добросовѣстность должностныхъ лицъ и великія событія, пережитыя народомъ—вотъ колоссальные и ничѣмъ незамѣнимые элементы общественнаго воспитанія народа. Одно «Положеніе 19 февраля», стоитъ всѣхъ педагогическихъ системъ. Тоже слѣдуетъ сказать о народныхъ собраніяхъ Афинъ, о форумѣ Рима, о федеральной конституціи Америки и судѣ присяжныхъ Англіи. Въ этой школѣ жизни народъ можетъ получить болѣе классическое воспитаніе, чѣмъ то, которое дается самыми классическими школами Англіи. Наоборотъ, исторія, общественныя учрежденія и законы могутъ дать народу до такой степени деморализирующее воспитаніе, что противъ него окажется безсильной всякая школа, всякій методъ обученія. Примѣровъ воспитанія, деморализирующаго народъ, къ сожалѣнію, слишкомъ много и они слишкомъ общеизвѣстны для того, чтобы о нихъ упоминать.

По этому, если бы я желалъ высказаться о народномъ воспитаніи, то мнѣ оставалось бы только мимоходомъ коснуться нашихъ народныхъ школъ. Я былъ бы поставленъ въ необ-

16

ходимость захватить болѣе обширный районъ народной жизни и дѣятельности, «массу трудностей и столкновеній», о которой говоритъ Бокль. Кромѣ школы я долженъ бы коснуться системы откуповъ и акциза, рекрутской повинности, общиннаго и земскаго самоуправленія, суда, церкви и многихъ другихъ предметовъ. Но ограничивъ предметъ этой части народнымъ образованіемъ, я могу ограничиться только однимъ изъ многихъ элементовъ, воспитывающихъ народъ — народными школами.

2. Псевдоклассицизмъ, какъ причина опустѣнія нашихъ гимназій.

Къ самымъ серьезнымъ вопросамъ критика относится иногда самымъ поверхностнымъ образомъ. Вмѣсто того, чтобы основательно и безпристрастно вникнуть въ сущность идеи, она хватаетъ на лету первое знакомое слово, разбираетъ попавшійся на глаза ярлычекъ и строитъ на немъ цѣлую систему похвалъ и порицаній. Такая критика напоминаетъ одного библіотекаря, который распредѣлилъ книги не по ихъ внутреннему содержанію, но по формату изданія. Всѣ in quarto стояли у него на одной полкѣ, всѣ in 8° — на другой. Нибуръ очутился съ сборникомъ анекдотовъ, Вольтеръ съ расказками для детей. Безспорно, эта система отличается простотой, скоростью и, главное, она не требует большой умственной работы. Но эта система представляет одно важное неудобство: съ нею всякій «галилеянинъ прослыветъ дурнымъ человѣкомъ.» Люди, привыкшіе судить о книгѣ по мѣсту, занимаемому ею въ библіотекѣ (а много ли людей, которые судятъ иначе?), благодаря сосѣдству Нибура съ собраніемъ анекдотовъ, скажутъ, что Нибуръ компиляторъ. Они же, несправедливо изгоняя Вольтера изъ библіотеки, еще болѣе несправедливо изгонятъ изъ нея невиннѣйшаго Андерсона. Форматъ изданія будетъ служить уликою противъ обоихъ. Такимъ образомъ критика, вмѣсто того, чтобы направлять общественное мнѣніе, или становится его безсмысленнымъ эхомъ, или, что еще хуже, увеличиваетъ ошибки и недомысліе нашего общества. Если людямъ, спеціально незнакомымъ съ какимъ нибудь предметомъ, позволительно судить иногда по первому впечатлѣнію, то манера разстанавливать книги по формату изданія, въ человѣкѣ, посвитившемъ себя книжному дѣлу, является чѣмъ то въ родѣ легкомыслія.

Образчикомъ такого отношенія критики къ самымъ существеннымъ вопросамъ нашей общественной жизни представляет вопросъ о классическомъ воспитаніи. Одна партія критиковъ желала, всѣми правдами и неправдами, укрѣпить на классицизмѣ всю систему нашего общественнаго воспитанія. Другая партія, также рѣшительно, отвергла пользу этой системы и избрала своимъ девизомъ «реализмъ». Первые съ такой же рѣшительностью исключали изъ гимназическаго обихода Люиса и Дарвина, съ какой вторые исключали Гомера и Тацита. А между тѣмъ выходитъ, что и нашъ классицизмъ, и нашъ реализмъ ничто иное, какъ ярлычки наклеенные на необитаемыхъ зданіяхъ. Наши классики, стоявшіе за несуществующій у насъ классицизмъ, напоминаютъ тѣхъ почтенныхъ супруговъ, которые, уже въ преклонныхъ лѣтахъ, поссорились изъ за того, кто долженъ бы у нихъ родиться: сынъ, или дочь. (Супруги были бездѣтны). Наши же реалисты, исключавшіе изъ категоріи реальныхъ знаній всю область поэтическаго творчества, всю изящную сторону человѣческаго духа, и ограничившіе реализмъ однимъ только механическимъ усвоеніемъ естествознанія, напоминаютъ того малороссіянина, который, созерцая величественный океанъ, понялъ только то, что вась бы ни былъ великъ чумацкій обозъ, волы не могли бы выпить всю воду.

Между классическимъ воспитаніемъ, воспитывающимъ англійскую молодежь, и псевдоклассицизмомъ, обработывающимъ нашу молодежь, существуетъ такое же различіе, какое всякій, не лишенный смысла человѣкъ, замѣтитъ между портретомъ и его каррикатурой, творчествомъ и неудачнымъ подражаніемъ, характеромъ и упрямствомъ, благороднымъ стилемъ Праксителя и жеманствомъ Бернини. Мы желали бы провести разграничивающую черту между классическимъ воспитаніемъ и псевдоклассицизмомъ. Черта эта могла бы пригодиться какъ поклонникамъ классическаго воспитанія не понимающимъ его свойствъ, такъ и его врагамъ, также мало понимающимъ въ чемъ заключается реализмъ воспитанія. Если это намъ удастся, тогда сама собою выяснится одна изъ причинъ разсматриваемаго нами печальнаго факта—большаго числа неоканчивающихъ курса нашихъ гимназій. При этомъ я постараюсь сохранить полное спокойствіе, едва ли возможное для человѣка партіи, и полную ясность изложенія, невозможную тамъ, гдѣ нѣтъ безпристрастія. Бранью и фразами здѣсь ничего нельзя сдѣлать. Не говоря уже о томъ, что полемическій задоръ не всегда согласенъ съ чувствомъ собственнаго достоинства, надобно имѣть въ виду и то, что въ вопросѣ о классическомъ и реальномъ воспитаніи, съ обѣихъ сторонъ, замѣшаны не однѣ только страсти, но и убѣжденія, которыхъ нельзя не уважать.

Различіе между классическимъ воспитаніемъ и всевдоклассицизмомъ заключается какъ въ цѣли обѣихъ системъ, такъ и въ ихъ отношеніи къ личности воспитанниковъ и къ обществу.

Цѣль классической системы воспитанія есть реализмъ въ самомъ точномъ смыслѣ этого слова.

Между тѣмъ классическое воспитаніе обыкновенно противополагаютъ воспитанію реальному. Такое противуположеніе признается даже офиціально въ уставѣ 1864 года. Мы, ни въ какомъ случаѣ, не можемъ принять «реальное воспитаніе», какъ противуположенность «классическому», потому что если не проводить реализмъ въ классическое воспитаніе, это послѣднее лишается всякаго смысла. И не одно только классическое воспитаніе, но каждая система воспитанія, даже та которая офиціально называется «реальной», дѣлается «переливаніемъ изъ пустаго въ порожнее» съ той мипуть, когда она перестаетъ воспитывать людей реальныхъ,— то есть во всей мѣрѣ своихъ силъ и способностей, полезныхъ для себя и для общества.

Отличіе цѣли классическаго воспитанія отъ всякой другой педагогической системы, заключается не въ томъ, чтобы она не стремилась къ реализму, но въ томъ, что она понимаетъ реализмъ, какъ полное и совершенное развитіе всѣхъ человѣческихъ способностей и старается дать возможность развиться каждой изъ нихъ. Оно «имѣетъ цѣлью извлечь изъ человѣка все то, что этотъ человѣкъ можетъ дать; другими словами: развить всѣ его органы и способности» [1]). Классическое воспитаніе, какъ система, дѣлаетъ человѣка въ одно и тоже время и многостороннимъ, и самоопредѣляющимъ. Оно должно создавать не фатовъ и не людей, до тонкости изучившихъ латинскій и греческій синтаксисы, но людей истинно-реальныхъ, соединившихъ въ себѣ практическую голову русскаго мужика съ образованнымъ умомъ государственнаго человѣка, людей, въ силу своего многосторонняго и гуманнаго реализма способныхъ стать впереди народа, понять тончай-

---

[1]) Лабуле, Народное Образованіе, 4.

шіе изгибы человѣческой души и мысли, справедливо отнестись ко всѣмъ и ко всему. Словомъ, классическое воспитаніе должно быть могучимъ проводникомъ реализма въ жизнь вообще и въ общественную жизнь достаточнаго и образованнаго класса въ особенности. Иначе оно будетъ никуда негоднымъ хламомъ. Классическое воспитаніе должно быть существенно реальнымъ, иначе оно вовсе не будетъ воспитаніемъ.

Классики составляютъ самую незначительную часть классицизма школы. Съ перваго взгляда это можетъ показаться парадоксомъ. Но, вникнувъ въ предметъ и относясь къ вопросу съ полнымъ безпристрастіемъ, нельзя не признать совершенную истину этого кажущагося парадокса. Дѣло въ томъ, что классицизмъ школы заключается не въ однихъ только предметахъ ученія, но гораздо болѣе въ общей обстановкѣ учебнаго заведенія. Прежде знанія греческаго и латинскаго языка классическая школа предполагаетъ свободное развитіе личности воспитанника, свободный выборъ карьеры и спеціальности, привычки свободно мыслящаго духа и извѣстное сочетаніе тѣхъ политически-общественныхъ элементовъ, которые школа должна взять изъ общества и воторыми она должна его снабдить.... Короче: классическая школа есть политическое учреждение страны, а не простая фабрикація людей, умѣющихъ перевести темное мѣсто древняго писателя, или объяснить какое нибудь ablativus absolutus... Классицизмъ школы заключается въ жизни, а не въ граматикахъ. Могутъ быть страны, не смотря на всю классическую ученость не способныя создать классическую школу, бывають ученые, не смотря на всю свою филологическую эрудицію, негодные для роли преподавателя классической школы. Сами по себѣ пергаменты безсильны передать тотъ духъ, которымъ двигались поколѣнія и лица, жизнь которыхъ дала матеріалъ, описанный на этихъ пергаментахъ.

Еще разъ повторяемъ сказанное нами въ первой части этой книги. «Пусть будетъ найдено средство, безъ изученія древнихъ литераторовъ, сообщить воспитанію современнаго человѣка гуманизмъ, многосторонность и основательность классическаго метода и мы готовы сейчасъ же отречься отъ нашего предубѣжденія въ пользу классической литературы... Классически составляютъ только одно изъ средствъ развитія молодаго ума и образованія характера, но оно далеко не заключаетъ въ себѣ всего воспитанія. При счастливомъ стеченіи обстоятельствъ это средство можетъ быть вполнѣ замѣнено вліяніемъ семейной обстановки, личными наклонностями, вліяніемъ школы, общественной среды, наконецъ, вліяніемъ воспитательнаго характера... Доказательствомъ того, что изученіе классиковъ еще не составляетъ классическаго воспитанія, служатъ напримѣръ римляне V вѣка, которые, изучая все богатство классической литературы, совершенно утратили достоинство античнаго характера¹).

Многіе предлагаютъ, вмѣсто классиковъ, положить въ основаніе всей системы воспитанія изученіе математики. Это чрезвычайно трудно и возможно только какъ отдѣльный случай, но все-таки, это возможно... Учитель математики съ помощью своей сухой науки и своего великаго характера, можетъ оказать на своихъ воспитанниковъ такое нравственное вліяніе и такъ разовьетъ умъ каждаго изъ нихъ, что его система будетъ вполнѣ классической, потому что результаты будутъ совершенно классическими. Однимъ изъ учителей, въ рукахъ которыхъ математика была бы средствомъ классическаго воспитанія (можетъ быть), былъ профе-

¹) Стр. 129—130.

сор киевской духовной академіи Ириней Фальковскій¹). Но много ли найдется Фальковскихъ? И такъ, при исключительномъ талантѣ преподавателя, математика можетъ быть средствомъ классическаго воспитанія. Но то, что возможно какъ исключеніе, едва ли возможно какъ система. Учрежденія должны покоиться на явленіяхъ нормальныхъ, а не на уклоненіяхъ отъ общаго уровня, быть можетъ и блестящихъ, но, все-таки, возможныхъ только какъ рѣдкое исключеніе.

Другіе предлагаютъ, вмѣсто изученія классиковъ, заниматься въ школахъ изученіемъ новыхъ языковъ и литературъ. Этимъ путемъ гораздо легче, нежели посредствомъ матема-

---

¹) „Сей достопамятнѣйшій наставникъ — говоритъ авторъ „Исторіи Кіевской духовной академіи" Булгаковъ своими занятіями и ревностію умѣлъ возбудить въ слушателяхъ такую любовь къ математикѣ, что классъ ея, посѣщаемый прежде очень немногими, сдѣлался наконецъ однимъ изъ многолюднѣйшихъ классовъ (Въ 1803 г. было учениковъ въ немъ 127, въ 1811 г. 309). Будучи уже профессоромъ богословія, Ириней не оставлялъ преподавать и математику, и въ продолженіе нѣсколькихъ лѣтъ содѣйствовалъ ученикамъ своимъ въ составленіи и изданіи календарей для всего малороссійскаго края." Цитируемъ это мѣсто по сочиненію г. Щапова, «Соціально-педагогическія условія умственнаго развитія русскаго народа», 32.

тики, могутъ быть достигнуты результаты классическаго воспитанія. Изученіе новыхъ литературъ не требуетъ отъ ученика такихъ спеціальныхъ способностей, отъ преподавателя такого необыкновеннаго таланта, какъ изученіе математики. Но сравнительныя выгоды еще не устраняютъ весьма важныхъ неудобствъ. Въ настоящемъ случаѣ, какъ для ученика, такъ и для учителя затрудненіе заключается въ возможности запутаться въ богатствѣ современныхъ литературъ. Необходимость выбирать изъ многаго немногое, наиболѣе полезное въ нравственномъ и умственномъ отношеніи требуетъ чтобы во главѣ этого метода воспитанія всегда стояли люди съ болѣе нежели обыкновеннымъ педагогическимъ тактомъ, съ обширными и разнообразными свѣдѣніями и вліяніемъ на учениковъ. Иначе, результатомъ многолѣтняго ученія будетъ жалкая «роскошь познаній», это изобиліе тряпокъ, изъ которыхъ нельзя сдѣлать крѣпкаго платья. Тѣмъ не менѣе и эта система, при извѣстномъ сочетаніи педагогическихъ талантовъ, можетъ быть классической системой. Классическимъ мы называемъ все лучшее въ своемъ родѣ. Талантъ преподавателей можетъ сдѣлать и этотъ родъ школъ классическимъ.

Многіе предлагаютъ естественныя науки.... Мы не возражаемъ противъ этого. Въ рукахъ талантливаго педагога, безъ сомнѣнія, и естественныя науки могутъ быть орудіемъ классическаго воспитанія. Затрудненіе, въ настоящемъ случаѣ, заключается только въ томъ, что область естественныхъ наукъ представляетъ еще болѣе необозримую сферу человѣческихъ знаній, нежели новыя литературы и новая исторія. Здѣсь еще болѣе необходимъ особенный талантъ преподавателя, для того чтобы въ дѣлѣ преподаванія избѣжать двухъ крайностей: поверхностнаго отношенія къ предмету и углубленія въ какую нибудь спеціальность. Первое, на всю жизнь, оставляетъ въ ученикѣ вредную привычку схватывать верхи, второе несогласно съ задачею воспитанія. Для того, чтобы положить естественныя науки въ основаніе классическаго воспитанія, надобенъ преподаватель, который умѣлъ бы, въ одно и тоже время, проэктировать краткое руководство по громадному и разнообразному предмету, создать методъ, оказать нравственное вліяніе и не упустить въ развитіи учениковъ тѣхъ сторонъ человѣческаго духа, безъ которыхъ знаніе естественныхъ наукъ будетъ только механическимъ знаніемъ или ранновременной спеціальностью. Во всякомъ случаѣ, и при этой системѣ, все зависитъ отъ личности преподавателя-воспитателя. Сообразно этой личности сама система можетъ быть и хорошей и дурной, геніальной и тупой, развивающей и ограничивающей умъ ребенка.

Изъ этого видно, какое широкое значеніе мы придаемъ классическому воспитанію. Все что достигаетъ цѣлей классическаго воспитанія — есть классическое воспитаніе. Насъ могутъ упрекнуть въ недостаткѣ системы. Мы и принимаемъ, и отрицаемъ этотъ упрекъ. У насъ нѣтъ системы въ смыслѣ оковъ, налагаемыхъ государствомъ на всю педагогическую жизнь народа. Но у насъ есть система, основанная на педагогической свободѣ каждаго талантливаго воспитателя и каждой школьной корпораціи. Точно также, какъ мы не считаемъ за древними языками права на исключительное покровительство государства, мы не даемъ этого права ни математикѣ, ни новымъ языкамъ, ни естественнымъ наукамъ. Индивидуализмъ каждаго учебнаго заведенія несогласимъ съ покровительствомъ какому нибудь изъ этихъ мнѣній.

Допуская индивидуализмъ каждаго учебнаго заведенія, свободу каждаго изъ нихъ въ отношенія центральной власти, право каждаго изъ нихъ выработать свой методъ и свои преданія, мы находимъ весьма возможнымъ, что нѣкоторыя изъ нашихъ среднихъ учебныхъ заведеній усвоятъ математическій методъ классическаго воспитанія, другія естественно-испытательный, третіи, методъ изученія новыхъ языковъ и литературъ... Все это возможно. Но все это будетъ держаться только личностью преподавателя и, при первомъ недостаткѣ въ талантливыхъ личностяхъ, перейдетъ въ спеціальное воспитаніе, своею односторонностью погубившее не мало дѣтскихъ головъ. Если бы нашимъ школамъ и нашему обществу было дозволено собственнымъ опытомъ отыскать педагогическій методъ общественнаго воспитанія, они сами пришли бы къ убѣжденію въ преимуществахъ классическихъ литературъ передъ всѣми другими методами (математика, новыя литературы и естественныя науки) именно потому, что древнія литературы не предрѣшаютъ свободный выборъ, даютъ многостороннее умственное развитіе и создаютъ педагогическую систему, менѣе зависимую отъ личности преподавателя, нежели методы математическій, естественно-испытательный и новыхъ литературъ. Въ I-й части мы уже говорили о педагогическихъ достоинствахъ классиковъ. Не видимъ надобности еще разъ повторять сказанное.

Какъ бы то ни было, классическіе языки и классическіе писатели не составляютъ единственнаго средства классическаго воспитанія, какъ мы понимаемъ это воспитаніе. Тѣмъ менѣе они могутъ составлять единственную цѣль классическаго воспитанія. Какъ изученіе древнихъ языковъ, такъ и вообще всякое ученіе въ классическомъ методѣ воспитанія служитъ только средствомъ многосторонняго развитія ума, подготовкой самостоятельной мысли, матеріаломъ, на которомъ, сообразно требованіямъ жизни и личной любознательности, каждому предоставляется устроить свою карьеру, свою область спеціальныхъ знаній и прочее. Конечная цѣль классическаго воспитанія заключается въ реализированіи всѣхъ данныхъ человѣку отъ природы способностей, а не одной только той способности, которая заключается въ знаніи древнихъ языковъ.

Изученіе древнихъ языковъ является въ псевдоклассицизмѣ самостоятельной цѣлью. Вслѣдствіе этого, методъ ученія принимаетъ характеръ спеціальнаго воспитанія. Ученіе захватываетъ все время воспитанника; является альфой и омегой всякой педагогической мудрости.

Если классическая система воспитанія стремится къ развитію способностей вообще и способности сознательнаго самоопредѣленія въ особенности, то псевдоклассическая стремится создать филологовъ. Различіе въ цѣляхъ очевидно.

Скажемъ теперь о различіи между классической и псевдоклассической системой воспитанія, заключающемся въ ихъ отношеніи къ личности воспитанника.

Извѣстно, что школа дѣйствуетъ на своихъ воспитанниковъ, а черезъ нихъ на общество, не однимъ только преподаваніемъ и предметами ученія, но всѣмъ своимъ составомъ, всѣми мелочами своей будничной и праздничной, внутренней и официальной жизни.

Коснемся ли мы мелочей, или крупныхъ явленій школьной обстановки, они носятъ совершенно различный характеръ въ классическомъ методѣ воспитанія и въ псевдоклассическомъ.

Въ то время какъ воспитанники англійскихъ школъ и университетовъ имѣютъ довольно времени для отдыха, развитія физическихъ силъ и для постороннихъ занятій, воспитанники нашихъ псевдоклассическихъ гимназій, съ утра до вечера, поглощены спеціальными занятіями по древне-римской и прочей филологіи¹). Основательность, свобода и многосторонность классическаго метода замѣнены здѣсь требованіями свыше силъ, спеціализаціей знаній и безполезными стѣсненіями въ обстановкѣ учебнаго заведенія.

Реальный элементъ входитъ какъ существенная часть занятій всякаго дѣльнаго ученика англійской школы. Этотъ реализмъ заключается не въ непремѣнномъ изученіи естественныхъ наукъ, механики или исторіи, но въ томъ, что онъ, будучи въ школѣ или университетѣ (англійскіе университеты соотвѣтствуютъ высшимъ классамъ нашихъ гимназій) имѣетъ возможность избрать какой нибудь отдѣлъ знаній и обратить на него особенное вниманіе. Такимъ образомъ онъ можетъ выйти изъ школы не только филологомъ, но и порядочнымъ естествоиспытателемъ, можетъ еще въ школѣ усвоить

---

¹) Считаемъ нужнымъ прибавить, что мы говоримъ о большинствѣ русскихъ гимназій, носящихъ имя классическихъ, а не объ исключеніяхъ. Исключенія не могутъ измѣнить общаго впечатлѣнія. Они объясняются счастливой случайностью появленія нѣсколькихъ лицъ, вѣрно понявшихъ духъ закона, но никакъ не оффиціальнымъ ходомъ нашего классическаго воспитанія.

себѣ начала юриспруденціи, посвятить себя математикѣ и такъ далѣе.

Реальный элементъ, въ смыслѣ подготовки къ будущей спеціальности и удовлетворенія природной наклонности къ той или другой наукѣ, совершенно исключенъ изъ нашихъ псевдоклассическихъ гимназій [1]). «Если русскому человѣку сказать чтобы онъ пригрозилъ, онъ непремѣнно прибьетъ». Если допустить филологію въ воспитаніе, то онъ по уши окунетъ своихъ воспитанниковъ въ море филологическихъ знаній. Отъ этого общій ходъ ученія въ нашихъ яко бы классическихъ гимназіяхъ проявятъ печальнымъ характеромъ навязываемой спеціальности. Два новыхъ языка, два древнихъ, русскій и церковно-славянскій, все это придаетъ нашимъ классическимъ гимназіямъ характеръ какихъ-то спеціально-филологическихъ институтовъ, которымъ могла бы позавидовать сама римская Пропаганда, но отъ которыхъ ничего не могутъ выиграть ни русскіе государственные интересы, ни русское земство.

Одна изъ выдающихся и наиболѣе полез-

---

[1]) Повторяемъ оговорку, сдѣланную въ предыдущемъ примѣчаніи.

ныхъ сторонъ англійской классической школы заключается въ томъ, что она приспособлена не только къ «ученію», но и къ физическому воспитанію ребенка. Сады Итона развиваютъ не менѣе Виргилія, гимнастическія игры, не менѣе книгъ, создаютъ образованное англійское общество.

Эта сторона воспитанія оставлена въ нашихъ классическихъ гимназіяхъ въ поразительномъ пренебреженіи. Безчисленное множество сухихъ занятій, непосредственная приложимость которыхъ къ жизни, по меньшей мѣрѣ, подлежитъ сомнѣнію, вмѣсто того чтобы способствовать развитію ума, развиваетъ отвращеніе къ наукѣ. Множество предметовъ, скученныхъ на пространствѣ одного года, не только не позволяютъ воспитанникамъ спеціально заняться математикой, правомъ или исторіей, не только не оставляютъ имъ времени для физическаго развитія, но, очень часто, такъ обременяютъ его память, что они рискуютъ попасть на дорогу мистера Тутса, старшаго воспитанника классической школы доктора Блимбера (Диккенсъ, Dombey and Son).

Классическая школа (не доктора Блимбера, но та, которая создала поколѣнія замѣчательнихъ людей) старается научить немногому, но основательно.

Воспитанники нашихъ гимназій невольно принуждаются заниматься только для перевода изъ класса въ классъ. Извлекаемъ изъ циркуляра по управленію одесскимъ учебнымъ округомъ слѣдующее мѣсто превосходно характеризующее наше гимназическое воспитаніе. «Отъ ученика оканчивающаго курсъ требуется такая масса разнородныхъ свѣдѣній, что ему нѣтъ физической возможности совладать съ нею. Умственныя способности его очень утомляются, и онъ, пріучась не къ отчетливому знанію того, что дѣйствительно для него необходимо, но къ поверхностному знанію всего, достигаетъ совершенно противуположныхъ результатовъ. Знанія, такимъ способомъ пріобрѣтенныя, до такой степени непрочны, что черезъ годъ многое изъ нихъ исчезаетъ» [¹]).

Паралель между отношеніемъ школы къ личности воспитанника въ классическомъ воспитаніи и псевдоклассическомъ, можно бы провести еще далѣе, но мнѣ кажется, что сказаннаго совершенно достаточно для того, чтобы охарактеризовать обѣ системы.

[¹] Голосъ, 1869, № 257.

Разсмотримъ теперь отношеніе обѣихъ системъ къ обществу.

Мы оставляемъ въ сторонѣ вопросъ о томъ, при всякомъ ли общественномъ устройствѣ возможно классическое воспитаніе? Мы замѣтимъ только, что классическая и псевдоклассическая системы воспитанія стоятъ въ совершенно различныхъ отношеніяхъ къ обществу. Англійская классическая школа является представителемъ личной и общественной свободы англичанъ. Псевдоклассическая относится къ обществу какъ къ малолѣтнему, котораго надобно водить на помочахъ.

Понятно, почему наше общество враждебно отнеслось и продолжаетъ относиться къ псевдоклассицизму.

Повидимому, этому противорѣчитъ то обстоятельство, что бо́льшая часть нашихъ городскихъ обществъ, спрошенныхъ о желаніи имѣть классическую или реальную гимназію, пожелали имѣть классическую и что нѣкоторыя земства и теперь ходатайствуютъ о преобразованіи уѣздныхъ училищъ въ классическія гимназіи. Одинъ изъ педагогическихъ журналовъ считаетъ всѣ эти ходайства и заявленія блистательнымъ доказательствомъ того, что наши городскія общества и земскіе гласные (не всегда умѣющіе читать) стоятъ на сторонѣ классическаго воспитанія и классическихъ гимназій.

Если «непохвально» возноситься подъ вліяніемъ дѣйствительнаго успѣха, то «достойно всякаго порицанія» обольщать себя успѣхомъ кажущимся. Большая часть ходатайствъ объ открытіи классическихъ гимназій и прогимназій объясняется многими причинами, но всего менѣе объясняется она, будто бы, распространеннымъ въ нашемъ обществѣ сознаніемъ пользы изученія греческаго и латинскаго языка.

Прежде всего замѣтимъ, что большинство городскаго и уѣзднаго населенія—народъ, трудомъ заработывающій насущный хлѣбъ, и потому, въ силу своего общественнаго и матеріальнаго положенія, крайне нуждающійся въ «народной школѣ,» которая за возможно дешевую плату сообщила бы ему возможно большее количество практически-полезныхъ знаній, и вовсе не интересующійся полнымъ, многостороннимъ, но сравнительно дорогимъ и не очевидно-хлѣбнымъ классическимъ воспитаніемъ. Большинство имѣетъ полное право сказать, что такое воспитаніе «не про насъ писано» и что оно, какъ «дѣло не подходящее» къ условіямъ его быта, совершенно не касается его интересовъ. Народъ также равнодушно можетъ подать голось за классическое воспитаніе, какъ и противъ него. Но онъ непремѣнно подастъ голосъ противъ него, если кто нибудь потрудится ему растолковать, что суммы, на счетъ которыхъ будутъ содержаться псевдоклассическія гимназіи, идутъ изъ государственнаго казначейства, а въ государственное казначейство попадаютъ изъ кармана такъ называемыхъ «податныхъ сословій».

Многимъ нашимъ журналамъ и практическимъ дѣятелямъ по части педагогіи недостаетъ вѣрнаго пониманія того, что такое классическое воспитаніе? (Это непониманіе и привело къ тому, что мы ошибочно приняли псевдоклассицизмъ за классическое воспитаніе). Можно ли требовать, чтобы люди, проведшіе весь свой вѣкъ за прилавкомъ и счетами, лучше понимали этотъ вопросъ... Классическое воспитаніе удовлетворяетъ болѣе сложнымъ интересамъ, чѣмъ тѣ интересы, которыми, по необходимости, онъ занятъ всю жизнь. Оно требуетъ болѣе многосторонняго и широкаго взгляда, чѣмъ тотъ взглядъ, который естественно преобладаетъ въ средѣ рабочаго населенія... Вотъ почему мы не придаемъ значенія авторитета педагогическому плебисциту, предложенному несколько лѣтъ тому назадъ на разрѣшеніе нашего общества.

Если большинство нашего общества высказалось тогда за классическія гимназіи, то разгадка утвердительныхъ отвѣтовъ заключается не въ пониманіи реализма классическаго воспитанія, но въ университетскомъ дипломѣ. Хотя университетское образованіе не имѣетъ никакой внутренней связи съ классическимъ воспитаніемъ, но у насъ совершенно произвольно привязали университетскій дипломъ къ окончанію классической гимназіи. Дипломъ этотъ, какъ извѣстно, вещь весьма облегчающая ходъ по службѣ и вообще не безполезная въ общежитіи. Каждый сколько нибудь достаточный отецъ семейства, желая своимъ дѣтямъ добра, желаетъ дать имъ университетское образованіе, или выражаясь точнѣе, желаетъ доставить ему университетскій дипломъ. Но въ университеты (совершенно несправедливо) прекращенъ входъ всѣмъ не знающимъ древнихъ языковъ. Къ (псевдо) классическому воспитанію привязали такимъ образомъ реальную приманку. Наше общество, приманки ради, ударилось въ классицизмъ. Подъ этимъ то косвеннымъ принужденіемъ, олицетворяемымъ университетскимъ дипломомъ, русское общество высказалось въ пользу классическихъ гимназій.

Но оно точно также выскажется, напримѣръ, въ пользу воспитанія, введеннаго Ликургомъ въ Спартѣ, если только современный законодатель возьметъ на себя трудъ исправить небольшое упущеніе, сдѣланное древнимъ философомъ, а именно, предоставитъ молодымъ спартіатамъ исключительное право на полученіе чиновъ IX и X класса и соединенныхъ съ оными правъ по службѣ.

Возсіяли бы тогда спартанскія добродѣтели.

Такимъ образомъ псевдоклассицизмъ, имѣя съ классическимъ воспитаніемъ одну точку соприкосновенія — изученіе классиковъ, расходится съ нимъ во всѣхъ остальныхъ. Къ этому слѣдуетъ еще прибавить, что и эта единственная точка соприкосновенія не составляетъ чего-то безусловно необходимаго, потому что, какъ мы выше сказали, цѣль классическаго воспитанія можетъ быть достигнута и при изученіи математическихъ наукъ, и при естественно-испытательномъ методѣ, и при изученіи новыхъ литературъ. Надобенъ только тактъ и исключительныя способности преподавателя для того, чтобы дать этимъ наукамъ свойства классическаго воспитанія.

У насъ хотѣли построить классическую школу на одномъ только изученіи классиковъ, безъ изсоединения всѣхъ другихъ условій, составляющихъ классическое воспитаніе, то есть не обративъ вниманія на физическое воспитаніе дѣтей, методъ ученія, самостоятельное развитіе личности воспитанника и независимый духъ всей корпораціи учебнаго заведенія. У насъ забыли, что изученіе классиковъ, безъ совокупности всѣхъ условій, дополняющихъ педагогическое значеніе классиковъ, можетъ быть классической ученостью, филологическимъ образованіемъ, но въ дѣлѣ воспитанія, какъ педагогическое средство, она будетъ потеряннымъ временемъ, утратитъ всякое реальное значеніе, сдѣлается прибѣжищемъ всякой ограниченности и тупаго трудолюбія, грозой независимаго ума и самобытнаго таланта. Отсюда вышелъ русскій «псевдоклассицизмъ». Все это упущено изъ виду нашей журналистикой въ спорѣ «за» и «противъ» классическаго воспитанія. Обѣ стороны спорили только на тему: «полезны или безполезны древніе языки?» Но они не приняли во вниманіе того, что классическіе языки еще не составляютъ классическаго воспитанія и что знаніе естественныхъ наукъ, само по себѣ, еще не есть реализмъ. Классическая школа должна имѣть свои корни гораздо глубже, чѣмъ въ одномъ только изученіи классиковъ. Она беретъ свои соки изъ всей обстановки учебнаго заведенія и изъ всей общественно-политической жизни страны. Классическая школа есть синонимъ личной и общественной свободы, и всякая свободная школа есть классическая школа ¹).

Мы показали выше насколько отсутствіе хорошихъ народныхъ школъ, дающихъ дешевое

---

¹) Нѣкоторые изъ гг. рецензентовъ, разбиравшихъ первую часть этого сочиненія, при ея появленіи, не знаю на какомъ основаніи, приписали мнѣ сочувствіе закрытымъ учебнымъ заведеніямъ. Но сочувствіе классической системѣ воспитанія, въ томъ видѣ, какъ мы понимаемъ эту систему, и сочувствіе закрытымъ учебнымъ заведеніямъ точно также несовмѣстно, какъ несовмѣстимы свобода и деспотизмъ, свѣтъ и время, право и безправіе. Классическая школа стремится къ свободному развитію личности воспитанника, даетъ ему возможность "расправить" всѣ свои способности, приготовляетъ его къ свободной общественной дѣятельности. Закрытая школа сознательно изолируетъ его отъ окружающей жизни для того, чтобы лучше примѣнять его (можетъ быть вопреки его желаніямъ и способностямъ) къ извѣстной предвзятой цѣли. Первая учитъ сознательному, основанному на житейской наблюдательности и многостороннемъ развитіи, выполненію долга, вторая внушаетъ ему уже готовую программу дѣятельности, предписываетъ взгляды на жизнь. Сторонникъ закрытыхъ учебныхъ заведеній, eo ipso, не можетъ быть сторонникомъ самостоятельности школъ и независимаго развитія личности, обусловливаемаго классическимъ воспитаніемъ.

и непосредственно-практическое образование массѣ людей недостаточныхъ, переполняетъ наши среднія учебныя заведенія учениками, не имѣющими средствъ въ теченіи многихъ лѣтъ существовать на средства своего семейства. Теперь намъ остается прибавить, что псевдоклассицизмъ, съ его физическими трудностями и практической безполезностью даетъ

Просимъ читателя обратить вниманіе на стр. 164— 171 первой части, на которыхъ говорится о томъ, что система учебныхъ заведеній должна сообразоваться съ естественнымъ раздѣленіемъ молодаго поколѣнія на два возраста." Уставъ 1864 года, по которому молодежь трехъ высшихъ классовъ подчинена той же школьной дисциплинѣ, какъ и дѣти 10—12 лѣтъ, какъ намъ кажется, нарушаетъ этотъ физическій законъ. Говоря о необходимости отдѣлить лицей отъ гимназіи, то есть три высшія класса отъ четырехъ низшихъ, молодежь 15—18 лѣтъ, отъ возраста до 14— 15 лѣтъ, я только выразилъ желаніе, чтобы педагогическая дисциплина соотвѣтствовала возрасту, то есть чтобы молодые люди 15—18 лѣтъ пользовались большей свободой и стояли въ возможно болѣе независимыхъ отношеніяхъ къ начальству. Если мы все-таки признаемъ необходимость педагогическаго начальства и для этого возраста, то это вовсе не значитъ, чтобы мы желали подчинить его порядку закрытыхъ учебныхъ заведеній. Мы хотимъ только освободить его отъ всѣхъ лишнихъ стѣсненій, которыя могутъ быть умѣстны въ 10 лѣтъ, но которыя никуда не годятся въ 17.

окончательное объясненіе тому печальному факту, что огромное большинство поступающих въ наши гимназіи не оканчиваетъ ихъ, что въ харьковскихъ гимназіяхъ едва половина достигаетъ до 5 класса, а въ курской на 100 учащихся оканчиваетъ курсъ только два ученика. Дѣло просто. Большинству гимназистовъ гимназическій курсъ, съ его двойнымъ классицизмомъ (греко-латинскимъ и церковно-славянскимъ), двумя новыми языками, русскимъ языкомъ и множествомъ постороннихъ предметовъ, рѣшительно не по силамъ. Надобны недюжинныя способности, не юношеское прилежаніе и не дѣтское здоровье для того, чтобы, въ молодые годы, одолѣть всю эту массу трудно пріобрѣтаемаго знанія.

Пора наконецъ сознаться, что наши псевдоклассическія гимназіи даютъ самое неклассическое воспитаніе. Онѣ только носятъ имя классическихъ, но, по обстановкѣ, направленію и результатамъ, въ нихъ также мало классическаго какъ и въ нашихъ семинаріяхъ. Чтобъ создать русскую классическую школу, необходимо, прежде всего, освободить ее отъ псевдоклассицизма.

С.-Петербургъ,
10 марта, 1871 г.

I.

Два разряда народных школ.

Не скрываемъ отъ себя затрудненій, представляющихся каждому, кто начнетъ, въ настоящее время, говорить о народномъ образованіи и въ особенности о томъ, какая форма народныхъ школъ нужна для Россіи.

Вопросъ о народныхъ школахъ въ Россіи своего рода tabula rasa. Коснувшись этого вопроса, приходится изучать почти нетронутую почву, составлять проекты вмѣсто того, чтобъ анализировать дѣйствительность, убѣждать, не имѣя подъ рукой фактовъ, ежеминутно соображаться съ ограниченностью средствъ русскаго общества и новизною дѣла и постоянно имѣть въ виду невозможность установить общую норму. Вотъ причина, почему рѣшенія нѣкоторыхъ земскихъ собраній отличаются уклончивостью и противорѣчіями вездѣ, гдѣ рѣчь коснется народныхъ школъ. Такое отношеніе земствъ къ мѣстному народному образованію скорѣе указываетъ на желаніе не ошибиться, чѣмъ на стремленіе окончательно рѣшить вопросъ.

Нельзя обвинять земство въ медленности разрѣшенія вопросовъ о формѣ устройства народныхъ школъ. Дѣло это слишкомъ новое, почти неимѣющее примѣровъ въ прошломъ. Не преувеличивая, можно сказать, что до сихъ поръ у насъ только и существовали учебныя заведенія, разсчитанныя для болѣе или менѣе достаточнаго меньшинства, а не для массы народа. У насъ были (хотя и плохія) общественно-воспитательныя учебныя заведенія, но не было народно-образовательныхъ, народныхъ школъ. Вопросъ о послѣднихъ только недавно поставленъ на очередь. Не только наши гимназіи, университеты, лицеи, училище правовѣдѣнія, призванные для того, чтобъ служить интересамъ высшаго образованія, устроены не для массы населенія, но даже уѣздныя училища, призваніе которыхъ гораздо болѣе общенародно, устроены такимъ образомъ, что на самомъ дѣлѣ они годятся только для людей относительно достаточныхъ. Мужику въ нихъ нечего дѣлать. Члены народной массы могутъ, только въ видѣ исключенія, попадать даже въ уѣздныя училища. Мы не говоримъ о томъ, что подлежитъ

сильному сомнѣнію: много ли, изъ уѣзднаго училища, нашъ крестьянинъ и ремесленникъ вынесетъ полезнаго для своей среды и для тѣхъ
занятій, которыя будутъ кормить его цѣлую
жизнь.

Итакъ, для удовлетворенія образовательныхъ
потребностей массы народа у насъ почти ничего
не сдѣлано, а то, что сдѣлано, появилось лишь
«со вчерашняго дня». Единственно раціональный выходъ изъ этого затруднительнаго положенія заключается въ признаніи полнаго права мѣстностей регулировать свои народныя
школы, сообразно мѣстнымъ потребностямъ населенія и наличнымъ средствамъ, имѣющимся
у земства и общинъ. Съ измѣненіемъ уровня
образованія и достатка народныхъ массъ, съ
перемѣною торговыхъ и промышленныхъ условій той или другой мѣстности, можетъ измѣняться и система народныхъ школъ. Ошибки
вначалѣ неизбѣжны; но, по мѣрѣ накопленія
опыта, будутъ исправляться ошибки въ школьномъ дѣлѣ и улучшаться самыя школы.

Поэтому, не вдаваясь въ подробности, которыя могутъ быть опредѣлены только на мѣстѣ,
и притомъ отдѣльно для каждаго случая, мы
постараемся опредѣлить только общія условія,

которыя встрѣчаются вездѣ и удовлетворять которымъ должны всѣ народныя школы.

Эти общія данныя могутъ быть выражены такимъ образомъ:

Потребность массы народа въ образованіи въ настоящее время, раздѣляется на два уровня. Первый обнимаетъ самое необходимое. Это то, что называется у насъ «грамотностью». Грамотность составляетъ общій, одинаковый для всѣхъ, фундаментъ народнаго образованія. Вѣковой практикой сложился кругъ знаній, составляющихъ русскую грамотность. Сюда входитъ: умѣнье читать и писать, знаніе основныхъ догматовъ того исповѣданія или секты, къ которой принадлежитъ ученикъ, краткая священная исторія и ариѳметика. Желательно было бы присоединить сюда, хотя поверхностное, ознакомленіе съ событіями отечественной исторіи. Для преподаванія народу грамотности существуютъ приходскія школы въ селахъ и городахъ. Такъ какъ «приходъ» есть понятіе церковное, а приходскія школы могутъ существовать и внѣ церковнаго вліянія, то, во избѣжаніе недоразумѣній, мы будемъ называть ихъ «общинными» или «начальными» школами.

По части устройства общинныхъ (начальныхъ) школъ, у насъ кое-что уже сдѣлано.

Можно желать, чтобъ училища этого разряда имѣли лучшихъ учителей, были лучше снабжены учебными пособіями и помѣщеніемъ, чтобъ на извѣстное число душъ, составляющихъ сельское и городское населеніе каждаго уѣзда, приходилось болѣе такихъ школъ... Но въ ожиданіи, пока осуществятся всѣ эти желанія, намъ остается утѣшать себя тѣмъ фактомъ, что земствомъ каждаго уѣзда хотя что-нибудь уже сдѣлано по части устройства народныхъ школъ, предназначенныхъ для распространенія грамотности, и если что-нибудь ими дѣлается, то именно по части устройства этой категоріи школъ.

Но грамотность только на половину удовлетворяетъ стремленію народной массы къ образованію. Напрасно думаютъ, что чтеніемъ «Апостола» въ церкви и умѣньемъ росписаться за неграмотныхъ понятыхъ ограничивается все ученое честолюбіе крестьянина — все, что онъ знаетъ и надѣется извлечь изъ ученія. Крестьянскому населенію каждаго уѣзда, мѣщанамъ, ремесленникамъ, вообще всѣмъ людямъ относительно небогатымъ, постоянно встрѣчается надобность въ спеціальныхъ знаніяхъ, необходимыхъ въ сельскомъ хозяйствѣ: при отправленіи какихъ-нибудь служебныхъ обязанностей, требующих технической подготовки при завѣдываніи какою-нибудь частью фабричнаго и заводскаго производствъ, для того, чтобъ поставить свою мастерскую въ уровень съ мастерскою сосѣда-иностранца и т. д. Отсюда второй, высшій уровень образовательныхъ потребностей массы народа. Земства точно также призваны удовлетворить стремленію народа къ «спеціально-практическому образованію», какъ и желанію его сдѣлаться грамотнымъ.

Поэтому, устройство общинныхъ школъ, распространяющихъ въ народѣ грамотность, составляетъ только половину педагогической задачи земства. Принимая въ соображеніе, что относительно небогатая часть населенія всякаго уѣзда ищетъ въ школѣ не только общаго образованія (грамотности), но и возможности извлечь изъ науки непосредственно полезное и приложимое, нельзя не пожелать, чтобъ населеніе каждой мѣстности, у себя подъ рукой, напримѣръ, въ каждомъ уѣздномъ городѣ, имѣло такое училище, которое давало бы ему средство нетолько пріобрѣсти нѣсколько высшее сравнительно съ грамотностью, общее образованіе, но и познакомиться съ теоретическою стороной своей будущей спеціальности, если эта спеціальность принадлежитъ къ числу наболее необходимыхъ и употребительныхъ въ данной мѣстности. Сельскому населенію, прежде всего, необходима агрономія, комерческому—торговыя знанія и бухгалтерія, завѣдывающему чѣмъ-нибудь на сахарномъ заводѣ—необходимо знаніе главныхъ химическихъ пріемовъ, въ горныхъ округахъ—геологія, въ нѣкоторыхъ мѣстностяхъ—механика, вблизи фарфоровыхъ, ситцевыхъ и шелковыхъ фабрикъ—рисованіе, въ мѣстностяхъ, гдѣ развито скотоводство и коннозаводство, необходимо распространять въ народѣ ветеринарныя свѣдѣнія и т. д.

Разумѣется, нельзя ожидать, что вся масса народа въ такой же степени воспользуется возможностью получить спеціальное образованіе, какъ и возможностью усвоить грамотность. Высшія народныя школы будутъ стоить дороже, чѣмъ общинныя (начальныя), и какъ бы дешево ни стоило ученіе въ нихъ, оно, всетаки, будетъ стоить дороже ученія въ сельской школѣ. Не всякій крестьянскій мальчикъ попадетъ въ высшую народную школу, хотя можно ожидать, что, въ болѣе или менѣе непродолжительномъ времени, каждый мальчикъ будетъ посѣщать сельскую школу. Но все это нисколько не измѣняетъ того факта, что народныя школы, между прочимъ, призваны удовлетворить потребность народа въ теоретическомъ знакомствѣ съ своей спеціальностью, и что земство каждаго уѣзда и каждой губерніи должно позаботиться, чтобъ народныя школы, на ряду съ общимъ образованіемъ рабочаго класса, распространяли и техническое, которое увеличило бы доходность его земель, подняло бы заработную плату населенія и, въ общей сложности, увеличило бы цѣну труда и производительность страны.

Вездѣ, гдѣ общество или частныя лица обращали серьезное вниманіе на образованіе народныхъ массъ и не желали ограничить своихъ заботъ однимъ только формальнымъ служеніемъ народному дѣлу, всегда обращалось вниманіе нетолько на грамотность, но и на техническое образованіе рабочаго класса. Мы не будемъ указывать на заграничныя школы, но позволимъ себѣ напомнить, какъ смотрѣли на этотъ предметъ въ Россіи еще во время крѣпостнаго права.

Почти всѣ наши прежніе дѣятели на поприщѣ народнаго образованія основывали школы нетолько въ видахъ распространенія грамотности, но и улучшенія сельскаго хозяйства или мѣстной промышленности. Считая нелишнимъ привести подлинныя мнѣнія и факты.

Помѣщикъ Н. С. Стремоуховъ — замѣчатель

ший тѣмъ, что съ 1835 года всѣ мальчики и дѣвочки его имѣнія ходили въ школу, и что въ 1844 году между крестьянками его имѣнія не было неграмотныхъ моложе тридцати лѣтъ—въ запискѣ, поданной московскому обществу сельскаго хозяйства, высказываетъ мысль, что русскому крестьянину, сверхъ грамотности, необходимы «предметы дальнѣйшаго образованія», къ числу которыхъ онъ, между прочимъ, относитъ «начала рисованія, способствующія изображенію различныхъ орудій, машинъ, инструментовъ, къ расположенію и произведенію построекъ и къ улучшенію всѣхъ вообще мастерствъ и рукодѣлій; начала естественной исторіи, въ особенности ботаника; изъ медицины и ветеринарной науки, чтобъ (крестьяне) могли ходить за больными, знать и оказывать нужнѣйшія и простѣйшія пособія людямъ и животнымъ; начало физики и химіи, сколько то нужно для земледѣлія и хозяйства».

Купцы Прохоровы, устроившіе въ Москвѣ школу для своихъ фабричныхъ и удостоившіеся особеннаго вниманія покойнаго государя, ввели въ число предметовъ, преподаваемыхъ въ этой школѣ, «рисованіе линейное и узорчатое, и теоретическое объясненіе нѣкоторыхъ мастерствъ ихъ фабрики». Цѣль учрежденія школы

Прохоровыхъ заключалась въ томъ, чтобъ, кромѣ общаго образованія, необходимаго рабочему, «посредствомъ преподаваемыхъ наукъ, произвести ученыхъ мастеровъ, которые знали бы свое дѣло совершенно правильнымъ образомъ, а не по одному только навыку, а также, чтобъ наши отечественные мастера могли, сколько можно, замѣнять иностранныхъ, черезъ что мы менѣе имѣли бы въ нихъ надобности. Гг. Прохоровы были такъ довольны поведеніемъ и прилежаніемъ своихъ учениковъ, что черезъ нѣсколько лѣтъ имъ уже было тяжело имѣть дѣло съ неподготовленными ихъ школой рабочими.

Приведемъ еще одно свидѣтельство. Въ нижнетагильскомъ имѣніи г. Демидова было учреждено училище, на правахъ уѣзднаго, въ которомъ, между прочимъ, преподавались: ариѳметика, геометрія, основанія механики и практическое горнозаводское искуство, то-есть давалось народу образованіе, примѣненное къ потребностямъ горныхъ округовъ. Донесеніе управляющихъ заводами г. Демидова, отъ 9-го іюля 1847 года, не лишено интереса и современнаго значенія. Оно положительно свидѣтельствуетъ, что распространеніе образованія не только очевидно увеличило народное благосостояніе, но имѣло вліяніе на судьбу самыхъ заводовъ, потому что работы годъ отъ году совершенствовались, плавка и ковка металловъ улучшилась согласно ходу горныхъ наукъ, разработывались новые рудники и пріиски, и въ концѣ-концовъ увеличились доходы какъ правительства, такъ и владѣльца завода [1].

Если бы встрѣтилась надобность, мы могли бы привести много примѣровъ того, что и въ прежнее время, если кто начиналъ заботиться въ Россіи объ образованіи народа, то на ряду съ общимъ образованіемъ не пренебрегалъ и техническимъ и что вообще техническое образованіе считалось тогдашними дѣятелями существенною и наиболѣе полезною частью народнаго образованія. Замѣтимъ при этомъ, что стремленіе содѣйствовать народному образованію, составляющее теперь прямую обязанность земства, было долго простой филантропіей...

Оставить, въ настоящее время, безъ вниманія потребность народа въ техническомъ образованіи, примѣненномъ къ его средствамъ и къ мѣстнымъ промышленымъ условіямъ, значило бы сдѣлать для народнаго образованія менѣе,

---

[1] «О всенародномъ распространеніи грамотности въ Россіи». 1849.

чѣмъ въ свое время сдѣлали единоличныя силы помѣщика и купца. Но можно ли сравнивать средства и побужденія какого нибудь дѣятеля 30 годовъ съ средствами и экономическими цѣлями любого изъ земскихъ собраній? Трудно допустить мысль, чтобъ, черезъ десять лѣтъ по освобожденіи крестьянъ и черезъ пять послѣ открытія земской дѣятельности въ разныхъ мѣстностяхъ Россіи, для народа хотѣли сдѣлать, и можно было сдѣлать менѣе, чѣмъ сорокъ лѣтъ назадъ сдѣлали гг. Стремоуховъ, Прохоровъ и Демидовъ. И такъ, до тѣхъ поръ пока земскія собранія всѣхъ губерній и уѣздовъ не удовлетворятъ потребностямъ населенія въ усвоеніи высшаго уровня народнаго образованія, а будутъ ограничивать свои заботы только граматностью, учрежденіе народныхъ школъ каждой губерніи и уѣзда нельзя считать дѣломъ вполнѣ оконченнымъ. Другими словами: необходимо основать въ каждомъ уѣздѣ, по крайней мѣрѣ, одно высшее народное училище, въ которомъ, сверхъ предметовъ общаго образованія, преподавались бы нѣкоторые спеціальные, пригодные въ сельскомъ хозяйствѣ, на фабрикѣ, въ мастерской, на заводѣ... Всякое земство несетъ на себѣ, если не юридическую, то нравственную обязанность сдѣлать то, что въ свое время было сдѣлано гг. Демидовымъ, Прохоровыми и чего желалъ Стремоуховъ. Всякое земство, открывшее въ своемъ уѣздѣ, болѣе или менѣе, значительное количество начальныхъ школъ и, затѣмъ, отмѣтившее это дѣло оконченнымъ и требующимъ только ежегоднаго педагогическаго ремонта, будетъ земствомъ, остановившимся на половинѣ дороги, ограничившимся формальною стороной дѣла, вмѣсто того, чтобъ вникнуть въ его сущность.

Само собою разумѣется, что всего, чему призваны удовлетворить высшія народныя школы, нельзя, въ одно и то же время, соединить въ одной и той же высшей народной школѣ. Это потребовало бы большихъ издержекъ и было бы непрактично. Но нельзя сомнѣваться, что еслибъ земства, повсемѣстно, пришли къ сознанію своей обязанности учредить высшую народную школу, то въ непродолжительное время выработается такой порядокъ, въ силу котораго мѣстности будутъ мѣниться спеціальными направленіями своихъ высшихъ народныхъ школъ и дополнять одна другую. Предположивъ, что въ Тулѣ откроется высшая народная школа съ курсомъ механики, нельзя не предположить, что образованные ею механики появятся вездѣ, гдѣ требуется трудъ механика, и что нѣсколько крестьянскихъ мальчиковъ другихъ мѣстностей, почувствовавъ призваніе быть механиками, поступятъ въ тульскую механическую школу. То же надобно сказать о воспитанникахъ такой народной школы, гдѣ преимущественно будетъ обращено вниманіе на химію, и т. д.

Надобно ли прибавлять, что если природа такъ разнообразитъ мѣстности Россіи, то именно вслѣдствіе этого разнообразія, тульская высшая народная школа, по устройству, издержкамъ и прочимъ приспособленіямъ, не можетъ во всемъ походить на екатеринбургскую, вмѣстѣ народныя школы заволжскаго края — на школы какого-нибудь портоваго города, точно такъ же какъ нижнетагильская школа г. Демидова не походила на московскую купцовъ Прохоровыхъ.

Въ частности, обращаясь къ большинству мѣстностей Россіи, нельзя не замѣтить, что населеніе у насъ преимущественно земледѣльческое, что земледѣліе — наша будущность. Слѣдовательно, желательно, чтобъ у насъ было основано какъ можно болѣе такихъ высшихъ народныхъ школъ, которыя распространяли бы въ народѣ дешевое агрономическое образованіе, примѣненное къ потребностямъ крестьянскаго

...хозяйства и незатѣйливаго помѣщичьяго данной мѣстности. Нисколько не уменьшая значенія промышленыхъ успѣховъ Россіи, мы скажемъ, что для большинства русскаго народа благосостояніе немыслимо внѣ успѣховъ земледѣлія. Но въ университетъ и земледѣльческую академію попадетъ не всякій, да и не всякій, окончившій курсъ въ университетѣ и земледѣльческой академіи, поѣдетъ въ какую-нибудь глушь, чтобъ завѣдывать грошовымъ хозяйствомъ. А между тѣмъ, именно изъ этихъ грошовыхъ хозяйствъ составляется громадный и, что еще важнѣе, наиболѣе правильно распредѣленный народный капиталъ. Слѣдовательно, кромѣ агрономовъ, Россіи надобны недорогіе спеціалисты по части земледѣлія, выучившіеся на «мѣдные гроши». Гдѣ нельзя взять качествомъ, мы можемъ взять количествомъ. Было бы желательно, чтобъ большая часть высшихъ народныхъ школъ приняла на себя обязанность создавать именно этихъ дешевыхъ спеціалистовъ по части земледѣлія, которые, въ общей сложности, болѣе подвинули бы наше сельское хозяйство, нежели дорогіе ученые, но рѣдкіе агрономы.

Просматривая газетныя извѣстія объ открытіи въ различныхъ мѣстностяхъ Россіи такихъ народныхъ школъ, которыя, по своему спеціальному направленію, могутъ быть отнесены къ категоріи высшихъ народныхъ училищъ, мы замѣчаемъ странный пробѣлъ — недостаетъ именно школъ съ земледѣльческимъ курсомъ...

Вотъ нѣсколько наиболѣе выдающихся извѣстій объ основаніи въ прошедшемъ году школъ, призванныхъ удовлетворять потребностямъ народа въ теоретическомъ знакомствѣ съ какой нибудь спеціальностью.

Виндавское городское общество представило проектъ учрежденія двухкласснаго мореходнаго училища. Такія же школы предположено основать въ Фридрихштадтѣ и Херсонѣ.

Правленіе волжско-донской желѣзной дороги просило объ открытіи въ Царицынѣ школы, примѣненной къ желѣзнодорожному дѣлу, для дѣтей лицъ, занимающихъ низшія должности по управленію. Правленіе заявило, что оно надѣется такимъ образомъ избавиться отъ необходимости принимать на службу неблагонадежныхъ должностныхъ лицъ, что теперь случается довольно часто. На содержаніе школы общество полагаетъ отпускать ежегодно 1,300 рублей. Слышно также, что правленіе курско-азовской дороги, на основаніи тѣхъ же соображеній, имѣетъ въ виду основать желѣзнопорожния училища въ нѣсколькихъ пунктахъ на протяженіи дороги.

Оренбургское общество учредило въ Оренбургѣ ремесленное училище для 20-ти воспитанниковъ. Полный курсъ—5 лѣтъ. Предметы преподаванія: законъ божій, русскій языкъ, ариѳметика, начальныя правила геометріи, механика, физика, химія; мастерства: кузнечное, слесарное, столярное, токарное и проч. Училище будетъ содержаться насчетъ 2,000 рублей, ежегодно отчисляемыхъ отъ городскихъ доходовъ, и такой же, приблизительно, суммы, вносимой торговыми лицами при полученіи свидѣтельствъ на право торговли.

Кіевъ служитъ примѣромъ города, имѣющаго большой капиталъ, асигнованный на народное образованіе. Согласно высочайше заявленной мысли, кіевское городское общество положило капиталъ, собранный на сооруженіе каменныхъ тріумфальныхъ воротъ, обратить на учрежденіе въ Кіевѣ ремесленной школы. Капиталъ этотъ, со вносами купечества, составитъ 29,000 р. Сверхъ того, капитанъ Левинъ для этой же школы пожертвовалъ 22,000 р. с.

Изъ прежнихъ школъ не можемъ не упомянуть о хотинской школѣ (Басарабская Область). Ученикамъ хотинскаго уѣзднаго училища, по почину г. смотрителя, дана возможность обучаться разнымъ ремесламъ. Мы слышали, что дѣло это, начатое при самыхъ ограниченныхъ средствахъ, идетъ теперь превосходно.

Но много ли значатъ всѣ эти школы для пространства и населенія Россіи?

Въ связи съ вопросомъ объ учрежденіи высшихъ народныхъ школъ съ спеціальнымъ направленіемъ, приспособленнымъ къ мѣстнымъ потребностямъ края, слѣдуетъ разсмотрѣть слѣдующіе вопросы: 1) объ учрежденіи школы, подготовляющей сельскихъ учителей для данной мѣстности; 2) о мѣрахъ, содѣйствующихъ къ тому, чтобъ сельскія школы, учреждаемыя или поддерживаемыя на счетъ земства, посѣщались учениками, и 3) о продолжительности курса народно-образовательныхъ, то-есть, сельскихъ (общинныхъ, начальныхъ) школъ и высшаго народнаго училища.

Екатерининскій институтъ сельскихъ учителей, основываемый въ Тамбовѣ на капиталъ, пожертвованный г. Нарышкинымъ, разумѣется, не можетъ обезпечить сельскими учителями школы всей Россіи. Мы надѣемся, что онъ сдѣлаетъ много, но онъ не можетъ сдѣлать всего [*].

---

[*] Екатерининскій учительскій институтъ, въ текущемъ 1871 году, предположилъ помѣстить болѣе

каждая местность должна сама позаботиться о подготовкѣ сельскихъ учителей для своихъ школъ. При этомъ слѣдуетъ замѣтить, что земства должны при самомъ началѣ дѣла озаботиться подготовленіемъ сельскихъ учителей, потому что безъ хорошихъ учителей всѣ затраты земства на школы ни къ чему не приведутъ. Доказательствомъ того, какъ трудно пріискать лицъ, способныхъ къ этой должности, служатъ нетолько наши школы, появившіяся со вчерашняго дня, но даже прусскія, на которыя уже давно обращено вниманіе общества и правительства. Статистическія данныя показываютъ, что въ Пруссіи, изъ 1,280 ежегодно открывающихся учительскихъ вакансій только 850 замѣщаются способными учи-

---

домыхъ пансіонеровъ. Въ немъ получаютъ воспитаніе и полное содержаніе на счетъ процентовъ съ основнаго капитала 36 воспитанниковъ, именуемыхъ екатерининскими. Въ текущемъ году откроется около 20 екатерининскихъ вакансій и можетъ быть принято столько же стипендіантовъ земства, сельскихъ обществъ и другихъ вѣдомствъ (См. Объявленіе Директора Екат. Учит. Инстит.). Эти цифры показываютъ, что екатерининскій учительскій институтъ можетъ обеспечить учителями народныя училища Тамбовской губерніи. Но большая часть мѣстностей Россіи должна сама озаботиться о томъ, чтобъ устроить у себя подобные же институты.

телями, а 430, то-есть, болѣе трети, замѣщаются какъ-нибудь [1]). Что же будемъ дѣлать мы, если своевременно не примутся мѣры къ образованію сельскихъ учителей?

Для прочнаго обезпеченія въ будущемъ сельскихъ школъ глуховскаго уѣзда хорошо подготовленными учителями, земское собраніе, постановленіемъ 4-го октября 1868 года, приняло слѣдующую мѣру: «Назначить, по крайней мѣрѣ на 10 лѣтъ, пять стипендій, по 60 р. каждая, при учреждаемой въ Глуховѣ (классической) прогимназіи, съ тѣмъ, что эти стипендіаты обязаны прослужить учителями въ школахъ извѣстное число лѣтъ, опредѣленное въ свое время земскимъ собраніемъ гг. гласныхъ».

Вполнѣ сочувствуя желанію земства исподволь подготовить сельскихъ учителей, мы не можемъ, однако, не замѣтить, что прежде чѣмъ вполнѣ положиться на мѣру, предлагаемую земскимъ собраніемъ, необходимо обратить вниманіе на слѣдующее:

Большинство воспитанниковъ классической прогимназіи, учреждаемой въ Глуховѣ, будетъ принадлежать къ возрасту отъ 10 до 14 лѣтъ. Стипендіаты же, предназначаемые для долж-

---

[1]) Кольбъ—«Сравнительная статистика, I, 156».

…сти сельскаго учителя, должны быть гораздо старше, для того, чтобъ они имѣли возможность сознательно взяться за свое дѣло и сознательно приготовлять себя къ выполненію извѣстнаго рода обязанностей. Не произведетъ ли соединеніе двухъ различныхъ возрастовъ дисонанса въ общемъ характерѣ классической прогимназіи?

Затѣмъ, обратимъ вниманіе на слѣдующее противорѣчіе. Курсъ классической прогимназіи долженъ быть организованъ въ духѣ общеобразовательномъ. Подготовка же сельскихъ учителей требуетъ, вопервыхъ, отдѣльныхъ педагогическихъ курсовъ, которые теоретически ознакомили бы будущихъ дѣятелей на поприщѣ народнаго образованія съ различными методами обученія народа и, вовторыхъ, въ дополненіе къ теоретическимъ занятіямъ, необходимъ курсъ спеціальныхъ практическихъ занятій. Спрашивается: стоитъ ли учреждать все это для пяти стипендіатовъ классической школы? Если всѣ пять стипендій будутъ стоить земству только 300 руб. сер. въ годъ, то нѣтъ никакого сомнѣнія, что дѣльный педагогическій курсъ съ хорошо организованными практическими занятіями обойдется вдесятеро дороже. И все это для того, чтобъ имѣть нѣкоторое основаніе надѣяться ежегодно выпускать пять сельскихъ учителей, изъ которыхъ многіе не будутъ получать и 100 р. жалованья! Мы уже не говоримъ, что одинъ уѣздъ врядъ ли можетъ имѣть довольно средствъ, чтобъ организовать полные теоретическій и практическій курсы для сельскихъ учителей.

Наконецъ, полезно, чтобъ сельскій учитель былъ знакомъ не съ одною только педагогіей, но и съ другими предметами, которые имѣютъ ежедневный житейскій интересъ и преподаваніе которыхъ не входитъ въ кругъ занятій классической прогимназіи. Для примѣра возьмемъ естественныя науки въ ихъ приложеніи къ сельскому хозяйству. Чтобъ сблизить учителя съ сельскимъ населеніемъ данной мѣстности, необходимо, чтобъ онъ понималъ что-нибудь въ хозяйствѣ. Слѣдовательно, для 5-ти стипендіатовъ надобно открыть особый курсъ естественныхъ наукъ, что опять потребуетъ отъ глуховскаго земства не мало лишнихъ расходовъ.

Вотъ причина, почему мы сомнѣваемся въ томъ, чтобъ принятая глуховскимъ земскимъ собраніемъ мѣра дѣйствительно обезпечила мѣстныя сельскія школы хорошими учителями, хотя, еще разъ повторяемъ, нельзя не отве-

...лись вполнѣ сочувственно къ самой мысли земства о необходимости заранѣе подготовлять сельскихъ учителей.

Врядъ ли можно надѣяться достигнуть этой цѣли отдѣльными средствами одного уѣзда, какъ бы онъ ни былъ богатъ и обширенъ. Не лучше ли войти по этому предмету въ соглашеніе съ губернскимъ земскимъ собраніемъ, чтобъ на общій счетъ, при высшей народной школѣ одного изъ уѣздовъ губерніи, открыть особые педагогическіе курсы для сельскихъ учителей? Въ эту школу поступили бы стипендіаты со всей губерніи, приблизительно около 100 человѣкъ. На общій счетъ нѣсколькихъ уѣздовъ можно будетъ выполнить задачу обезпеченія народныхъ школъ сельскими учителями гораздо солиднѣе, чѣмъ на счетъ одного уѣзда. Для 100 человѣкъ можно устроить лучшіе педагогическіе курсы, чѣмъ для 5-ти стипендіатовъ глуховской классической прогимназіи.

Переходимъ теперь ко второму вопросу — о мѣрахъ, содѣйствующихъ тому, чтобъ сельскія школы, учреждаемыя и поддерживаемыя на счетъ земства, посѣщались учениками; другими словами: какимъ образомъ наполнить школу прилежными учениками? Глуховское земское собраніе принимаетъ для этого слѣдующія мѣры: «открывать школы только тамъ, гдѣ общества дадутъ приговоръ снабжать школу безвозмездно отопленіемъ, благовременно заготовлять это топливо и чтобъ родители не отказывались посылать своихъ дѣтей въ школу. Мы смотримъ на этотъ вопросъ нѣсколько иначе. Если въ школахъ будутъ учить плохо и если ученіе, вообще, не будетъ идти далѣе чтенія «Апостола» и умѣнья росписаться за неграмотнаго, то никакіе приговоры не заставятъ массу народа посѣщать сельскія школы. Народу надо показать примѣры болѣе осязательной пользы. Высшія народныя школы поощрили бы массу рабочаго класса стремиться въ школу. Съ основаніемъ училища, въ центрѣ три года создающаго агронома, ученаго садовника, сахаровара и т. д., народъ, кромѣ нравственнаго побужденія учиться, получаетъ еще матеріальное. Нѣсколько примѣровъ того, что ученикъ высшей народной школы здѣсь же, по сосѣдству, займетъ мѣсто выписаннаго изъ-заграницы техника-иностранца, принесетъ дѣлу народнаго образованія, въ данной мѣстности, несравненно болѣе пользы, чѣмъ всѣ приговоры общества объ отопленіи сельскихъ школъ и о томъ, что родители должны неуклонно посылать въ нихъ своихъ дѣтей. Сдѣлайте школы действительно полезными для народа, и народъ устремится къ нимъ.

Третій вопросъ — продолжительность курса народно-образовательныхъ учебныхъ заведеній.

Прежде, чѣмъ разрѣшать этотъ вопросъ, слѣдуетъ съ точностью опредѣлить матеріальныя средства того класса, образовательнымъ потребностямъ котораго преимущественно должны удовлетворить наши общинныя (начальныя) школы и высшія народныя училища.

Народныя школы учреждаются преимущественно для людей, необезпеченныхъ матеріально, неимѣющихъ возможности ни посвятить ученію слишкомъ много времени, ни тратить на ученія относительно много денегъ. Поэтому, лучшею системою народныхъ школъ будетъ та, которая за возможно дешевую плату будетъ доставлять массѣ населенія возможно большее количество полезныхъ знаній. Слѣдовательно, курсъ какъ общинныхъ школъ, такъ и высшаго народнаго училища долженъ быть какъ можно болѣе сокращенъ. Въ немъ должно быть все необходимое и ничего лишняго.

Опытъ показалъ, что грамотность усвоивается ученикомъ среднихъ способностей, при поурочномъ методѣ обученія, въ два года. Въ двухлѣтній курсъ можетъ быть включено нетолько умѣнье читать и писать, но и знаніе четырехъ правилъ ариѳметики, священная исторія и краткая исторія Россіи. Но не слѣдуетъ забывать, что всему этому ученики выучиваются только въ хорошихъ начальныхъ школахъ, при раціональномъ методѣ ученія. У нашихъ причетниковъ (мы говоримъ не о почтенныхъ исключеніяхъ, но о большинствѣ) въ два года они рѣдко выучиваются даже читать и писать и никогда не выучиваются всему остальному, входящему въ курсъ грамотности.

Продолжительность курса въ высшихъ народныхъ училищахъ не можетъ подойти подъ одну общую норму, потому что спеціальные предметы, которые необходимо ввести въ преподаваніе каждой школы, различны, смотря по мѣстнымъ условіямъ. Каждый изъ этихъ предметовъ требуетъ неодинаковаго времени для изученія. Сокращенный курсъ агрономіи можно пройти въ два года и даже въ одинъ; курсъ же ветеринарнаго искуства потребовалъ бы не менѣе трехъ.

Возьмемъ, для примѣра, земледѣльческую мѣстность, въ которой земство пожелало бы устроить высшую народную школу съ двухлѣтнимъ курсомъ агрономіи. Полный курсъ народнаго образованія въ такой мѣстности потре-

...бовать бы у крестьянина четыре года: два въ начальной школѣ своего роднаго селенія и два въ высшей народной школѣ съ агрономическимъ курсомъ.

Было бы полезно сдѣлать примѣрную смѣту стоимости курса въ народныхъ школахъ (Предполагаемъ, что всѣ четыре года ученикъ не пользуется никакими льготами и пособіями отъ общества, но какъ въ начальной школѣ, такъ и въ высшей народной школѣ содержится на собственный счетъ или на счетъ своей семьи). Но мѣстныя условія такъ разнообразны, что никакой общій бюджетъ въ настоящемъ случаѣ невозможенъ, нельзя сказать во что обойдется ученику или его семейству столъ, квартира, одежда. Онъ можетъ пользоваться всѣмъ этимъ на болѣе выгодныхъ условіяхъ, благодаря родственнымъ связямъ, знакомству, дешевизнѣ жизни и т. д. И такъ, вмѣсто бюджета стоимости народно-образовательнаго курса мы можемъ только высказать желаніе, чтобы стоимость этого курса не превышала извѣстной цифры.

Предполагая, что образованіе въ начальной школѣ будетъ обходиться крестьянину въ десять рублей ежегодно, а въ высшей школѣ будетъ стоить шестьдесятъ рублей въ годъ (мы беремъ эту цифру потому, что глуховское земское собраніе предполагаетъ выдавать по шестидесяти рублей стипендіатамъ на должность сельскаго учителя), весь курсъ народнаго образованія обойдется нашему крестьянину, ремесленнику и вообще человѣку недостаточному для того, чтобъ кончить ученіе въ гимназіи и университетѣ, въ 140 рублей [1]. Найдутся мѣстности, гдѣ полный народно-образовательный курсъ будетъ стоить еще дешевле. Не всякій крестьянинъ можетъ удѣлить эту сумму для своего сына, но найдется много крестьянъ, которые не пожалѣютъ въ четыре года истратить 140 руб. съ тою цѣлью, чтобъ за эту сумму усвоить, сверхъ общаго образованія, техническое, дающее возможность получать жалованье возвышенное и обезпечивающее на всю жизнь. Су-

---

[1] За своекоштныхъ воспитанниковъ екатерининскаго тамбовскаго института вносится плата — 180 р. въ годъ за каждаго. Это ровно вдвое противъ того, что предположило выдавать глуховское земство. Не входя въ соображенія о томъ, не слишкомъ ли высока первая цифра и вполнѣ ли обезпечивается вторая, мы скажемъ, что стипендіатскій взносъ въ тамбовскомъ учительскомъ институтѣ можетъ быть потому такъ высокъ, что въ немъ воспитанники помѣщаются „со всѣми удобствами" (см. Объявленіе). Нѣкоторыя земства можетъ быть откажутся отъ многихъ удобствъ, для того, чтобы сдѣлать учительскія стипендіи болѣе дешевыми и общедоступными.

стема народных школ, которая за 140 р. достигла бы этой цѣли, по моему мнѣнію, вполнѣ отвѣчала бы двумъ условіямъ народнаго образованія: дешевизнѣ и полезности.

Мы предполагаемъ только двух-трехлѣтній курсъ высшаго народнаго училища. Это не значитъ, чтобы мы считали возможнымъ обязать земства не расширять за эти предѣлы курсъ высшихъ народныхъ школъ. Никто не станетъ оспаривать пользу возможно-полнаго и основательнаго преподаванія спеціальной науки въ каждомъ высшемъ народномъ училищѣ. Но, когда рѣчь идетъ о народныхъ массахъ, надо имѣть въ виду не одну только полезность, но и дешевизну. Развѣ курсъ агрономіи, читаемый въ Лѣсномъ или Петровскомъ безполезенъ въ крестьянскомъ хозяйствѣ? Но развѣ много найдется крестьянъ, имѣющихъ средства его выслушать? Слѣдовательно этотъ курсъ, превосходный самъ по себѣ, относительно-безполезенъ для людей недостаточныхъ.

Если земства выпустятъ изъ виду свою главную цѣль—устроить для народа возможно-дешевую и наиболѣе-полезную школу, то, очень можетъ быть, что они устроятъ превосходныя школы, способныя въ нѣкоторыхъ отношеніяхъ замѣнить даже университетъ. Все это возможно. Но такая школа уже не будетъ народной школой. Она начнетъ служить интересамъ достаточнаго класса и вмѣстѣ съ этимъ перестанетъ удовлетворять образовательнымъ потребностямъ массы народа. Она можетъ быть безотносительно хороша, но она будетъ относительно-безполезна. Только полезность, соединенная съ дешевизной, имѣетъ цѣну въ глазахъ массы народа.

II.

Обстановка народныхъ школъ.

Какой характеръ должны носить народныя школы: «крестьянскій» или «дворянскій»? Насъ побуждаетъ остановиться на этомъ сословномъ вопросѣ то обстоятельство, что нѣкоторыя земскія собранія заранѣе принимаютъ мѣры противъ выдѣленія воспитанниковъ учительскихъ семинарій изъ родственной имъ крестьянской среды.

Исходная мысль большей части земскихъ проектовъ учительскихъ семинарій (учебныхъ заведеній для подготовленія сельскихъ учителей) заключается въ томъ, что «будущіе сельскіе учители должны быть преимущественно избраны изъ сельскихъ жителей, что во все время воспитанія они должны оставаться въ своемъ крестьянскомъ быту, въ простой одеждѣ, на простой пищѣ, въ помѣщеніяхъ, приноровленныхъ къ ихъ семейнымъ привычкамъ, что единственная роскошь, которую можно допустить въ учительскихъ семинаріяхъ, есть порядокъ и опрятность, что всѣ домашнія работы должны производиться самими учениками, безъ прислуги, наконецъ, что они должны ежегодно быть отпускаемы къ родителямъ на все лѣтнее рабочее время, чтобъ не отвыкать отъ полевыхъ трудовъ и не отрываться отъ семейной жизни (Изъ корреспонденціи о новгородскомъ проектѣ учительской семинаріи).

Трудно придумать что нибудь болѣе благонамѣренное. Каждая хорошая вещь еще болѣе хороша на своемъ мѣстѣ. Если можно гдѣ нибудь допустить блескъ и роскошь, то не въ крестьянской избѣ. Простота обстановки нигдѣ не можетъ быть болѣе у мѣста, какъ въ семьѣ простолюдина и въ школѣ, предназначенной для воспитанія его дѣтей.

Но существуетъ большая разница между естественною простотою обстановки и стремленіемъ искуственными мѣрами поддерживать крестьянскую обстановку; между удовлетвореніемъ образовательныхъ потребностей небогатыхъ людей и заботами сохранить «непосредственность» простаго русскаго человѣка, удержать его вдали отъ вліянія цивилизаціи; между заботой о томъ, чтобъ въ Россіи никто не есть

ками нагим и безграмотным, и желанием, чтоб крестьянин и его сельский учитель всегда оставались одѣтыми по крестьянски и относительно полуграмотными.

Гдѣ положить предѣлъ стремленіямъ къ такъ называемой «близости къ народу»? Сегодня новгородское земство, заботясь о сельскихъ учителяхъ, ограничивается крестьянскою одеждой, избраніемъ сельскаго учителя преимущественно изъ сельскихъ жителей и помѣщеніемъ, приноровленнымъ къ крестьянскимъ привычкамъ; завтра какое нибудь другое земство, на основаніи подобныхъ же соображеній, изгонитъ изъ учительской семинаріи и сельской школы всякій музыкальный инструментъ, кромѣ гармоніи и балалайки, и всякую пѣсню, мотивъ которой отзывается городской цивилизаціей. Сегодня мы предпишемъ замашную рубашку, завтра исключимъ изъ школьной библіотеки всѣхъ русскихъ писателей, неподдѣлывающихся подъ простонародную рѣчь.... Земства, поставившія себя на этотъ опасный склонъ, могутъ, наконецъ, дойти до роли Магницкихъ и Фотіевъ.

Мы уважаемъ народность, мы желаемъ, чтобъ она получила широкое приложеніе во всѣхъ сферахъ нашей государственной и общественной жизни, чтобъ простота, свобода и умѣренность сдѣлались достояніемъ самыхъ аристократическихъ изъ нашихъ учебныхъ заведеній, чтобъ даже воспитанники нѣмецкихъ пансіоновъ для русскихъ дѣтей не чуждались русской рѣчи, но мы вовсе не желаемъ, чтобъ народная одежда, простота и умѣренность «предписывались» одной только народной школѣ, чтобъ онѣ служили офиціальнымъ признакомъ простонародной школы и учениковъ изъ народной массы. Не понимаемъ, на какомъ основаніи можно запретить ученику народной школы держать себя такъ, какъ онъ хочетъ и можетъ себя держать, или навязать сельскому учителю одежду, непремѣнно изъ толстаго сукна. Заставляя ихъ держать себя не иначе, какъ «по крестьянски», мы рискуемъ возобновлять въ ихъ лицѣ отжившій типъ канцелярскаго школа.

Офиціальное стремленіе сохранить въ ученикахъ народной школы идилическую «близость къ народу» можно бы оставить безъ вниманія, еслибъ оно не вредило общему ходу народнаго образованія. Какъ и все искусственно навязываемое народу, оно можетъ дать дѣлу дурной оборотъ.

Во первыхъ, оно является безполезнымъ стѣсненіемъ, во вторыхъ, оно оттолкнетъ отъ народной школы многочисленный классъ небогатыхъ, но довольно зажиточныхъ людей. Разберемъ каждую изъ этихъ причинъ.

Всякое стремленіе удержать воспитанниковъ сельскихъ школъ въ классическо-крестьянской обстановкѣ слѣдуетъ признать совершенно безсильнымъ: въ самомъ крестьянскомъ быту эта обстановка держится не потому, чтобъ она была единственно полезной и разумной, а потому, что, въ данную минуту, она — единственно-возможная. Другой пока не откуда взять. Для поддержанія этой обстановки, не надо прибѣгать ни къ какому протекціонизму. Вотъ причина, почему бѣднѣйшіе воспитанники сельскихъ школъ и учительскихъ семинарій, безъ всякой задней мысли, въ силу «независящихъ отъ нихъ обстоятельствъ», сами объ этомъ не думая, будутъ удовлетворять всѣмъ педагогическимъ требованіямъ нѣкоторыхъ земскихъ собраній, то есть, волей не волей будутъ оставаться «на простой пищѣ, въ помѣщеніяхъ, приноровленныхъ къ ихъ семейнымъ привычкамъ, будутъ производить всѣ домашнія работы» и т. д. Но если средства позволяютъ имъ болѣе изысканный столъ, освобожденіе отъ домашнихъ работъ и квартиру болѣе просторную, нежели обыкновенная крестьянская изба, кто можетъ заставить ихъ жить бѣднѣе, чѣмъ позволяютъ ихъ средства?

Далѣе. Искуственное отдѣленіе воспитанниковъ народныхъ школъ къ простонародному слою нельзя не признать вреднымъ въ томъ смыслѣ, что оно оттолкнетъ отъ этихъ школъ всѣхъ людей не богатыхъ, однако несчитающихъ нужнымъ навязывать своимъ дѣтямъ простонародный типъ. Не забудемъ, что въ народную школу могутъ поступить дѣти очень зажиточныхъ крестьянъ, небогатыхъ дворянъ, купцовъ и священниковъ, вообще изъ класса людей, на столько состоятельныхъ, чтобъ пользоваться относительнымъ довольствомъ обстановки. Неужели же ради доктрины отстранять ихъ отъ народной школы? Скажутъ: «но вѣдь это предразсудокъ: почему бѣдному дворянину не посылать своихъ дѣтей въ крестьянскую школу? Умъ вездѣ возьметъ свое». Мы съ этимъ совершенно согласны. Тѣмъ не менѣе, намъ извѣстно, что шляхтичъ Западнаго Края или курскій однодворецъ, прежде чѣмъ отдать свою дочь за крестьянина, постарается сообщить ему, по возможности, не крестьянскій типъ. Не лучше ли благоразумно обойти народный предразсудокъ, чѣмъ раздражать его. Искуственная простонародность народныхъ школъ заставитъ многихъ недостаточныхъ людей, дѣти которыхъ имѣли бы средства съ толкомъ окончить народную школу, вмѣсто того, чтобъ пользоваться своею мѣстною школой,—отдавать въ отдаленныя гимназіи, гдѣ они или получатъ образованіе, весьма мало пригодное для той дѣятельности, которая будетъ ихъ вѣроятнымъ удѣломъ, или выйдутъ недоучками по недостатку средствъ окончить курсъ въ гимназіи.

Итакъ, обстановка народныхъ школъ должна быть, по возможности, проста, для того, чтобъ ученіе обходилось какъ можно дешевле, но при учрежденіи школы не должно задаваться идиллическою мыслью «о крестьянской обстановкѣ». Пусть сама жизнь выработаетъ свободный типъ русской народной школы, въ которую всѣ небогатые люди посылали бы своихъ дѣтей. Пожелаемъ, чтобъ эта школа дала намъ русскаго Ньютона¹) и повторила бы явленіе Ломоносова.

Возвращаясь къ сельскимъ учителямъ, мы не можемъ не замѣтить, что стараніе навязать имъ крестьянскую обстановку не имѣетъ практическаго основанія. Предполагать, что народъ бу-

---

¹) Ньютонъ, сынъ мелкаго землевладѣльца, посѣщалъ въ дѣтствѣ сельскую школу.

дѣтъ охотнѣе учиться у учителя въ толстомъ армякѣ, чѣмъ въ платьѣ изъ тонкаго сукна — значитъ не понимать народъ. Предполагать, что толстое сукно и выговоръ на «о» сообщатъ учителю необходимый въ его дѣлѣ педагогическій тактъ — значитъ не понимать человѣческой природы. Закоренѣлый староверъ ходитъ въ нѣмецкомъ картузѣ. Дѣльнаго семинариста крестьянское общество охотно предпочитаетъ отставному солдату, безуспѣшно принявшему на себя учительское званіе. Вопросъ здѣсь не въ формѣ, а въ сущности дѣла, въ полезности ученія, которую народъ обыкновенно понимаетъ не хуже человѣка образованнаго.

Скажемъ болѣе. Наши общественные интересы требуютъ, чтобъ положеніе сельскаго учителя было на столько высоко, чтобъ онъ не только былъ близокъ и, если можно, принадлежалъ къ крестьянскому сословію, но чтобъ, въ нѣкоторыхъ отношеніяхъ, онъ стоялъ выше обыкновеннаго уровня крестьянскаго общества, какимъ оно является въ настоящую минуту. Учитель народной школы — это не есть крестьянинъ и гражданинъ только крестьянской среды, это членъ общества, призванный оказать услугу всему обществу, это общественный дѣятель въ обширномъ и благороднѣйшемъ смысл слова. Составляя связующее звено рабочаго и достаточнаго класса, онъ долженъ и въ томъ классѣ пользоваться тѣмъ, что привыкли называть «положеніемъ въ обществѣ». Напрасно многіе смотрятъ на него, какъ на человѣка, во всякое время готоваго возвратиться къ плугу, извозу, битью камней на дорогѣ и рытью канавъ. Было бы излишне доказывать, что трудъ, приносящій пользу, благороденъ во всякой формѣ, что трудъ чернорабочаго также почтенъ, какъ и трудъ художника. Но дѣло въ томъ, что, на извѣстной степени развитія отдѣльныхъ лицъ, возвращеніе ихъ къ грубымъ формамъ труда не можетъ считаться явленіемъ нормальнымъ. Развивая сельскихъ учителей одной рукой и насильственно выталкивая ихъ другой изъ образованной среды, мы создадимъ одно изъ тѣхъ ложныхъ положеній, которыя не могутъ быть продолжительны. Систематическое выдѣленіе сельскихъ учителей изъ круга всѣхъ вообще образованныхъ людей привело бы къ униженію института сельскихъ учителей и затруднило бы выборъ способныхъ лицъ на эту должность.

Считаемъ нелишнимъ фактически доказать наше мнѣніе о необходимости открыть сельскому учителю доступъ не въ одну только крестьянскую среду, но и во всѣ прочія сословія. Примѣръ, выхваченный изъ жизни, очень часто гораздо болѣе уясняетъ вопросъ, чѣмъ самые тщательные теоретическіе выводы.

Ю. О. Комаровская приняла на себя обязанность учителя покровской сельской школы. Членъ александровскаго училищнаго совѣта, баронъ Корфъ, въ своемъ отчетѣ, по поводу этого говоритъ: «Отъ опыта требовалось доказать не то, можетъ ли женщина быть хорошимъ сельскимъ учителемъ (это вопросъ давно рѣшенный), а то, вынесетъ ли одинокая дѣвушка обстановку сельскаго учителя, которому, подчасъ, приходится имѣть дѣло съ пьяными сельскими урядниками, съ родителями учащихся, часто отличающимися грубостью? Вынесетъ ли дѣвушка совершенное одиночество въ селѣ, отсутствіе всякаго женскаго общества, отсутствіе чьей бы то ни было защиты и какъ отзовутся на ней эти обстоятельства? Эти вопросы я считаю и до настоящей поры неразрѣшенными опытомъ. Они не разъяснены и поступленіемъ въ должность учительницы Ю. О. Комаровской, рекомендованной мною покровскому сельскому обществу. Я позволилъ себѣ рекомендовать ее только потому, что зналъ, что въ полуверстѣ отъ ея будущаго мѣста за-

...льства живетъ попечитель покровской школы, нашъ почтенный сочленъ, Д. Т. Гнѣдинъ, съ семействомъ; къ нему въ домъ, а не въ волостное правленіе, направилъ я г-жу Комаровскую, при письмѣ, въ которомъ просилъ Д. Т. Гнѣдина принять въ ней участіе. Съ самаго дня поступленія въ должность, г-жа Комаровская проводитъ свободные часы среди почтенной семьи Д. Т. Гнѣдина. При такой обстановкѣ нельзя не ожидать успѣха отъ дѣятельности преподавательницы въ сельской школѣ. Но вездѣ ли возможна такая обстановка? вездѣ ли есть попечитель и всякій ли семейный попечитель пожелаетъ на столько сблизить учительницу съ своей семьей? Повторяю, что все это вопросы неразрѣшенные: на нихъ отвѣтитъ время. Что касается назначенія г-жи Комаровской, то оно осязательно доказываетъ, что, при извѣстной обстановкѣ, преподаваніе дѣвушки въ многочисленной мужской школѣ можетъ увѣнчаться блестящимъ успѣхомъ и, полагаю, можетъ навести совѣтъ на мысль, что, при недостаткѣ въ подготовленныхъ преподавателяхъ и крайнемъ затрудненіи найти сколько-нибудь удовлетворительныхъ учителей, желательно было бы, чтобъ въ числѣ лицъ ищущихъ учительскаго хлѣба, появлялись женщины, которыхъ возможно рекомендовать въ село не иначе, какъ послѣ совѣщанія съ мѣстнымъ попечителемъ школы, если онъ изъявитъ готовность принять учительницу подъ свою защиту отъ нужды, горя и оскорбленій, которыя могли бы превзойти силы дѣвушки...»

Мы готовы согласиться съ тѣмъ, что учитель менѣе учительницы нуждается въ нравственной поддержкѣ общества и что онъ болѣе ея способенъ вынести суровость и однообразіе обстановки. Но, какъ бы онъ ни былъ закаленъ противъ ударовъ судьбы и какою душевною самостоятельностью онъ ни обладалъ, въ концѣ концовъ «пьяные сельскіе урядники», которыхъ, къ сожалѣнію, немало на святой Руси, могутъ и его вывести изъ терпѣнія. Тогда для него одинъ выходъ — или опуститься, или ожесточиться. И въ томъ, и въ другомъ случаѣ любовь къ дѣлу и прогрессивное развитіе въ своей профессіи для него невозможны. Стоитъ ли толковать на земскихъ собраніяхъ о подготовкѣ сельскихъ учителей, если, подготовивъ, мы будемъ сознательно губить ихъ свѣжія силы?

Итакъ, вмѣсто того, чтобъ окружать сельскаго учителя искуственною простонародностью, мы должны стараться, на сколько возможно, сблизить его со всѣмъ вообще образованнымъ классомъ Россіи. Въ образованномъ и достаточномъ классѣ онъ долженъ имѣть не только покровителей, но и друзей. Въ интересахъ этого сближенія, мы должны воздержаться отъ проведенія черты между крестьянской и дворянской школой, между представителемъ первой—сельскимъ учителемъ, и всякимъ образованнымъ человѣкомъ, къ какому бы сословію онъ ни принадлежалъ. Сами они отыщутъ тѣ формы, въ которыхъ имъ будетъ приличнѣе и удобнѣе появиться въ круговоротѣ русской жизни. Земству не зачѣмъ напередъ назначать имъ мѣста и разсаживать по ступенямъ общественной лѣстницы. Пусть лучше сельскій учитель играетъ въ карты въ помѣщичьемъ домѣ, нежели сидитъ въ кабакѣ съ пьяною компаніей «сельскихъ урядниковъ». Въ первомъ случаѣ, въ свободное отъ картъ время, онъ, можетъ быть, станетъ читать журналы, во второмъ онъ ничего не будетъ читать и, вмѣсто того, чтобъ поднять уровень современнаго крестьянскаго развитія, совершенно подчинится этому уровню.

III.

Политика и школа.

Извѣстна страсть Карла V къ часамъ: поселясь въ монастырѣ св. Юста, онъ окружилъ себя часовыми мастерами, и однимъ изъ любимѣйшихъ занятій экс-императора было наблюденіе за поведеніемъ многочисленной колекціи часовъ, наполнявшихъ его монастырскую келью; но двое изъ этой колекціи не поддавались никакому искуству мастеровъ и не обращали ни малѣйшаго вниманія на гнѣвъ императора; выведенный, наконецъ, изъ терпѣнія, Карлъ воскликнулъ: «не глупо ли уравнивать совѣсть мильоновъ людей, когда нѣтъ возможности уравнить ходъ двухъ механизмовъ!»

Но въ томъ то и бѣда, что тотъ же самый Карлъ V, отказавшійся въ монастырѣ св. Юста отъ мысли заставить часы идти равномѣрно, всётаки не отказался отъ желанія управлять совѣстью своихъ подданныхъ, и по его внушенію, послушный сынъ его сжегъ, въ честь католической религіи, безчисленное множество испанцевъ.

Такую же точно ошибку (т. е., не сожиганіе испанцевъ, но желаніе управлять духовною жизнью множества индивидуумовъ человѣческой породы) дѣлаютъ почти всѣ правительства и всѣ партіи въ дѣлѣ устройства народнаго образованія. Каждая партія, каждое правительство старается устроить школу въ своемъ духѣ, въ видахъ достиженія своихъ цѣлей и идеаловъ. Всѣ они хотятъ управлять душами людей такимъ образомъ, чтобъ люди двигались, если можно, даже болѣе согласно, чѣмъ шли часы экс-императора. Послѣ этого не удивительно, если нѣкоторые политики, въ погонѣ за единствомъ образованія, терпятъ большую неудачу, чѣмъ часовые мастера Карла V и что дѣло ихъ разрушается гораздо скорѣе, чѣмъ механизмъ ихъ карманныхъ часовъ!

Лѣтопись народнаго образованія наполнена примѣрами заносчивости политиковъ и крайней безполезности всѣхъ ихъ стремленій перестроить по своему систему народнаго образованія. Не успѣетъ одинъ политикъ сойти со сцены, какъ уже другой строитъ картонный замокъ по плану своей собственной фантазіи, быть можетъ, еще болѣе недолговѣчный, чѣмъ замокъ его предшественника. Ему и въ голову не приходитъ, что призваніе его вовсе не въ томъ, чтобъ строить замки по собственному плану и для удобства собственнаго воображенія, а въ томъ, чтобъ дать другимъ, болѣе скромнымъ единицамъ, возможность, по собственному вкусу, устроить болѣе скромныя, но менѣе подверженныя дѣйствію вѣтра, помѣщенія.

Исторія народнаго образованія во всѣхъ европейскихъ странахъ подтверждаетъ справедливость нашей мысли и, нагляднѣе всего, исторія народнаго просвѣщенія во Франціи.

Какъ-то странно читать теперь самодовольныя рѣчи дѣятелей первой французской революціи, которые заявляютъ міру о томъ, что «ихъ національный институтъ, начальныя, центральныя и нормальныя школы образуютъ стройную систему республиканскихъ учрежденій...» Долго ли всѣ эти учрежденія оставались республиканскими? На это отвѣчаетъ Форвръ.

Въ эпоху процвѣтанія первой имперіи, ему было поручено произвести ревизію учебныхъ заведеній Франціи. Въ представленномъ имъ рапортѣ о результатахъ ревизіи заключаются, между прочимъ, слѣдующія замѣчательныя слова: «Слѣдуетъ сказать, что барабанъ, экзерциціи и военная дисциплина, въ очень многихъ случаяхъ, мѣшаютъ родителямъ отдавать своихъ дѣтей въ лицеи. Существуютъ люди, коварно пользующіеся установленнымъ порядкомъ для того, чтобъ убѣдить отцовъ семействъ, что императоръ хочетъ образовать единственно солдатъ. Не смотря на все это, онъ (ревизоръ) надѣется, что общественное мнѣніе, презирая этотъ глупый и смѣшной ропотъ, энергически выскажется въ пользу учрежденія, которое, упражняя тѣло учениковъ, пріучаетъ ихъ къ субординаціи, повиновенію и довѣрчивости къ своему начальству»... Форкруа какъ нельзя болѣе доволенъ духомъ французской молодежи начала этого столѣтія. «Я почти вездѣ встрѣчалъ молодыхъ людей, безропотно повинующихся капраламъ и сержантамъ, которые моложе ихъ лѣтами и физически слабѣе ихъ» [1]. Итакъ, вмѣсто республиканскихъ декорацій, которыми республиканская партія Франціи толь-

---

[1] Кистяковскій «Амвросій Рандю и французскій университетъ». «Журналъ Министерства Народнаго Просвѣщенія». 1861 года.

ко-что похвастала, школа обставлена декорациями военно-императорскаго свойства. Безусые капралы и сержанты передают слова команды из Тюльери — и вся Франція безропотно марширует, въ ожиданіи новаго 18-го брюмера или Маренго! Французская школа начала XIX столѣтія давала воспитаніе въ духѣ бонапартизма. Казалось, Наполеонъ умѣлъ лучше устроить однообразный ходъ Франціи, чѣмъ Карлъ V бой своихъ часовъ; но это только казалось.

Слѣдующее поколѣніе также безропотно отнеслось къ учебнику исторіи патера Лорике, какъ предыдущее къ капральскому барабану, а въ этомъ учебникѣ вовсе нѣтъ императора Наполеона, но существуетъ только бурбонскій генералъ Бонапартъ. Къ чему же послужило то «довѣріе къ начальству», которымъ школьники еще такъ недавно обольстили Форгуа?

Пропускаемъ клерикальную школу Полиньяка, либеральную Гизо, соціалистическую Карно и снова встрѣчаемся съ политикой бонапартистовъ по части устройства школъ. Портретъ императрицы Евгеніи, по предписанію закона, красуется въ дѣтскихъ пріютахъ Франціи на ряду съ Распятіемъ и Богоматерью [1]. Законъ

---

[1] Décret du 21 Mars 1855. Art. 6: Il y a dans chaque salle d'asile publique du culte catholique: un crucifix.

спѣшитъ назвать императрицу «покровительницей заведенія», какъ будто во избѣжаніе сомнѣнія въ томъ, для чего бы портрету императрицы красоваться на ряду съ распятіемъ и Богоматерью. Опять спросимъ: на долго ли? Не думаемъ, чтобъ въ настоящую минуту строго исполнялась статья закона, касающаяся портретовъ императрицы Евгеніи, и очень можетъ быть, что многимъ изъ нихъ готовится такая же участь, какая постигла, во время реставраціи, знаменитый портретъ Наполеона I, писанный Жераромъ, портретъ, сожженный префектомъ города Орлеана.

Современная французская школа, безъ сомнѣнія, захочетъ воспитать великую націю въ духѣ республиканскихъ добродѣтелей. Маленькій диссонансъ произведутъ, вѣроятно, орлеанисты и клерикалы, но какой-нибудь искусный министръ устроитъ дѣло такимъ образомъ, что всѣ попытки клерикаловъ и орлеанистовъ учить по своему кончатся ничѣмъ. Нація рѣшительно надѣнетъ тогу принциповъ 89, а можетъ быть и 93 года и, волей-неволей, облечетъ въ эти принципы даже тѣхъ, чьи симпа-

---

une image de la Sainte Vierge. Art. 7: Il y a dans toutes les salles d'asile un portrait de l'impératrice, protectrice de l'institut.

тіи обращаются около Рима и Генриха V. Вообще, мы сильно сомнѣваемся, чтобъ французы пришли наконецъ къ убѣжденію, что нельзя же всѣ часы заставить идти минута въ минуту...

Къ сожалѣнію, республиканская Франція уже представила достаточно данныхъ для того, чтобы имѣть право надѣяться на подобный оборотъ дѣла. Послѣднія извѣстія сообщаютъ, что образовавшаяся во Франціи антипрусская лига, между прочимъ, имѣетъ цѣлью «снабжать колегіи, лицеи, семинаріи и частныя заведенія сочиненіями, трактующими о Германіи, ея правахъ, честолюбіи и стремленіяхъ, дабы возбудить въ юношествѣ желаніе отмстить за родину».

Такимъ образомъ, къ разнымъ родамъ воспитанія, пережитымъ Франціей, присоединяется еще одинъ родъ — «антипрусское воспитаніе». Если когда нибудь Францію завоюютъ, положимъ, американцы къ педагогической коллекціи національнаго воспитанія, присоединится воспитаніе—антиамериканское и т. д.

Когда же наконецъ французы сдѣлаются скептиками! Когда они поймутъ, что нельзя учить народъ патріотизму и что народъ, для патріотическаго воспитанія котораго недоста-

...но одной только научной истины, а требуется спеціально-патріотическіе учебники, недостоинъ свободы и разумнаго правительства. Мы гораздо лучшаго мнѣнія о французахъ, нежели составленная самими французами антипрусская лига.

Перемѣны въ обстановкѣ французскихъ школъ служатъ яснымъ доказательствомъ, что народное образованіе, при всей своей видимой гибкости, весьма неохотно поддается страсти управлять имъ. Повидимому, нѣтъ ничего легче, какъ устроить школу въ томъ или другомъ духѣ, но, на самомъ дѣлѣ, нѣтъ ничего труднѣе, какъ сдѣлать долговѣчнымъ то искуственное освѣщеніе, которымъ мы хотѣли бы озарить наши школы. Это становится совершенно понятнымъ, если сообразить, что народное образованіе должно удовлетворить потребности всѣхъ классовъ народа и всѣхъ моментовъ народной жизни, а не одной какой-нибудь партіи; народное образованіе должно придтись по мѣрѣ всѣмъ и каждому, а не прогонять индивидуумы къ той мѣркѣ, которую выдумаетъ бурная фантазія публициста или усидчивый трудъ бюрократа.

Часто высказываемое мнѣніе, что народу надо преподавать то-то или не слѣдуетъ преподавать такого-то, ложно потому, что народъ, почти всегда, не терпитъ, чтобы его «учили», а только требуетъ, проситъ и нуждается, чтобъ ему была предоставлена «возможность учиться». Между «учить» и «возможностью учиться» такая же разница, какъ между путешествiемъ туриста и поѣздкой по казенной надобности. Задача истиннаго консерватизма и истиннаго либерализма заключается въ томъ, чтобъ открыть народу полную возможность учиться «всему», до чего дошло современное состоянiе наукъ, а не въ томъ, чтобъ учить его по программѣ, составленной въ бюрократическомъ кабинетѣ, подъ влiянiемъ мимолетныхъ страховъ, подъ наитiемъ какой-нибудь тенденцiи.

Ни одна изъ партiй, поперемѣнно управлявшихъ судьбами французскаго народа, не считала себя обязанной дать французскому народу то воспитанiе, въ которомъ онъ нуждался, но каждая партiя хотѣла сдѣлать изъ него республиканца, соцiалиста, бонапартиста, клерикала. Опытъ доказалъ, что ни одна изъ нихъ не достигла своей цѣли и что, рано или поздно, народное образованiе становится орудiемъ противъ той же самой партiи, которая хотѣла сдѣлать изъ него покорное себѣ орудiе.

Кажется, ясно, что самая лучшая политива—вовсе не мѣшать политику въ устройство школы. Это не значитъ, чтобъ мы считали политическое воспитаніе лишнимъ для народа. Напротивъ, никто болѣе насъ не убѣжденъ въ необходимости политическаго развитія массы. Но дѣло въ томъ, что политическое развитіе дается жизнью вообще, а не одною только школой. Сверхъ того, не всякая школа можетъ содѣйствовать политическому развитію народа, а только школа, свободная отъ предубѣжденій и предразсудковъ и подверженная многостороннему вліянію жизни. Школа, неудовлетворяющая этимъ условіямъ, хотя и не можетъ совершенно остановить политическое развитіе народа, но можетъ надолго его задержать или дать ему какое-нибудь одностороннее направленіе.

Политическое развитіе народа и политическія тенденціи, проводимыя путемъ школы, не одно и то же. До политическаго развитія народъ доходитъ самъ, къ тенденціямъ его приводятъ украдкой, чаще обманомъ; развитіе вырабатывается исторіей, тенденціи учебниками, въ родѣ исторіи патера Лорикэ; развитіе придаетъ осмысленность всѣмъ дѣйствіямъ народа, тенденціи заставляютъ его безполезно тратить время въ борьбѣ съ сомнѣніемъ, съ необходимостью то усвоивать, то забывать оффиціальныя свѣдѣнія и въ погонѣ за политическими теоріями, противоположными тѣмъ, которыя хотятъ навязать ему насильно.

Но если отсутствіе политики—самая лучшая школьная политика, то является вопросъ: не слѣдуетъ ли смотрѣть на каждую отдѣльную школу, какъ на нѣчто отдѣльное, до извѣстной степени зависящее само отъ себя и предоставленное самому себѣ? Въ отвѣтъ на это, мы приведемъ слова Шампаньи, министра внутреннихъ дѣлъ при Наполеонѣ, направленныя противъ стремленія сосредоточить въ однѣхъ рукахъ управленіе народнымъ образованіемъ «Полезно ли имѣть одинъ учебный корпусъ, одну исключительную корпорацію, особенно когда она должна держать въ зависимости всѣ степени обученія и даже частныя учебныя заведенія? Не пріобрѣтетъ ли когда-нибудь въ государствѣ такая корпорація нравственнаго и политическаго могущества, которое сдѣлаетъ ее хозяиномъ общественной мысли, владыкой всѣхъ семействъ?.. Единство учебнаго корпуса не поведетъ ли къ своего рода деспотизму въ обученіи? Ревниво держась своихъ правилъ и своихъ обычаевъ, рабъ своихъ предразсудковъ, какъ всѣ корпораціи, не станетъ ли она уснять всѣ улучшенія, которыя не будутъ исходить изъ ея среды? Увѣренная въ своихъ привилегіяхъ, не погаситъ ли она всякое соревнованіе? Не сдѣлается ли она препятствіемъ для успѣховъ просвѣщенія, вмѣсто того, чтобъ содѣйствовать его развитію? Вспомнимъ, съ какимъ упорствомъ наши учебныя корпораціи отвергали идеи Декарта, открытія Локка, новыя изслѣдованія по физикѣ и химіи. Не лучше ли учредить три, четыре большіе, соперничествующіе, или, лучше сказать, соревнующіе другъ другу университета, съ тѣмъ, чтобъ они взаимно себя возбуждали? Не будетъ ли предстоять имъ болѣе обширная и болѣе свободная дѣятельность? Стремясь къ одной и той же цѣли, не представятъ ли они менѣе неудобствъ и болѣе выгодъ» [1]?

По поводу этого мнѣнія Шампанья, мы замѣтимъ, что французскій университетъ XIX вѣка не имѣетъ ничего общаго съ нашими университетами и съ прежнимъ парижскимъ университетомъ. Это цѣлое управленіе по части народнаго образованія, обнимающее всю мѣстность Франціи и всѣ степени образованія. Французскій университетъ, созданный Наполе-

---

[1] Кистяковскій, 31.

оном — самое полное олицетвореніе централизаціи народнаго образованія.

Возставая противъ проекта образованія такого университета, Шампаньи возстаетъ вообще противъ мысли отдать народное образованіе въ руки какой бы то ни было партіи, сдѣлать ее «хозяиномъ общественной мысли, владыкою всѣхъ семействъ». Правда, какъ средство противъ крайней централизаціи, онъ предлагаетъ не болѣе, какъ централизацію менѣе крайнюю: образованіе трехъ-четырехъ соперничествующихъ другъ другу университетовъ. Но насъ не долженъ обманывать языкъ людей наполеоновской эпохи. Къ чему это три-четыре? почему не 10, 20, 100 соперничествующихъ другъ другу корпорацій? Почему, наконецъ, не полная индивидуальность каждой школы или каждой группы образовательныхъ, воспитательныхъ и ученыхъ заведеній? Мы думаемъ, что въ ограниченіи предвзятыми цифрами, къ которому прибѣгаетъ Шампаньи, заключается уступка его времени духу его эпохи. Это только способъ выраженія либеральнаго чиновника того времени, manière de parler, скрывавшая настоящую мысль, для того, чтобъ представить Наполеону и склонить его къ мысли приблизительно вѣрной. Полная независимость и децентрализація народнаго образованія не могла понравиться Наполеону II. Объ этомъ не чего было думать. И вотъ Шампаньи убѣждаетъ своего государя въ необходимости децентрализаціи относительной: «три-четыре университета» вмѣсто одного. Въ настоящее время нѣтъ надобности прибѣгать къ такому маскированію мысли. Право каждой мѣстности, каждой корпораціи, каждой группы человѣческихъ существъ посвоему стремиться къ образованію не только чувствуется всѣми, но и высказывается со всѣхъ сторонъ.

Удивительно, на какія мелочи тратитъ иногда свою власть государство, поставленное системой централизаціи народнаго образованія въ искушеніе всѣмъ «управлять»! Мы имѣемъ въ виду не только всегда тенденціозное французское правительство, но и такія государства, какъ, напримѣръ, Россію, которая, какъ извѣстно, всего менѣе руководилась въ этомъ отношеніи тенденціями. Для примѣра, обращаемъ вниманіе читателя на вопросъ о поклонахъ знакомымъ и незнакомымъ и о цѣлованіи руки. У насъ и на этотъ предметъ существовали весьма точныя и подробныя правила, распространявшіяся на всю Россію. «Ученики, по выходѣ изъ училища, не должны на улицахъ мѣшать, затѣвать игру, крикъ или другія безпутства, но чинно и пристойно идти прямо домой; каждой мимоидущей особѣ учтиво кланяться, а пришедъ домой, первѣе почтить своихъ родителей или начальниковъ цѣлованіемъ у нихъ руки, потомъ положить свои книги въ надлежащее мѣсто» («Правила для учащихся въ народныхъ училищахъ 1842 года. Шестнадцатымъ тисненіемъ. Въ типографіи императорской академіи наукъ»; стр. 14-я). Шутка ли, напримѣръ, пройти по Невскому Проспекту и «каждой мимоидущей особѣ учтиво кланяться»!

«Правила» оставляютъ неразъясненнымъ одинъ весьма важный вопросъ: они совершенно ясно предписываютъ ученику народнаго училища первѣе почтить кого слѣдуетъ цѣлованіемъ руки, а потомъ уже положить свои книги въ надлежащее мѣсто... Но что дѣлать, если подлежащей цѣлованію руки нѣтъ дома? Не должно ли тогда обѣдать съ книгами, пить чай съ книгами и ложиться спать съ книгами, для того, чтобъ на слѣдующій день имѣть удовольствіе первѣе почтить цѣлованіемъ руки, а потомъ положить книги въ надлежащее мѣсто?

Скажутъ, что правила, въ родѣ изданныхъ въ 1842 году, были возможны въ 40-хъ годахъ, но не теперь. Въ свою очередь, мы напомнимъ тотъ всѣмъ извѣстный фактъ, что много печальныхъ явленій, сдѣлавшихся возможными въ 40-хъ годахъ, были совершенно невозможны въ Россіи начала этого столѣтія. Говоря о будущемъ, кто можетъ рѣшить, совершенно ли освободились мы отъ перспективы «худшихъ временъ» сравнительно съ пережитою уже эпохой? Кто знаетъ, отразится ли на будущей судьбѣ нашихъ школъ одинъ только прогресъ Россіи, или же, вмѣстѣ съ нимъ, отразится на нихъ и реакція? Одно можно сказать утвердительно: если децентрализація народнаго образованія не принесетъ нашимъ народнымъ школамъ положительной выгоды (что, впрочемъ, совершенно невѣроятно), то польза ея, всетаки, будетъ чрезвычайно велика, потому что она не только задержитъ всеобщую реакцію, но сдѣлаетъ ее совершенно невозможной.

Центральная государственная администрація, задавшись мыслью все взвѣсить, измѣрить, на все наложить свое клеймо и печать, рискуетъ не только издавать отъ времени до времени правила о поклонахъ, въ родѣ приведенныхъ нами выше, но и впадать въ гораздо бо́льшую ошибку. Если земство ошибется въ дѣлѣ устройства школъ, то это будетъ ¹/₁₀₀ той ошибки, которую можетъ сдѣлать государство, и ошибку земства легче замѣтить, легче исправить, не прибѣгая къ излишней тратѣ времени и денегъ. Если же, устроивая школы на всемъ пространствѣ имперіи, ошибется высшее центральное управленіе, то это будутъ ошибка «на всю Россію». Издали ее трудно будетъ замѣтить прежде, чѣмъ она окончательно выразится въ пагубныхъ послѣдствіяхъ, и по своей распространенности съ трудомъ можетъ быть исправлена. Слѣдовательно, чѣмъ менѣе возьметъ на себя государство при устройствѣ народныхъ школъ и чѣмъ болѣе это дѣло будетъ предоставлено земствамъ отдѣльныхъ уѣздовъ и губерній, тѣмъ лучше.

Но и затѣмъ, вліяніе центральной власти на общій ходъ народнаго образованія можетъ быть въ высшей степени необходимо и благодѣтельно. Освободившись отъ такихъ обязанностей, которыя всего лучше могутъ быть исполнены другими органами государства — земствомъ, общиной, частнымъ лицомъ — центральная власть получитъ возможность въ совершенствѣ выполнить тѣ обязанности, которыя могутъ быть выполнены только ею.

Роль государства въ дѣлѣ народнаго обрадования можетъ быть выражена двумя словами: контроль и поощреніе.

Децентрализація нисколько не устраняетъ контроля государства надъ земской и общинной дѣятельностью по предмету народнаго образованія, напротивъ, она дѣлаетъ его наиболѣе дѣйствительнымъ и полезнымъ. Этотъ контроль касается наблюденія за тѣмъ, чтобъ преподаваніе въ школахъ не противорѣчило общимъ законамъ имперіи и за тѣмъ, чтобъ исполнялись тѣ законы, которые должны послужить основаніемъ всей системѣ нашего народнаго образованія. Къ числу такихъ основныхъ законовъ по части народныхъ школъ мы относимъ, между прочимъ, законъ объ обязательномъ открытіи общинной школы въ каждой общинѣ съ извѣстнымъ числомъ жителей и высшей народной школы въ каждомъ уѣздѣ, законъ, опредѣляющій minimum жалованья сельскому учителю, законъ, организующій школьное попечительство, какъ при общинныхъ (начальныхъ) школахъ, такъ и при высшихъ народныхъ школахъ, законъ опредѣляющій права русскаго языка и т. п.

Дальнѣйшая роль государства заключается въ поощреніи. Центральная государственная власть можетъ «рекомендовать», но не предписывать общій планъ народно-образовательныхъ учебныхъ заведеній, распространять полезныя свѣдѣнія по этому предмету, учреждать образцовыя начальныя и высшія народныя школы, которыя могли бы быть разсадниками хорошаго метода преподаванія, открывать всѣ курсы на сочиненія, раздавать преміи и награды учителямъ, принесшимъ наибольшую пользу дѣлу народнаго образованія, и т. п. Вообще, поощреніе государства должно являться всюду, гдѣ усилія отдѣльныхъ единицъ, входящихъ въ составъ государства, оказываются недостаточными.

Вмѣшательство государства въ дѣло народнаго образованія, являясь, какъ исключеніе, сдѣлаетъ несравненно болѣе, нежели теперь, когда оно является основнымъ правиломъ. Тогда оно не будетъ брать на себя всего, но въ союзѣ съ другими элементами народной жизни — общиной, земствомъ и частными лицами — оно создастъ гораздо лучшую систему народнаго образованія и въ болѣе широкомъ размѣрѣ удовлетворитъ потребность народа учиться.

Въ слѣдующей главѣ мы постараемся разсмотрѣть роль общинъ и земствъ въ устройствѣ и ежедневномъ ходѣ ученія въ народныхъ школахъ.

IV.

Попечительства народных школ.—Участіе земства въ народномъ образованіи.

Наши журнальныя партіи какъ-то проходятъ молчаніемъ вопросъ о правѣ школы существовать независимо отъ слишкомъ большаго вліянія центральной власти, развиваться самостоятельно, выработывать свое индивидуальное направленіе и свою собственную, сообразную мѣстнымъ и историческимъ условіямъ, обстановку.

Одни защищаютъ такъ-называемыя классическія школы, другіе—реальныя. Мы, прежде всего, будемъ защищать «независимую школу», то-есть, право каждой отдѣльной школы имѣть свою волю, выработывать свое направленіе, стремиться къ своимъ цѣлямъ, насколько эти цѣли не противорѣчатъ общимъ цѣлямъ государства и не оскорбляютъ нравственности.

Только такая школа можетъ, по нашему мнѣнію, удовлетворить какъ требованія здороваго общественнаго воспитанія, такъ и условія хорошей системы народнаго образованія. Только такая школа можетъ придтись по мѣркѣ здравомыслящему и энергическому народу.

Если наши школы будутъ во всемъ подчинены условіямъ крайней централизаціи, то все равно, будутъ ли онѣ классическими или реальными — онѣ будутъ на половину безполезны, а при извѣстномъ стеченіи обстоятельствъ, которое мы видѣли во Франціи, могутъ принести народу болѣе вреда, чѣмъ пользы.

Но свободное развитіе каждой индивидуальной школы, какъ бы оно ни было поставлено независимо отъ центральнаго давленія, должно подчиняться двумъ условіямъ: 1) для ея существованія необходимы извѣстныя матеріальныя средства; 2) для того, чтобъ быть органомъ общественныхъ улучшеній, сама школа должна постоянно совершенствоваться и приходить въ соотвѣтствіе съ возвышающимся уровнемъ научнаго и нравственнаго развитія народа.

Что толку, если мы провозгласимъ сегодня принципъ «независимости школъ», а завтра всѣ онѣ должны будутъ закрыться по недостатку средствъ? Юридическая независимость, безъ независимости матеріальной, безъ прочнаго обезпеченія, ничѣмъ не отличается отъ полнаго рабства.

Далѣе. Къ чему всѣ эти «независимыя» школы, если, въ то же время, онѣ будутъ «дурными» школами. Не все ли равно: учиться два года у вольнопрактикующаго дьячка и ничему не выучиться, или же просидѣть тѣже два года въ государственной школѣ и тоже ничему не выучиться? Послѣднему (то-есть, безуспѣшному ученію въ государственной школѣ) должно оказать даже нѣкоторое предпочтеніе, потому что его можно сдѣлать даровымъ (безплатнымъ); дьячокъ же, ни въ какомъ случаѣ, не станетъ учить изъ одной только любви къ искуству.

Слѣдовательно, независимость школы, о которой мы говоримъ, есть понятіе относительное. Она ограничена двумя условіями: необходимостью дать школѣ матеріальныя средства и необходимостью поставить ее на путь постоянныхъ улучшеній.

Итакъ, кто долженъ дать школѣ матеріальныя средства и кто долженъ гарантировать общество въ томъ, что школа будетъ идти, если не впереди общества, то, по крайней мѣрѣ, не позади его? Очевидно, оба эти вопроса должны имѣть существенное вліяніе на то, отъ кого должны зависить народныя школы.

Средства для народной школы могутъ быть доставлены: а) общинами и частными лицами, б) земствомъ и в) государствомъ. Такъ какъ въ мірѣ всегда случается, что тотъ, въ чьихъ рукахъ находятся матеріальныя средства, рано или поздно захватываетъ право вліять на того, кто нуждается въ этихъ средствахъ, то и къ быту народныхъ школъ прилагаются три рода зависимости: 1) отъ мѣстныхъ общинъ и частныхъ лицъ, 2) отъ земства и 3) отъ государства.

Само собою разумѣется, что народныя школы, основанныя на суммы министерства народнаго просвѣщенія или получающія отъ него пособіе, обязаны, если это будетъ признано необходимымъ со стороны министерства, отказаться отъ своей самостоятельности. Но такихъ школъ не можетъ быть слишкомъ много. Во всякомъ случаѣ, онѣ не должны поглощать всю систему народнаго образованія.

Школы, содержимыя безъ помощи государства, должны дѣйствовать по самостоятельному плану и, въ предѣлахъ обозначенныхъ осно-

...ными законами о народномъ образованіи, совершенно безотчетно въ отношеніи государства. Такая независимость возложитъ на нихъ большую отвѣтственность, но вмѣстѣ съ тѣмъ она дастъ имъ болѣе жизни и способовъ сослужить службу общерусскому народному дѣлу. Допуская даже тотъ случай, когда «независимость школъ» будетъ причиною нѣкоторыхъ ошибокъ и увлеченій, всетаки общество остается въ выигрышѣ, потому что эта «независимость» вызоветъ самодѣятельность общества и послужитъ источникомъ безчисленному множеству общественныхъ улучшеній.

Въ настоящемъ случаѣ мы будемъ говорить только о народныхъ школахъ, не получающихъ пособія отъ правительства. Ограничивъ себя этою рамкою, постараемся анализировать вліяніе общины и земскихъ собраній на судьбу начальныхъ и высшихъ народныхъ школъ.

Понятно, что въ дѣлахъ общинной (начальной) школы ближе всего заинтересована мѣстная община. На основаніи правила, по которому каждая юридическая и физическая личность способна всего лучше заботиться о своихъ интересахъ, забота объ устройствѣ, содержаніи и направленіи преподаванія въ общинной (начальной) школѣ должна, прежде всего,

20

лежать на общинѣ. Другими словами: начальныя школы должны зависѣть отъ общинъ, которыя даютъ имъ средства.

Этому, повидимому, противорѣчитъ тотъ фактъ, что въ настоящее время большая часть начальныхъ школъ открывается по почину и на счетъ земства. Какъ жалованье сельскому учителю, такъ и большая часть текущихъ расходовъ въ сельскихъ школахъ покрывается изъ тѣхъ асигновокъ на народное образованіе, которыя ежегодно дѣлаются земскими собраніями. Но если вникнуть въ дѣло, то всѣ эти асигновки, насколько онѣ касаются сельскихъ и вообще всѣхъ начальныхъ училищъ, являются не болѣе, какъ простымъ перекладываніемъ изъ одного кармана въ другой. Земство выбираетъ [1]) съ общины на школу и ей же даетъ то, что оно «выбрало», въ формѣ сельской школы: жалованья учителю, прописей, книгъ, бумаги, перьевъ и т. д. Земство и въ этомъ случаѣ не болѣе, какъ комисіонеръ общины, и, какъ вообще всѣ комисіонеры, только усложняетъ дѣло и увеличиваетъ издержки. Исключеніемъ изъ этого правила бываетъ толь-

---

[1]) Техническое выраженіе простонародья, означающее сборъ какого-нибудь вида податей. «Староста выбираетъ пожарное или подушныя»...

на тот случай, когда земство излишком от сбора с одной общины пополняет дефицит другой. Но это составляет исключение из общаго правила, и оно не должно изменять самое правило. Если, в настоящее время, земския управы поставлены в необходимость принять на себя комисию устройства начальных школ, то из этого еще не следует, чтоб этот порядок вещей должен был сохраняться навсегда. Было бы странно, временную обстановку, при которой действуют современныя начальныя школы, обратить в постоянное условие их существования. Даже теперь найдется не мало общин, предпринимающих устройство своей начальной школы без всякаго участия и пособия земства. С распространением материальнаго достатка в массе народа, число таких общин будет постоянно увеличиваться. По мере того, как эта масса будет развиваться в умственном отношении и будет приобретать опытность и навык в заведывании своими делами, наши общины будут все менее и менее нуждаться в руководстве земскаго собрания при устройстве своей начальной школы. Тогда земским собраниям и управам не зачем будет мешаться в дело, которое можетъ быть отлично выполнено самими общинами.

Далеко не все равно, будетъ ли мѣстная община призвана къ участію въ дѣлахъ и вообще къ распоряженію мѣстной школой, или нѣтъ.

Государство и земство (какъ бы ихъ представители ни были благонамѣренны и дѣятельны) могутъ сдѣлать сравнительно мало для каждой отдѣльной школы. Большая часть того, что можетъ быть ими предпринято и сдѣлано, носитъ оффиціальный, казенный характеръ, т. е. не превышаетъ уровня необходимаго. Еще чаще оно не достигаетъ этого уровня. Только лица, непосредственно заинтересованныя въ дѣлѣ, могутъ вложить душу въ этотъ мертвый механизмъ, дать ему отпечатокъ энергіи и самобытности, вывести его изъ уровня обыкновенной посредственности. Правило это — общее для всѣхъ вообще отправленій народной жизни — вполнѣ приложимо и къ начальнымъ школамъ.

Для того, чтобъ община принимала непосредственное участіе въ судьбѣ своей школы, необходимо соблюденіе слѣдующаго условія: община не должна получать свою школу готовою отъ земства или государства; она должна сама для себя устроить общинную школу. Но соблюденіе этого условія возможно только тогда, когда школа будетъ падать на общину, какъ прямой налогъ. Мало того, что мы будемъ платить «на школы»: необходимо, чтобъ мы платили на улучшеніе и поддержку «своей» школы, той школы, въ судьбѣ которой мы лично заинтересованы, которая всегда находится у насъ на глазахъ и на которую обращено наше постоянное вниманіе. Далѣе—необходимо, чтобъ мы именно знали и чувствовали, что платимъ на «свою» школу и что никто не отниметъ у насъ той пользы, которую мы надѣемся извлечь изъ этого расхода. Наконецъ, для процвѣтанія общинныхъ школъ, управляемыхъ самими общинами, необходимо, чтобъ общинамъ была дана возможность слѣдить за правильнымъ и согласнымъ съ ея намѣреніями употребленіемъ ея школьнаго налога. Только въ такомъ случаѣ общинная школа будетъ общиннымъ дѣломъ, ея успѣхъ будетъ затрогивать каждаго члена общины, ея несовершенства вызовутъ помощь со стороны всего населенія.

Самая слабая часть нашего законодательства по части народнаго образованія заключается, по нашему мнѣнію, въ томъ, что государство и земство хотятъ «дать общинѣ школу» съ внѣобщиннымъ начальствомъ, со средствами, хотя и собираемыми съ членовъ общины, но не прямо для такой-то общинной школы, а косвенно, во имя какой-то отвлеченной идеи — «на народное образованіе».

Государство, примиряя духъ партій, устанавливая взаимную независимость интересовъ, преслѣдуя злоупотребленія, имѣетъ громадное вліяніе на общій ходъ народнаго образованія. Оно «даетъ тонъ» всему. Но, въ частности, каждая отдѣльная школа, помѣщенная на государственной территоріи, можетъ получить отъ государства только незначительное количество осязательныхъ и индивидуально ей принадлежащихъ благъ; земство можетъ сдѣлать много, но не все. Общины и корпораціи, въ большинствѣ случаевъ, могутъ сдѣлать все.

У насъ не хотятъ понять разницы, существующей между контролемъ и подчиненіемъ, между правомъ контролировать какое-нибудь учрежденіе и правомъ отнять у него всякій проблескъ самостоятельности. Государству и земству (каждому въ опредѣленныхъ границахъ) принадлежитъ безспорное право контролировать общинныя и частныя училища. Для этой цѣли у перваго имѣются инспекторы народныхъ училищъ, у втораго — земская управа и учиный совѣтъ. Но право контроля, полезное и необходимое только въ нѣкоторыхъ случаяхъ, не должно простираться туда, гдѣ достаточно мѣстной дѣятельности и почина частныхъ лицъ. Все равно, будетъ ли это посягательство исходить со стороны государства или со стороны земства — дурныя послѣдствія неизбѣжны какъ въ томъ, такъ и въ другомъ случаѣ.

Для успѣха народнаго образованія въ Россіи, по нашему мнѣнію, не столько необходимо учрежденіе «инспекторовъ народныхъ училищъ», сколько разумная организація мѣстныхъ элементовъ зависимости и прогреса каждой отдѣльной школы. Для этой цѣли, было бы полезно образовать около каждой народной школы корпорацію людей, лично заинтересованныхъ въ дѣлахъ мѣстной школы и способныхъ, по своему достатку, развитію, положенію въ обществѣ и, главное, по своей преданности великому дѣлу народнаго образованія, руководить матеріальною и нравственною жизнью школы. Мы назовемъ эту корпорацію «школьнымъ попечительствомъ».

Сопоставляя инспекторовъ народныхъ училищъ съ школьными попечительствами, мы вовсе не хотимъ навести на мысль, что первые при второмъ безполезны. Напротивъ, инспекторы народныхъ училищъ, какъ лица, для наблюденія и дѣятельности которыхъ открывается болѣе обширное поприще, нежели для членовъ попечительства одной сельской школы, если дать надлежащее направленіе ихъ дѣятельности, могутъ принести большую пользу народному образованію. Но то, что можетъ быть сдѣлано только мѣстною иниціативой, не можетъ совершиться по желанію самаго способнаго и трудолюбиваго инспектора народныхъ училищъ.

Остановимся на мысли о школьныхъ попечительствахъ.

Необходимо войти въ нѣкоторыя подробности, вопервыхъ, о личномъ составѣ попечительства, вовторыхъ, о кругѣ его дѣятельности.

Многіе считаютъ совершенно достаточнымъ назначать, вмѣсто колегіальнаго попечительства надъ школой (попечительства, состоящаго изъ большого числа лицъ), одного попечителя изъ лицъ достаточныхъ и образованныхъ. Единоличныя попечительства вообще приняты у насъ за норму той связи, которая должна существовать между школой и обществомъ. Земство глуховскаго уѣзда, проекти-

преобразованіе мѣстнаго уѣзднаго училища въ классическую прогимназію, предполагало, кромѣ почетнаго блюстителя, состоящаго при мѣстномъ приходскомъ училищѣ, преобразовываемомъ въ приготовительный классъ прогимназіи, имѣть еще двухъ почетныхъ попечителей, съ правомъ избранія пожизненно одного отъ земства, другого отъ городскаго общества. Въ офиціальномъ возраженіи, полученномъ земствомъ по поводу этого предположенія, между прочимъ пояснено:

«Не можетъ быть допущено учрежденіе при глуховской прогимназіи двухъ, вмѣсто одного, почетныхъ блюстителей и право избранія ихъ не на три года, а пожизненно. Въ этомъ отношеніи должно сохранить требованіе устава 1867 года, съ поясненіемъ, если окажется нужнымъ, какимъ образомъ земство и городское общество участвуютъ въ избраніи почетнаго попечителя изъ своей среды, то-есть, вмѣстѣ или порознь, поочередно.

«Если мѣстное приходское училище будетъ переименовано въ приготовительный классъ прогимназіи, то существующая нынѣ должность почетнаго блюстителя должна быть упразднена. Если же существованіе этой должности признается необходимымъ въ видахъ усиленія денежныхъ средствъ училища, то это послѣднее должно остаться отдѣльнымъ заведеніемъ, съ тѣмъ однако, чтобъ средства его и, если нужно, то, по возможности, и объемъ курса, были увеличены, потому что иначе государственный совѣтъ можетъ не согласиться на упраздненіе уѣзднаго училища ¹).

Не касаясь вопроса о пользѣ и необходимости преобразованія глуховскаго уѣзднаго училища въ классическую прогимназію и соображеній министерства о томъ, что съ уничтоженіемъ приходскаго училища масса мѣстнаго населенія можетъ остаться безъ подходящаго къ ея средствамъ учебнаго заведенія, мы коснемся только высказаннаго въ отвѣтъ глуховскому земству взгляда на значеніе попечительства. Прежде всего, мы не можемъ согласиться съ тѣмъ, чтобъ попечительство надъ школой учреждалось единственно, «въ видахъ усиленія денежныхъ способовъ училища». По нашему мнѣнію, въ этомъ случаѣ денежныя цѣли отодвигаются далеко на второй планъ... На первомъ планѣ остается необходимость дать школѣ, въ лицѣ попечителя

---

¹) «Журналы глуховскаго уѣзднаго земскаго собранія» 1804 года.

ми попечительства, институтъ, действительно способный заботиться о ея благосостоянiи въ самомъ обширномъ смыслѣ этого слова, то есть заботиться о матерiальномъ и нравственномъ процвѣтанiи училища. Попечительство должно связать школу съ мѣстнымъ обществомъ, заинтересовать общество въ судьбѣ школы, сдѣлать изъ школы нетолько исполнителя чужихъ предписанiй, но дѣятельный и самостоятельный органъ народной жизни. Можно ли возложить эту задачу на одного человѣка и всегда ли найдется такой человѣкъ? Какъ исключенiе—это возможно. Какъ общее правило—никогда. Не годъ и не десять лѣтъ существуютъ у насъ попечители уѣздныхъ училищъ, гимназiй и т. д., но, за немногими исключенiями, результаты ихъ работъ не могутъ быть признаны достаточными. Исправное полученiе чина съ одной стороны, исправное полученiе пожертвованiя съ другой—вотъ, въ большинствѣ случаевъ, отношенiя, издревле установившiяся между попечителемъ и учебнымъ заведенiемъ. Нельзя не пожалѣть, если эти отношенiя продолжатся и на будущее время...

Колегiальное попечительство, заинтересовавъ неограниченное число почетныхъ жителей той или другой мѣстности въ дѣлахъ своей школы, представляетъ несравненно болѣе шансовъ, что между членами попечительства найдутся люди, не желающіе ограничить свою дѣятельность одними только ежегодными пожертвованіями опредѣленной денежной суммы. Можно надѣяться, что между «многими» найдется хотя одинъ дѣятель, способный принести школѣ дѣйствительную пользу. Наоборотъ, назначеніе попечителемъ «одного», въ большинствѣ случаевъ, по необходимости падаетъ на самаго почетнаго и богатаго, но не всегда на самаго дѣльнаго и понимающаго дѣло члена общины.

Если съ этой точки зрѣнія смотрѣть на роль попечительства, то нельзя не пожелать, чтобъ должность члена попечительства была соединяема со всѣми другими должностями, не подлежала смѣщенію безъ суда и, наконецъ, была пожизненною. Все это возвысило бы значеніе попечительства, дало бы внутреннюю самостоятельность какъ этому учрежденію, такъ и вообще всей системѣ народнаго образованія, и избавило бы правительство отъ необходимости, для «поддержанія вѣса» этой почетной должности, раздавать попечителямъ чины, мундиры и знаки отличія.

Перейдемъ теперь къ личному составу попечительства.

Въ настоящее время можно считать вопросомъ, неподлежащимъ перерѣшенію, то, что школа должна стараться удовлетворить образовательныя потребности различныхъ вѣроисповѣданій и что религія, въ какихъ бы догматическихъ формахъ она ни выражалась, не должна быть помѣхою народному образованію.

Въ большинствѣ случаевъ, одна и та же община служитъ мѣстомъ жительства для гражданъ различныхъ вѣроисповѣданій. Почему бы на скамьяхъ одной и той же школы не учиться дѣтямъ различныхъ вѣроисповѣданій? Если связать существованіе народныхъ школъ съ вопросомъ о вѣроисповѣданіи, то, не говоря уже о несовременности такого прозелитизма, онъ явился бы однимъ изъ средствъ оставить болѣе малочисленныя, въ данной мѣстности, исповѣданія безъ всякаго образованія. Открыть собственную школу — у нихъ нѣтъ средствъ, посылать въ общинную — нельзя, потому что она существуетъ только для дѣтей извѣстнаго вѣроисповѣданія. Религіозная нетерпимость всегда являлась источникомъ умственной нищеты. Разъединеніе различныхъ частей народа въ дѣлѣ народнаго образованія было бы одним из средств сознательно прививать невѣжество, если не ко всему народу, то къ дисидентской части населенія.

Желая въ самомъ названіи нейтрализировать религіозный оттѣнокъ народныхъ школъ, мы предпочли названіе «общинной», «начальной» школы названію «приходской». Приходъ—это понятіе, неразрывно связанное съ какимъ-нибудь религіознымъ вѣрованіемъ: православнымъ, католическимъ, протестантскимъ... Община есть связь чисто территоріальная. Обязательное превращеніе общинной школы въ приходскую было бы равносильно насильственному подчиненію одной партіи другой, искуственному развитію церковнаго преобладанія на счетъ истиннаго и безкорыстнаго религіознаго убѣжденія.

Говоря о томъ, должна ли начальная школа быть общинной или приходской, нельзя оставить безъ вниманія и матеріальную сторону вопроса. Школа, поддерживаемая складчиной всѣхъ вѣроисповѣданій, располагаетъ большими матеріальными средствами, нежели мелкія школы, основываемыя каждымъ изъ входящихъ въ составъ общины вѣроисповѣданій. Слѣдовательно, первая имѣетъ болѣе шансовъ быть школой хорошей школой, нежели вторыя. Вѣровно, никто не станетъ спорить, что двѣ-сти плохія школы принесутъ несравненно менѣе пользы нежели одна хорошая. Мелкія школы, по необходимости, будутъ болѣе затрудняться какъ пріисканіемъ матеріальныхъ средствъ, такъ и пополненіемъ личнаго состава преподающаго сословія людьми добросовѣстными и знающими дѣло, нежели одна, общая для всѣхъ вѣроисповѣданій, общинная школа.

Если дѣти всѣхъ вѣроисповѣданій будутъ учиться въ одной и той же общинной школѣ, то, сообразно этому составу учащихся, долженъ организоваться и составъ школьнаго попечительства. Первое условіе, которому должно удовлетворять попечительство каждой школы, заключается въ томъ, чтобъ въ немъ участвовали свѣтскіе представители всѣхъ, проживающихъ въ общинѣ, вѣроисповѣданій. Старовѣры, протестанты, католики и вообще всѣ диссиденты, проживающіе въ общинѣ, только тогда примутъ дѣятельное участіе въ судьбѣ православныхъ школъ, когда, прославившееся своею религіозною терпимостью, православное общество откроетъ всѣмъ иновѣрцамъ широкое поле для общественной дѣятельности, когда свѣтъ науки будетъ съ полнымъ безпристрастіемъ раздаваться и своимъ и чужимъ.

Второе условіе, которое необходимо имѣть въ виду при организаціи попечительствъ, заключается въ томъ, чтобъ крестьяне, мѣщане и т. д., даже неграмотные были допущены къ участію въ школьномъ попечительствѣ наравнѣ съ образованнымъ и достаточнымъ классомъ населенія. Авторъ имѣлъ случай лично убѣдиться, что когда, въ 1865 году, попечителями нѣсколькихъ сельскихъ школъ Ушицкаго уѣзда, Подольской губерніи, были выбраны крестьяне, по большей части неграмотные, всѣ они заявили себя особенною преданностью дѣлу народнаго образованія и вообще ихъ заботы были въ высшей степени полезны для мѣстныхъ школъ.

Вытегорское земство обратилось въ министерство внутреннихъ дѣлъ съ ходатайствомъ о предоставленіи попечителямъ сельскихъ училищъ изъ податныхъ сословій различныхъ правъ и преимуществъ[1]. Къ сожалѣнію, земство дѣйствуетъ въ этомъ случаѣ не вполнѣ безкорыстно. Оно предположило обязать попечителей, избираемыхъ обществомъ изъ податныхъ сословій, жертвовать въ пользу училища ежегодно не менѣе 25 руб. сер., за что оно увольняетъ

---

[1] „Голосъ", № 44, 1870 года.

их отъ обязательнаго служенія въ общественныхъ по волости должностяхъ. Такимъ образомъ, мы снова встрѣчаемся съ фискальнымъ взглядомъ на значеніе попечителя школы. Не повторяемъ уже сдѣланныхъ нами возраженій противъ этого взгляда. Прибавимъ только, что какъ бы ни были богаты вытегорскіе крестьяне, но можно надѣяться, что между ними найдется немного охотниковъ до попечительства надъ своею школой. Конечно, честь велика, но и убытокъ не малый.

А между тѣмъ, необходимо, во что бы то ни стало, привлечь крестьянское сословіе къ попечительству надъ школой... Мы увѣрены, что на этомъ поприщѣ дѣятельность крестьянскаго сословія будетъ приносить не менѣе пользы, чѣмъ дѣятельность образованнаго и достаточнаго класса. Въ каждомъ селеніи почти всегда можно найти нѣсколько зажиточныхъ и здравомыслящихъ крестьянъ, готовыхъ принять дѣятельное участіе въ судьбѣ школы, и очень рѣдко можно встрѣтить помѣщика, который шелъ бы въ этомъ дѣлѣ далѣе формальнаго, аристократическаго покровительства. Но всякій согласится, что въ тѣхъ случаяхъ, когда надобно расшевелить массу и заинтересовать ее въ судьбѣ своей школы, личное участіе людей, пользующихся вліяніемъ, имѣетъ несравненно бо́льшую цѣну, нежели пожертвованіе нѣсколькихъ рублей.

Образованныя и достаточныя сословія, при устройствѣ сельской школы, обыкновенно жертвуютъ свои деньги и пускаютъ въ ходъ свою начитанность, тенденціи и педагогическую опытность, но только рядовой крестьянинъ (обыкновенно) жертвуетъ свой личный трудъ: ходитъ по избамъ, увѣщеваетъ каждаго изъ домохозяевъ порознь, беретъ на себя заботу о такихъ мелочахъ, о которыхъ образованные покровители обыкновенно имѣютъ смутное понятіе, но которыя, тѣмъ не менѣе, играютъ важную роль въ крестьянскомъ быту.

Третье условіе. Въ школьномъ попечительствѣ должно принимать участіе мѣстное духовенство различныхъ вѣроисповѣданій.

Одни скажутъ: «Разумѣется; объ этомъ и говорить нечего». Другіе, напротивъ, будутъ опасаться, чтобъ изъ этого допущенія духовныхъ лицъ всѣхъ вѣроисповѣданій къ участію въ школьномъ попечительствѣ не вышелъ впослѣдствіи клерикализмъ, излишнее вліяніе духовенства на дѣло народнаго образованія. Какъ помирить эти два мнѣнія?

Думаемъ, что клерикальное направленіе заключается не столько въ открытомъ вліяніи духовенства, сколько въ тайныхъ происках. Искуственно удалить общество отъ всякаго церковнаго вопроса, еще не значитъ способствовать установленію раціональныхъ отношеній церкви къ обществу.

Исторія доказываетъ, что начальное ученіе и религіозное образованіе всегда шли рука объ руку. Можетъ быть, это согласіе не болѣе, какъ рутина, но оно вошло въ нравы народа. Посему, устраненіе представителя религіознаго начала — духовенства различныхъ вѣроисповѣданій — отъ участія въ народномъ образованіи, во многихъ случаяхъ, было бы возможно только путемъ насилія. Допущеніе одного изъ этихъ вѣроисповѣданій и исключеніе всѣхъ другихъ, устранило бы изъ начальной школы все диссидентское населеніе общины, привело бы къ разъединенію народнаго образованія и обѣднѣнію его средствъ. Итакъ, во имя свободы совѣсти, допуская свободное проявленіе какого бы то ни было религіознаго чувства въ каждомъ человѣкѣ (въ какой бы то ни было церковной и догматической формѣ, лишь бы эта форма не была преступленіемъ противъ государства и нравственности), нельзя отрицать полную законность вліянія всѣхъ вѣроисповѣданій на дѣло народнаго образованія. Можно стараться дать раціональный исходъ религіозному чувству того или другого вѣроисповѣданія, но было бы дурною государственною политикой загораживать свободный выходъ которому-нибудь изъ нихъ. Не лучше ли открыто допустить это вліяніе, подвергнувъ его контролю правительства и общественнаго мнѣнія, чѣмъ облекать его всѣми привилегіями запрещеннаго плода.

Открыть передъ духовенствомъ различныхъ вѣроисповѣданій (наравнѣ съ свѣтскими послѣдователями этихъ вѣроисповѣданій) возможность принять законное участіе въ первоначальномъ образованіи народа, значитъ, вопервыхъ, облагородить это вліяніе степенью оказываемаго ему довѣрія; вовторыхъ, ограничить одно религіозное вліяніе множествомъ другихъ; втретьихъ, подвергнуть контролю государства и земства всѣ эти вліянія вмѣстѣ и каждое изъ нихъ порознь.

Школа, поставленная подъ огнемъ перекрестныхъ вліяній различныхъ вѣроисповѣданій, будетъ способствовать развитію терпимости въ нравахъ народа, очисткѣ его религіозныхъ мнѣній и установленію нормальныхъ отношеній церкви къ государству.

Едва ли надобно прибавлять, что положеніе духовнаго лица, какъ члена попечительства, въ сравненіи съ свѣтскими членами того же попечительства, не должно представлять никакихъ особенныхъ выгодъ. Другими словами: духовныя лица всѣхъ вѣроисповѣданій участвуютъ въ школьномъ попечительствѣ не какъ духовныя лица, но какъ лучшіе и полезнѣйшіе граждане, имѣющіе для педагогическихъ занятій, достаточно досуга и практическаго опыта. Мы только желаемъ, чтобъ ни одно способное лицо не было устранено отъ попечительства, потому что оно принадлежитъ къ составу духовенства, какого бы то ни было вѣроисповѣданія. Школьныя попечительства, о которыхъ мы говоримъ, не слѣдуетъ смѣшивать съ церковными, существующими во многихъ мѣстахъ, какъ при православныхъ, такъ и при католическихъ церквахъ. Отличіе очевидно. Церковное попечительство занимается мѣстною школой «между прочимъ». Оно приняло на себя множество другихъ обязанностей. Школьное попечительство спеціально посвящено своей школѣ. Церковное попечительство занято только «прихожанами», школьное—всѣмъ населеніемъ общины. Въ церковномъ попечительствѣ участвуютъ только лица одного вѣроисповѣдания, въ школьномъ — лица всѣхъ вѣроисповѣданій.

До сихъ поръ мы говорили о личномъ составѣ школьныхъ попечительствъ. Скажемъ теперь о предметахъ, которые должны быть предоставлены ихъ вѣдѣнію.

Мы не видимъ причины, почему нельзя было бы предоставить самому попечительству, безъ всякаго посторонняго вмѣшательства, договорить учителя, ввести преподаваніе предмета полезнаго по мѣстнымъ соображеніямъ (напримѣръ, живописи) и вообще дать общее направленіе ученію въ мѣстной школѣ. Вмѣшательство земства и государства въ чисто-педагогическія распоряженія попечительства могутъ быть допущены только въ видѣ исключенія, въ случаяхъ крайней необходимости. Слишкомъ нажимать пружину, издалека управляющую школой, значитъ ослабить вліяніе мѣстныхъ элементовъ, способныхъ дѣйствовать гораздо сильнѣе и своевременнѣе.

Не менѣе важная обязанность школьнаго попечительства заключается въ заботахъ о матеріальномъ благосостояніи мѣстной школы. Въ эту категорію его дѣятельности входятъ: сборъ обязательнаго налога на школу съ членовъ общины, сборъ добровольныхъ пожертвованій за мѣстную школу какъ съ членовъ попечительства, такъ и вообще со всѣхъ лицъ, ей сочувствующихъ и, наконецъ, управленіе школьнымъ имуществомъ.

Скажемъ нѣсколько словъ объ имуществѣ школъ.

Желательно, чтобъ наши народныя школы имѣли вполнѣ самостоятельный, исключительно имъ принадлежащій фондъ, который обезпечивалъ бы имъ навсегда, по крайней мѣрѣ, самое необходимое. Сборъ съ членовъ общины, частныя пожертвованія и суммы, отпускаемыя земствомъ — все это, болѣе или менѣе, зависитъ отъ настроенія минуты. Чтобъ создать вполнѣ независимую систему народнаго образованія, необходимо, хотя отчасти, обезпечить эту систему средствами, принадлежащими каждой отдѣльной школѣ, какъ самостоятельному юридическому лицу.

Въ Соединенныхъ Штатахъ Сѣверной Америки такимъ обезпеченіемъ служатъ земли. Народное образованіе и продажа государствомъ незанятыхъ земель идутъ тамъ рука объ руку. Въ каждой, вновь основываемой общинѣ, извѣстный участокъ земли оставляется въ пользу народной школы. Сверхъ того, изъ выручки отъ продажи земель удерживаются на народное образованіе два процента со всей продажной суммы. Этими деньгами распоряжается штатъ, въ которомъ находятся продаваемыя земли (Незанятыя земли продаются непосредственно союзомъ, но часть выручки отдѣляется на школы и передается въ распоряженіе штата).

Ничто не мѣшаетъ и русскому государству, на своей восточной и южной окраинѣ и вообще вездѣ, гдѣ въ распоряженіи правительства находится много свободныхъ земель, ввести подобную же систему земельнаго обезпеченія школъ.

Что же касается тѣхъ мѣстностей Россіи, гдѣ нѣтъ никѣмъ незанятыхъ земель, то въ настоящую минуту здѣсь открывается другой источникъ земельнаго обезпеченія народныхъ школъ. Мы говоримъ о церковныхъ земляхъ, служащихъ до сихъ поръ значительнымъ источникомъ доходовъ православнаго духовенства, но по всей вѣроятности ожидающихъ другого назначенія. Большинство священниковъ и мірянъ согласны, что хозяйство на церковныхъ земляхъ только стѣсняетъ священника, добросовѣстно исполняющаго свои обязанности, и нерѣдко ставитъ его въ недружелюбныя отношенія къ прихожанамъ. Сколько намъ извѣстно, большинство священниковъ охотно согласилось

…, вмѣсто хозяйства на церковныхъ земляхъ, получать соотвѣтствующее жалованье отъ общины, земства или изъ государственныхъ суммъ.

Земельное обезпеченіе духовенства имѣло смыслъ въ то время, когда вообще всякое жалованье платилось землей, когда этой недвижимой монетой удовлетворялся бояринъ, служилый человѣкъ, чорное и бѣлое духовенство. Но все это могло существовать только до поры до времени, только за неимѣніемъ лучшихъ и болѣе вѣрныхъ способовъ упрочить матеріальное благосостояніе православнаго духовенства. Въ настоящее время, земельное жалованье остается у одного только сельскаго духовенства; во всѣхъ остальныхъ сферахъ общественной и государственной службы оно замѣнено денежнымъ вознагражденіемъ. Не будемъ распространяться о томъ, что отъ священника, постоянно отвлекаемаго сельско-хозяйственными занятіями, если эти занятія составляютъ офиціально-признанное вознагражденіе за его труды, нельзя требовать отчетливаго выполненія своихъ обязанностей по приходу.

По этимъ причинамъ мы надѣемся, что вопросъ о матеріальномъ обезпеченіи православнаго духовенства, въ болѣе или менѣе близкомъ будущемъ, разрѣшится въ томъ смыслѣ, что земельное обезпеченіе будетъ замѣнено опредѣленнымъ денежнымъ жалованьемъ. Тогда въ каждомъ сельскомъ приходѣ останется не менѣе 33 десятинъ свободной земли, а въ нѣкоторыхъ гораздо болѣе. Съ той минуты, когда эти земли потеряютъ значеніе въ вопросѣ объ обезпеченіи мѣстнаго причта, онѣ должны быть возвращены общинѣ, отъ которой онѣ и были когда-то отобраны. Послѣ этого не остается никакого сомнѣнія, что самое лучшее назначеніе, какое только можно дать этимъ землямъ, было бы сдѣлать изъ нихъ средство вѣчнаго обезпеченія мѣстныхъ народныхъ школъ.

Мы предвидимъ возраженіе съ «нравственной» точки зрѣнія противъ такого «полезнаго» употребленія доходовъ съ церковныхъ земель. Извѣстно, что значительная часть церковныхъ земель образовалась изъ пожертвованій частныхъ лицъ «на поминъ души» или же дана ими церкви съ спеціальнымъ назначеніемъ вѣчно служить обезпеченіемъ мѣстнаго причта. «Руга» малороссійскихъ церквей почти исключительно образовалась изъ такихъ благочестивыхъ пожертвованій. Отступивъ отъ буквы завѣщанія дарителей, не нарушимъ ли мы самаго завѣщанія?

Вопросъ этотъ давно уже разрѣшенъ наукой,

истинная же нравственность, какъ извѣстно, никогда не противорѣчитъ наукѣ.

Не было бы конца неправдѣ и недоразумѣніямъ, еслибъ справедливымъ и законнымъ считалось только то, что согласно съ буквой какого-нибудь текста, а не съ его смысломъ. Буквальное толкованіе очень часто представляетъ обширное поприще для недобросовѣстнаго толкованія. Опираясь на букву, недобросовѣстный критикъ всегда можетъ извратить или затемнить самый ясный смыслъ сочиненія, освѣтить его такимъ намѣреніемъ, котораго авторъ никогда не имѣлъ, и приписать ему такія цѣли, которыя онъ всего болѣе порицаетъ. Выхватывая фразу отдѣльно изъ цѣлаго сочиненія, можно не только замаскировать ея настоящую цѣль, но извратить смыслъ сочиненія до неузнаваемости въ глазахъ автора и каждаго здравомыслящаго человѣка. «Буквальное толкованіе» отдѣльныхъ словъ и фразъ было самымъ надежнымъ средствомъ испанской инквизиціи.

Каждое благотворительное дѣйствіе человѣка, въ томъ числѣ и каждое завѣщаніе въ пользу церкви, есть только фраза изъ цѣлой книги, фраза, которая можетъ быть понята и объяснена содержаніемъ, тономъ и тенденціями цѣлой книги. Каждая частная благотворительная воля примыкаетъ къ общей и высшей благотворительной цѣли, обнимающей все благосостояніе человѣчества, всѣ матеріальныя и духовныя цѣли человѣческаго бытія. Каждое пожертвованіе въ пользу церкви, какъ бы давно оно ни совершилось, какъ бы ни были велики его прошедшія заслуги, не болѣе, какъ отдѣльная фраза изъ великой общечеловѣческой книги. Въ сомнительныхъ случаяхъ эта фраза понимается и ея смыслъ приводится въ исполненіе сообразно смыслу, стремленіямъ и нравственному идеалу цѣлой книги.

Не надобно забывать, что назначеніе духовенства, какъ въ древнѣйшія времена христіанства, такъ и въ наше время, заключается въ томъ, чтобъ давать народу нравственно-религіозное образованіе. Въ этомъ общемъ смыслѣ исчезаютъ всѣ случайныя измѣненія, вносимыя въ понятіе о духовенствѣ различными историческими эпохами и народами. Слѣдовательно, жертвуя духовенству, старый русскій человѣкъ жертвовалъ не отцу Ивану, Петру и т. д., но той идеѣ, которая олицетворяется позолоченнымъ крестомъ его сельской церкви, идеѣ нравственно-религіознаго развитія своихъ односельцовъ. Хотя потребности народнаго развитія никогда не измѣняются, но экономическія условія, среди которыхъ живутъ дѣятели народнаго развитія теперь и жили 100 лѣтъ назадъ, радикально измѣнились. Съ той минуты, когда общій государственный законъ признаетъ пользованіе церковными землями недостаточнымъ и несовременнымъ видомъ жалованья для органовъ нравственно-религіознаго развитія русскаго народа и замѣнитъ его другимъ видомъ обезпеченія, земли эти остаются собственностью идеи нравственно-религіознаго развитія русскаго народа въ томъ видѣ, въ какомъ она является въ настоящую эпоху. Такое измѣненіе только приблизитъ ихъ къ волѣ завѣщателя и къ точному исполненію его желанія содѣйствовать духовно-нравственному развитію его согражданъ [1]).

[1) Вопросъ объ измѣненіи назначенія церковныхъ имуществъ англиканской церкви разсмотрѣлъ Милль въ статьѣ: «The right and wrong of state interference with corporation and church property» (Dissertations, I, 1—40). Вполнѣ соглашаясь съ приводимыми имъ доводами въ пользу права государства измѣнить назначеніе церковныхъ имуществъ, мы не можемъ однако принять его мнѣніе о томъ, что земли никогда не должна быть собственностью благотворительныхъ учрежденій и корпорацій. Если англиканское духовенство очень дурно распоряжалось своимъ земельнымъ имуществомъ, то изъ этого еще не слѣдуетъ, чтобъ всякое юридическое лицо должно было

Еще легче отвѣчать на другое возраженіе. Если церковныя земли будутъ служить обезпеченіемъ общинныхъ школъ, а общинныя школы будутъ удовлетворять образовательнымъ потребностямъ всего мѣстнаго населенія, безъ различія вѣроисповѣданій, то, въ такомъ случаѣ, наше церковное имущество послужитъ въ нѣкоторой степени образованію не только православныхъ членовъ общины, но и всѣхъ во-

---

дурно распоряжаться своими землями. Если англиканское духовенство, владѣя огромными имуществами, ничего не сдѣлало для развитія народа, то изъ этого не слѣдуетъ, чтобъ школьное попечительство тоже ничего не сдѣлало. Въ Англіи собственникомъ церковныхъ земель была каста, представители которой очень часто были совершенно чужды народу. Заботясь, при управленіи имѣніями, о своихъ личныхъ цѣляхъ, они могли вовсе не заботиться о народѣ. Наши школьныя попечительства находились бы въ совершенно иномъ положеніи. Заботясь о благосостояніи своей школы, они заботились бы о хорошемъ образованіи своихъ дѣтей, и, наоборотъ, ихъ нерадѣніе, прежде всего, отразилось бы и на ихъ дѣтяхъ. Еслибъ церковныя земли въ ихъ рукахъ управлялись дурно, слѣдовало бы прибѣгнуть къ возвышенію налога на школу, который падалъ бы на нихъ же самихъ. Тутъ выбирать не изъ чего. Надо платить обществу или по формѣ налога, или въ формѣ хорошаго управленія церковными землями, капиталами и вообще всякимъ школьнымъ имуществомъ.

...обще. Православная церковь, таким образом, подала бы руку помощи своим антагонистам. Справедливо ли это?

Что же! Тѣмъ лучше. Отсутствіе эгоизма всегда составляло характеристическую черту православной церкви. Сословная и національная благотворительность едва ли согласна съ нравственнымъ достоинствомъ какой бы то ни было религіи. Врачъ не откажетъ въ пособіи иновѣрцу, потому только, что онъ иновѣрецъ. Вспомнимъ причту о самаритянинѣ...

Повторимъ въ нѣсколькихъ словахъ сказанное нами для разъясненія вопроса, отъ кого должны зависѣть общинныя (начальныя) школы и на какія средства онѣ должны содержаться. Общинная школа должна находиться въ рукахъ мѣстной общины, должна управляться школьнымъ попечительствомъ, составленнымъ изъ всѣхъ выдающихся членовъ мѣстнаго населенія, безъ различія сословій и вѣроисповѣданій, и должна содержаться на счетъ самой общины.

Въ дѣлахъ мѣстной народной школы общинѣ принадлежитъ самая дѣятельная роль. Какъ государство, такъ и земство должны предоставить ей какъ можно болѣе простора. Децентрализація системы народнаго образованія заключается не въ одномъ только перенесеніи централизаціи изъ высшихъ сферъ администраціи въ губернскія и уѣздныя собранія, но въ оставленіи за общиной того, что можетъ и должно быть сдѣлано самою общиной. Колективная дѣятельность земства не должна парализировать частную дѣятельность каждой отдѣльной общины по устройству и направленію мѣстной школы. Это тѣмъ болѣе справедливо, что весьма возможны и желательны такіе случаи, когда школы, основанныя общинами и частными лицами, не будутъ нуждаться въ государственномъ и земскомъ пособіи и когда постоянное вмѣшательство земства въ устройство и направленіе общинныхъ (начальныхъ) школъ является или непрошенною помощью или прямымъ стѣсненіемъ частной дѣятельности.

Переходимъ къ третьему дѣятелю народнаго образованія—губернскому и уѣздному земству. Чтобъ опредѣлить ихъ педагогическую роль и отличить ее отъ роли государства и общинъ, прежде всего слѣдуетъ обратить вниманіе на то, отъ кого должны зависѣть высшія народныя школы и кто долженъ озаботиться тѣми статьями бюджета народныхъ школъ, которыя могутъ быть обезпечены только общими усилнія нѣсколькихъ общинъ или даже цѣлаго уѣзда и губерніи. Къ числу такихъ статей принадлежитъ, напримѣръ, подготовка кандидатовъ на должность сельскихъ учителей.

Будемъ держаться одного и того же принципа: матеріальная зависимость школы устанавливаетъ зависимость административную. Такъ какъ никто, кромѣ уѣзднаго земскаго собранія, не можетъ асигновать средствъ для содержанія высшаго народнаго училища и, сообразно мѣстнымъ промышленнымъ условіямъ, опредѣлять его спеціальность, то, само собою разумѣется, высшія народныя школы, учреждаемыя на счетъ уѣзднаго земства, должны отъ него же и зависѣть.

Это не значитъ, чтобъ не могли существовать высшія народныя школы, основанныя общинами и частными лицами. Какъ общины, такъ и частныя лица могутъ, не дожидаясь земскихъ собраній, на свой счетъ открывать высшія народныя школы съ спеціальными курсами, примѣненными къ мѣстнымъ экономическимъ потребностямъ. Но подобныя школы составляютъ добровольное пожертвованіе и потому не могутъ быть учреждаемы обязательно. Мы же говоримъ только о школахъ, учрежденіе которыхъ, если не юридически, то нравственно обязательно.

На губернскомъ земскомъ собраніи лежитъ подобная же обязанность. Никто, кромѣ его, не можетъ выполнить задачу подготовленія сельскихъ учителей для данной мѣстности. Одинъ уѣздъ можетъ нуждаться ежегодно только въ 5 — 10 сельскихъ учителяхъ для замѣщенія ежегодно открывающихся вакансій. Очевидно, что для этого числа кандидатовъ весьма затруднительно открыть хорошіе педагогическіе курсы и, что всего раціональнѣе, открыть эти курсы одни для всей губерніи, какъ и сдѣлало петербургское земство.

Остановка можетъ быть только «за средствами».

Мы не будемъ входить въ обсужденіе подробностей той части бюджета народныхъ школъ, которая пополняется изъ источниковъ, принадлежащихъ земству. Каждая губернія и каждый уѣздъ представляютъ множество разнообразныхъ мѣстныхъ условій, осязаемыхъ только на мѣстѣ, отдѣльно для каждаго случая. Каждое земство имѣетъ свои источники доходовъ, всего лучше извѣстные земскимъ собраніямъ. Но если подробности той части земскаго бюджета, которая касается народныхъ школъ, не могутъ подчиниться общему правилу, тѣмъ легче можно опредѣлить общую сумму того, что можетъ пожертвовать земство каждаго уѣзда на свои народныя школы. Постараемся говорить фактами.

Глуховское земское собраніе, напримѣръ, асигновало, въ 1868 году, на дѣло народнаго образованія болѣе 14,000 р. и покрыло всю эту сумму совершенно обезпеченными статьями дохода. Глуховскій уѣздъ своимъ климатомъ, промышленностью и почвой нисколько не выдѣляется изъ ряду большей части другихъ уѣздовъ центральной Россіи. Здѣсь нѣтъ ни чрезвычайнаго плодородія, ни чрезвычайныхъ неурожаевъ. Найдется много другихъ уѣздовъ съ несравненно болѣе развитою фабричною, промышленною и торговою дѣятельностью. Здѣсь нѣтъ даже сплавной рѣки. Не рождается ли сама собою мысль, что если глуховскій уѣздъ нашелъ возможнымъ асигновать на народное образованіе 14,000 р. ежегодно, то и другіе уѣзды имѣютъ возможность въ такой же мѣрѣ обезпечить мѣстное народное образованіе? Глуховскому земскому собранію 1868 года принадлежитъ честь перваго крупнаго пожертвованія на дѣло мѣстнаго народнаго образованія, но мы не думаемъ, чтобъ другія земскія собранія Россіи навсегда оставили исключительно за глуховским уѣздом честь серьезнаго взгляда на это дѣло.

Правда, не всю асигнованную глуховским земством сумму предположено употребить на народныя школы. Бо́льшая часть идет на устройство классической прогимназіи, преобразовываемой из глуховскаго уѣзднаго училища. Но, в настоящую минуту, для нас важно не то, как глуховское земство распорядится суммой, собранной на народное образованіе, а то, что оно нашло возможным распорядиться такою суммой.

При этом нельзя не обратить вниманія на слѣдующее обстоятельство. Для покрытія всей училищной суммы глуховскаго уѣзда, земство не имѣло надобности прибѣгать к каким-нибудь чрезвычайным и исключительным источникам. Только одна статья бюджета в 2,500 рублей (из прибылей городскаго общественнаго банка) принадлежит к числу источников мѣстных, встрѣчающихся не вездѣ. Вся же остальная сумма (болѣе 12,000 рублей, в том числѣ 900 рублей, пожертвованных частными лицами) покрывается такими источниками доходов земства, на поступленіе которых может расчитывать едва ли не всякій уѣздъ Россійской Имперіи [1]).

Училищный бюджетъ глуховскаго уѣзда, по постановленію 1868 года, составленъ такимъ образомъ:

Въ уѣздѣ числится всѣхъ дворовъ сельскаго населенія 13,200; изъ нихъ 7,700 дворовъ застрахованы по нормальной оцѣнкѣ, а 5,500 дворовъ по особой добровольной. Комисія, избранная земскимъ собраніемъ, предположила обложить первые по 15 к. съ двора ежегодно, что составитъ сумму 1,540 р., а вторые по 35 к. съ двора, что составитъ 1,650 руб. Всего 3,190 руб.

Спеціально на народныя школы еще прежнія земскія собранія ассигновали 1,000 р.

Съ тысячи владѣльческихъ дворовъ, по градаціи съ количества владѣемой земли—150 руб.

Отпускаемые изъ государственнаго казначейства на уѣздное училище 2,110 р.

Отпускаемые изъ доходовъ города Глухова на содержаніе приготовительнаго класса 199 р. 14 к.

Жертвуемые ежегодно почетнымъ блюстителемъ приходскаго училища 100 р.

Опредѣленные по приговору городскаго общества изъ прибылей городскаго общественнаго банка 2,500 рублей.

Опредѣленные постановленіемъ уѣзднаго земскаго собранія изъ суммъ земства 3,000 р.

Жертвуемые ежегодно двумя лицами 800 руб.

Плата за право ученія и на медика, по приблизительному исчисленію, 1,000 руб.

Всего 14,049 р. 14 к.

Такъ какъ изъ этой суммы 900 р. (пожертвованіе частныхъ лицъ и почетнаго блюстителя) могутъ под-

Но задача земских собраній, по крайней мѣрѣ въ настоящую минуту, не можетъ быть ограничена однимъ только учрежденіемъ высшей народной школы. Независимо отъ этого, имъ безспорно принадлежитъ учредительная роль въ дѣлѣ организаціи всей мѣстной системы народно-образовательныхъ учебныхъ заведеній.

Два рода причинъ вызываютъ вмѣшательство земства въ дѣло общинныхъ (начальныхъ) школъ: экономическія и административныя.

Легко можетъ случиться, что средства отдѣльныхъ общинъ, по причинѣ ихъ бѣдности и малонаселенности, не будутъ покрывать расходы на содержаніе хорошей общинной школы. Необходима помощь земства. Въ настоящую минуту, помощь эта будетъ требоваться очень часто.

лежать исключенію, то, для пополненія этого возможнаго дефицита, внесено уѣздною управою въ смѣту земства 300 р. и предположено пригласить городское общество къ назначенію такой же суммы.

Не лишено значенія также и то, что вѣрное поступленіе ³/₄ суммы, асигнованной земствомъ на дѣло просвѣщенія, обезпечено тѣмъ, что расходъ этотъ признанъ обязательнымъ и земство приняло на себя ручательство производить отпускъ этой части асигнованнаго расхода впредь по третямъ.

(См. „Журналы Глуховскаго уѣзднаго земскаго собранія 1868 года").

Административныя причины обусловливаются современнымъ состояніемъ русской общины. Крестьянское населеніе, на которомъ исключительно лежитъ все управленіе нашихъ селъ, по большей части такъ неразвито, бѣдно и лишено довѣрія къ своимъ силамъ, что не можетъ обойтись безъ помощи и руководства высшей колективной силы, олицетворяемой земствомъ. Поэтому, во многихъ мѣстностяхъ, благодаря не столько равнодушію, сколько неумѣлости общинъ, земству предстоитъ устроить всю систему мѣстнаго народнаго образованія (т. е. и начальныя и высшія народныя школы), дать всему оживляющій толчокъ, возбудить соревнованіе и отыскать людей. Позволительно надѣяться, что со временемъ все это сдѣлается не нужнымъ, но въ настоящее время, очевидно, безъ этого нельзя обойтись.

Устроить высшую народную школу и помогать устройству начальныхъ школъ—такова, по нашему мнѣнію, педагогическая задача каждаго изъ уѣздныхъ земскихъ собраній Россіи. Болѣе этого (въ педагогическомъ отношеніи) они врядъ ли что могутъ сдѣлать. Но вполнѣ достаточно, если они выполнятъ въ совершенствѣ только эту задачу.

Нѣкоторыя земскія собранія не желаютъ брать

на себя почин в дѣлѣ организаціи мѣстнаго народнаго образованія. Встрѣчаются такія постановленія, которыми опредѣляется извѣстная сумма на народныя школы, но какъ планъ организаціи мѣстныхъ народныхъ школъ, такъ и самая организація предоставляются правительству. Земство не входитъ ни въ какія соображенія по этому предмету: оно поступаетъ подобно тѣмъ финансовымъ тузамъ, которые, предписавъ своей конторѣ «отпустить такую-то сумму» на одно изъ множества благотворительныхъ учрежденій, въ которыхъ они числятся почетными членами, считаютъ свое дѣло конченнымъ до будущаго срока членскихъ взносовъ. Если земскія собранія и управы будутъ только «вотировать» расходъ на школы, предоставивъ самому правительству заботиться объ учрежденіи народныхъ школъ, то окажется, что не земство, а государство должно являться на помощь общинамъ въ случаѣ, еслибы онѣ нуждались въ руководствѣ и поддержкѣ. Для того, чтобы поднять песчинку, мы построимъ машину, которая можетъ ломать каменныя горы.

Едва ли можно согласиться съ подобнымъ методомъ дѣйствія и одобрять готовность нѣкоторыхъ земскихъ собраній пасивно принимать чужія благодѣянія и, безъ всякаго размышления, пробавляться результатами чужаго ума, вмѣсто того, чтобъ самостоятельнымъ опытомъ выработать систему школъ, примѣнимую къ потребностямъ мѣстнаго населенія. Это своего рода deni de justice. Можно охотнѣе помириться съ нѣкоторыми ошибками земскихъ собраній при устройствѣ мѣстныхъ народныхъ школъ, нежели съ апатіей ихъ въ этомъ дѣлѣ.

Еслибъ народныя школы различныхъ мѣстностей Россіи могли походить одна на другую, то государство (разъ навсегда порѣшившее все забрать въ свои руки) могло бы, болѣе или менѣе удовлетворительно, выполнить эту комисію устройства народныхъ школъ, потому что онѣ были бы однообразны во всѣхъ мѣстностяхъ Россіи. Но развѣ возможно такое однообразіе? Народная школа, чтобы быть практически-полезною для населенія данной мѣстности, должна служить живымъ отраженіемъ всѣхъ экономическихъ и нравственныхъ условій, сложившихся въ данномъ уѣздѣ или селеніи. Классъ людей, посѣщающихъ народныя школы, живетъ «трудами рукъ своихъ», отношеніемъ между запросомъ на тотъ или другой видъ труда и количествомъ предложенія. Эти отношенія колеблются, смотря по губерніи и уѣзду, сообразно возникновенію новыхъ видовъ промышленности, переменам путей сообщенія и прочимъ, трудноуловимымъ мѣстнымъ условіямъ. Кому же лучше знать эти условія, какъ не земству? Центральная государственная власть не можетъ услѣдить за всѣми этими мелочами и потому не имѣетъ физической возможности создать для каждой мѣстности такую народную школу, которая именно необходима для мѣстнаго населенія и которая, можетъ быть, только здѣсь и хороша. Центральная власть, посредствомъ основныхъ законовъ о народномъ образованіи, можетъ держать въ своихъ рукахъ путеводную идею, выяснить общія цѣли, но не можетъ фотографировать въ своихъ народныхъ школахъ тысячи исключительно мѣстныхъ условій, подъ вліяніемъ которыхъ должно жить и учиться населеніе разныхъ закоулковъ Россіи. Поэты обладаютъ свойствомъ съ одинаковою легкостью возстановлять мѣстный колоритъ Камчатки и Тулы, архангельской и астраханской губерній, но государственные люди обыкновенно предпочитаютъ дозволить Камчаткѣ устроиться по-камчатски, а Тулѣ по-тульски. Поэтому, лучшею системой народнаго образованія будетъ та, когда всѣ провинціальные интересы перейдутъ къ мѣстнымъ жителямъ, лично заинтересованнымъ въ судьбѣ своихъ народныхъ школъ и живущим под влиянием тех местных потребностей, которыя эти школы должны удовлетворить.

И вдруг, в эту-то критическую минуту, земство откажется от всякой самостоятельной работы по части организации местных народных школ!..

Нельзя ожидать ничего хорошаго, если земство своим излишним вмешательством будет парализовать деятельность общины и частных лиц при устройстве местных народных школ, но еще хуже, если земство передаст все дело народнаго образования в руки высшей центральной власти.

V.

Можно ли откладывать повсемѣстное открытіе народныхъ школъ?

Говоря объ отношеніи государства къ мѣстному почину въ дѣлѣ народнаго образованія, мы старались выяснить ту мысль, что государство не должно парализировать мѣстную дѣятельность, но что за нимъ остается неотемлемое право наблюдать за исполненіемъ тѣхъ общихъ законовъ, которые должны быть положены въ основаніи всего народнаго образованія. Въ этой и слѣдующей главѣ мы разберемъ нѣкоторые изъ случаевъ подобнаго вмѣшательства.

Народное образованіе было названо въ одномъ изъ земскихъ собраній «дѣломъ совѣсти» земства. Это совершенно справедливо. Но это еще не все. Сообразуясь съ тѣмъ общимъ представленіемъ о «дѣлахъ совѣсти», которымъ люди привыкли руководиться, мы не вполнѣ исчерпаемъ вопросъ о необходимости возможно скораго распространенія полезныхъ свѣдѣній въ массѣ народа, если назовемъ народное образованіе только «дѣломъ совѣсти» земства, то есть, такимъ дѣломъ, которое, смотря по личному усмотрѣнію каждаго, можетъ быть выполнено и невыполнено, и которое, вообще, не выполняется людьми «безсовѣстными». Чтобъ измѣрить все значеніе вопроса о народномъ образованіи, мы должны прибавить, что онъ является не только вопросомъ народной совѣсти, но составляетъ чисто-экономическій расчетъ народнаго хозяйства. Народное образованіе есть не только дѣло благотворительности, но и средство политическаго самосохраненія... Безъ удовлетворенія стремленію народныхъ массъ къ наукѣ не можетъ существовать ни одна современная нація. Слѣдовательно, мало сказать о народномъ образованіи, что оно «дѣло совѣсти»: оно—безусловная необходимость.

Дѣло въ томъ, что около вопроса о грамотности массы и о распространеніи въ массѣ народа полезныхъ свѣдѣній группируется нѣсколько другихъ вопросовъ, составляющихъ то «рѣшающее большинство», при которомъ невозможна никакая опозиція. Такими вспомогательными вопросами являются, въ настоящемъ случаѣ, экономическій, политическій, военный и т. д. Трудно отыскать дѣйствительно-серьезный вопросъ народной жизни, который, такъ или иначе, не прикасался бы къ вопросу объ открытіи народныхъ школъ.

Напримѣръ, что можетъ быть очевиднѣе экономическихъ выгодъ, представляемыхъ народною школой? Подрядчику гораздо труднѣе обсчитать грамотного рабочаго, чѣмъ неграмотнаго; контрактъ, подписанный самимъ рабочимъ, исполняется гораздо акуратнѣе, чѣмъ не подписанный имъ; грамотный крестьянинъ не такъ охотно дается въ руки разнымъ промышленнымъ геніямъ, и т. д. Слѣдовательно, уже одна простая грамотность, составляющая только первую ступень народнаго образованія, можетъ быть названа народнымъ капиталомъ, могущественно содѣйствующимъ развитію народнаго благосостоянія.

Но уменье прочитать, сосчитать и подписаться составляет только начало дѣла. Народное образованіе — по крайней мѣрѣ, при настоящихъ экономическихъ потребностяхъ массы — немыслимо безъ спеціально-практическихъ народныхъ школъ, приспособленныхъ къ промышленнымъ потребностямъ мѣстнаго населенія. Остановимся на мнѣніи Милля о вліяніи техническаго образованія рабочаго на количество и качество работы:

«Всякій прогресъ въ искуствахъ, всякое улучшенное приложеніе сыраго матеріала къ промышленности даетъ высшую степень производительности одному и тому же количеству труда... Распространеніе общаго уровня народнаго образованія, особенно въ Англіи достойно постоянныхъ заботъ государственныхъ людей. Компетентные наблюдатели, имѣвшіе дѣло съ рабочими всѣхъ націй, удостовѣряютъ, что если англійскій рабочій иногда является чѣмъ-нибудь выше обыкновеннаго дровосѣка или водоноса, то онъ обязанъ этимъ просвѣщенію». Милль ссылается на слѣдующее показаніе одного изъ экспертовъ: «Живой характеръ итальянцевъ высказывается въ той понятливости, съ которою итальянецъ берется за всякую новую работу, угадывает мысль хозяина и соображается съ обстоятельствами. Французскіе рабочіе обладаютъ тѣми же природными качествами, но въ меньшей степени. Англичане, нѣмцы, швейцарцы и голандцы еще менѣе понятливы. Какъ простому рабочему, англичанину слѣдуетъ дать предпочтеніе. Если онъ занялся какою-нибудь спеціальной отраслью производства, онъ достигаетъ въ ней большаго совершенства. Но, продолжаетъ спрашиваемый экспертъ, я предпочелъ бы саксонцевъ и швейцарцевъ, какъ дѣловыхъ людей съ обыкновенными способностями, какихъ всякому хозяину желательно имѣть побольше. Особенно я предпочелъ бы саксонцевъ, потому что болѣе тщательное образованіе развило ихъ способности за предѣлы ихъ спеціальныхъ занятій и даетъ имъ возможность приспособиться ко всякой новой работѣ [1]).

Въ сочиненіи Лабулэ о народномъ образованіи мы нашли слѣдующее любопытное показаніе. «У меня есть работники: англичане, швейцарцы и много неаполитанцевъ. Послѣдніе лучшіе работники. Но мнѣ ни разу не

---

[1]) Mill. «Principes d'économie politique», I. 119 — 123.

...далось сделать подмастерья изъ неаполитанцевъ, между тѣмъ, какъ швейцарцы и англичане дѣлаются хорошими подмастерьями. Правда, прибавляетъ экспертъ, нѣтъ ни одного неаполитанца грамотнаго» [1]).

Если мы вспомнимъ предыдущее показаніе, въ которомъ такъ высоко поставлены природныя способности итальянцевъ, и сравнимъ его съ тѣмъ фактомъ, что ни одинъ неаполитанецъ, не смотря на природныя способности, не оказался годнымъ въ подмастерья, передъ нами выяснится громадное экономическое значеніе народной школы. Ни одного подмастерья изъ неаполитанцевъ!

Съ экономической стороной этого вопроса связана и нравственная. Свидѣтель, на котораго ссылается Милль, такимъ образомъ выражаетъ свое мнѣніе о вліяніи образованія на нравственность рабочаго сословія: «Мы, хозяева, вообще находимъ, что болѣе образованные работники въ то же время бываютъ, во всѣхъ отношеніяхъ, болѣе нравственными. Они трезвы, умѣренны въ своихъ удовольствіяхъ, и самыя удовольствія отличаются у нихъ болѣе разумнымъ характеромъ. Они во-

---

[1]) Лабулэ Народное Образованіе,—17.

обще склонны къ экономіи и простираютъ это качество даже на матеріалы, изъ которыхъ работаютъ, то-есть, прилагаютъ его въ интересѣ своего патрона. Словомъ, они честны и стоютъ довѣрія». Отвѣчая на вопросъ объ англійскихъ рабочихъ, тотъ же свидѣтель прибавилъ: «Въ своей спеціальности—это самые искусные работники, но въ то же время и самые безпорядочные. Изъ всѣхъ націй, съ которыми мы имѣли дѣло, англійскіе рабочіе менѣе заслуживаютъ уваженія и довѣрія. Но эта печальная черта касается только тѣхъ рабочихъ, которые имѣли несчастіе не получить образованія. Ихъ грубость пропорціональна ихъ невѣжеству» [1]).

Замѣчательно, что даже во время крѣпостнаго права, когда помѣщики опирались на необходимость «повиноваться съ кротостью и любовью всѣмъ постановленнымъ властямъ», считали нужнымъ рекомендовать народную школу, какъ средство улучшить народную нравственность. Московское общество сельскихъ хозяевъ, пропагандируя, лѣтъ 40 назадъ, мысль о необходимости распространенія грамотности въ народѣ, между прочимъ указываетъ на

---

[1]) Mill. «Principes, I, 119 123.

школу пчеловодства съ курсомъ грамотности, устроенную около Батурина г. Прокоповичемъ, какъ на весьма рельефное доказательство пользы просвѣщенія крѣпостныхъ. Вотъ что говорили тогда наши русскіе эксперты. Двое изъ дѣйствительныхъ членовъ общества, крестьяне которыхъ обучались въ школѣ г. Прокоповича, засвидѣтельствовали обществу о замѣчательной перемѣнѣ въ нравахъ и поведеніи, сдѣлавшейся съ ихъ крестьянами впродолженіи двухлѣтняго пребыванія въ школѣ пчеловодства. Одинъ изъ нихъ отдалъ въ ученіе къ г. Прокоповичу «бурлака съ строптивымъ нравомъ, а теперь свидѣтельствуетъ о немъ, какъ о человѣкѣ примѣрнаго поведенія, кроткомъ, послушномъ и любящемъ во всемъ порядокъ». Другой отозвался о своемъ крестьянинѣ не менѣе лестно. Если батуринская школа грамотнаго пчеловодства, подобно божественной лирѣ Орфея, имѣла свойство превращать строптиваго крѣпостнаго бурлака въ кроткаго, то чего она не можетъ сдѣлать изъ бурлаковъ свободныхъ, не имѣющихъ повода быть строптивыми!

Надо ли послѣ этого доказывать, что затраты на народное образованіе принадлежитъ къ числу самыхъ производительныхъ способовъ

*

употребленія народнаго капитала? Англія тратитъ ежегодно 81,76% своего бюджета на уплату процентовъ государственнаго долга и содержаніе войскъ, Франція на тотъ же предметъ, до настоящей войны, тратила 71,01% своего бюджета, Австрія—71½%, Пруссія—53,62%, наконецъ, Россія—60%. Что, еслибъ какая-нибудь счастливая случайность заставила эту статью государственнаго бюджета помѣняться мѣстами съ статьей «на народное образованіе!»... (¹).

Съ экономической точки зрѣнія, народное образованіе есть капиталъ, приносящій процентъ точно такъ же, какъ приноситъ его желѣзная дорога, паровая машина, агрономическое улучшеніе и т. п. Издержки на народное образованіе составляютъ одну изъ самыхъ доходныхъ статей народнаго бюджета. Въ глазахъ самыхъ практическихъ людей, оно является не только дѣломъ нравственнымъ, вызываемымъ нравственными побужденіями, но въ цѣломъ оно является предпріятіемъ въ высшей

(¹) Кольбъ «Сравнительная статистика». Изд. 1862 года. Конечно, всѣ эти цифры теперь измѣнились. Но, во всякомъ случаѣ, онѣ измѣнились не въ пользу уменьшенія процентовъ государственнаго долга и ежегодныхъ военныхъ расходовъ.

степени выгодным, вызываемым самыми прозаическими соображениями народнаго хозяйства. Это—въ буквальномъ смыслѣ—промышленное предпріятіе цѣлаго народа. Такимъ образомъ, мы получили первый мотивъ для обязательнаго, повсемѣстнаго открытія народныхъ школъ.

До сихъ поръ мы говорили объ экономическомъ значеніи народнаго образованія. Укажемъ теперь на политическую сторону этого вопроса.

Отношеніе русскаго населенія Литвы, Бѣлоруссіи и трехъ губерній Югозападнаго Края къ еврейскому племени составляетъ, безъ сомнѣнія, одно изъ самыхъ серьезныхъ затрудненій, съ которыми приходится бороться мѣстнымъ администраторамъ. Комерческій инстинктъ не всегда совѣстливая находчивость и многочисленность этого племени позволили ему захватить всю мѣстную торговлю не только городскую, но и сельскую, и сдѣлали то, что у бѣлорусскаго крестьянина почти нѣтъ копѣйки, которая заранѣе не принадлежала бы еврею-арендатору. Всякій, кому придется ближе познакомиться съ этимъ положеніемъ, пожалѣетъ, съ одной стороны, о томъ, что вся дѣятельность такого умнаго и способнаго племени, какъ евреи, ушла на дѣло, въ высшей степени противонародное; съ другой стороны, о томъ, что русскій крестьянинъ, вмѣсто того, чтобъ радикально воспротивиться злу, ограничивается только глухимъ ропотомъ. Существовала даже комисія, посвященная исключительно разрѣшенію еврейскаго вопроса.

Но какъ бы ни трудилась эта комисія, какую бы массу свѣдѣній она ни собрала, существуетъ только одно средство рѣшить еврейскій вопросъ. Средство это заключается въ томъ, чтобъ, поднявъ уровень образованія народной массы, отнять у евреевъ тѣ преимущества передъ крестьянами, которыми они теперь пользуются, благодаря тому, что на сотню грамотныхъ евреевъ приходится только одинъ грамотный крестьянинъ. Что бы ни придумывали противъ евреевъ, они съумѣютъ обойти всѣ мѣры. Къ тому же, всѣ административныя мѣры, направленныя прямо противъ евреевъ, или будутъ носить на себѣ варварскій средневѣковый характеръ, или будетъ составлять одно изъ палліативныхъ средствъ, способныхъ на нѣкоторое время отвести глаза, но недостаточныхъ для разрѣшенія вопроса. Одно только распространеніе просвѣщенія въ массѣ народа составляетъ мѣру противодѣйствія еврейскому вліянію, отличающуюся радикализмомъ и современностью. Какою ко-

…мерческой ловкостью ни обладало бы это племя, оно не может завладѣть экономическим …томъ просвѣщеннаго народа.

И такъ, мы получили еще одинъ мотивъ для повсемѣстнаго открытія народныхъ школъ. Мотивъ этотъ заключается въ необходимости поднять «удѣльный вѣсъ» русскаго народа на западной окраинѣ Россіи. Но было бы ошибочно считать этотъ вопросъ только мѣстнымъ вопросомъ этой окраины, думать, что радикальное рѣшеніе его, только-что мною указанное, касается отношеній одной только еврейской народности къ русской. Если русская народность Западнаго и Югозападнаго Краевъ, несмотря на численный перевѣсъ надъ польскою народностью и сильную правительственную поддержку, все-таки въ общественной жизни края занимаетъ только второстепенное мѣсто, то, кромѣ другихъ причинъ, имѣющихъ вліяніе на нравственную устойчивость народа, это происходитъ и отъ того невольнаго уваженія къ просвѣщенію, и отъ той практической возможности воспользоваться имъ на дурное и хорошее, которое, въ столкновеніяхъ русской народности съ польскою, нѣмецкою и еврейскою, всегда даетъ нѣсколько лишнихъ шансовъ въ пользу нѣмцевъ, поляковъ и евреевъ. То же надобно сказать о причинахъ германизаціи и мадьяризаціи западныхъ славянъ. Ежедневный опытъ убѣждаетъ, что, при столкновеніи двухъ народностей, изъ которыхъ одна грамотная, а другая нѣтъ, неграмотная народность (если на помощь къ ней не придетъ какой-нибудь взрывъ народнаго энтузіазма) всегда играетъ подчиненную роль, не смотря на то, что судьба, повидимому, иногда не благопріятствуетъ представителямъ болѣе просвѣщенной народности.

Повсемѣстно принятая въ послѣднее время система организаціи военныхъ силъ служитъ также аргументомъ въ пользу повсемѣстнаго учрежденія народныхъ школъ. Скажемъ болѣе: прусская система отбыванія военной повинности невозможна безъ относительно-высокаго уровня развитія народной массы.

Теперь признано за несомнѣнное, что сила арміи измѣряется не одною только выправкой, но и ея умственнымъ развитіемъ. Побѣды Пруссіи зависятъ не отъ одного только ландвера, но и отъ свойствъ каждаго отдѣльнаго ландверсмана. Напялить военный мундиръ на всѣ націи — для государственныхъ людей Пруссіи было только половиною дѣла. Чтобъ повести ее къ побѣдамъ, надобно было приступить къ повсемѣстному учрежденію народныхъ школъ.

Прусская армія, не смотря на то, что она составляетъ весь вооруженный народъ, отличается всѣми свойствами не только дисциплинированной, но и умственно-развитой арміи. Всѣ эти вооруженные портные, булочники, сапожники и земледѣльцы — люди, привыкшіе къ размышленію, повинующіеся своимъ командирамъ, не только «за гнѣвъ, но и за совѣсть», гордые тѣмъ, что они создаютъ единство и величіе германской націи и взявшіеся за оружіе не только потому, что имъ предписали это наслѣдственные герцоги и короли, а потому, что всѣ они понимаютъ выгоды, которыя Германія можетъ извлечь изъ этой войны. Настоящая германская армія отличается отъ бóльшей части предшествовавшихъ армій тѣмъ, что она въ совершенствѣ представляетъ собою народъ, сочувствующій политикѣ своихъ министровъ. Политическое развитіе германскаго народа и германской арміи создаетъ ея военную силу. Эмиль Жирарденъ указывалъ на это еще въ 1867 году. Его газета систематически противодѣйствовала завоевательной политикѣ Наполеона преимущественно на томъ основаніи, что «каждый нѣмецъ, отъ Констанскаго Озера, до устьевъ Одера понимаетъ политику Бисмарка и будетъ сознательно защищать эту политику въ то время, когда никто изъ подданныхъ французскаго императора не понимаетъ политики его министровъ, а большая часть, вообще, не сильна въ политикѣ» [1]. Впослѣдствіи оказалось, что общественное мнѣніе Германіи, какъ нельзя болѣе кстати для прусской политики, принудило южногерманскія правительства присоединиться къ Сѣверо-Германскому Союзу и что, на оборотъ, французы, какъ нельзя болѣе некстати для своей славы и благоденствія, наканунѣ изгнанія наполеоновской династіи, вотировали плебисцитъ.

«Посмотримъ, говорятъ многіе, что ожидаетъ Германію впереди; развитіе прусскаго милитаризма не приведетъ ли къ утвержденію деспотизма въ нѣдрахъ самой Германіи? Конечно, за будущее никто не можетъ поручиться. Но нельзя не замѣтить, что деспотизмъ внутри самой Германіи долженъ встрѣтить такія затрудненія, которыя дѣлаютъ почти не-

---

[1] «Liberté» 1867 года. Мы, разумѣется, приводимъ только общую мысль этой газеты. Подлинныя выраженія, можетъ быть, и не отличались такою рѣзкостью. Теперь оказывается, что политика газеты „Liberté" должна бы быть настоящею французскою политикой. Къ сожалѣнію, сколько мнѣ извѣстно, эта газета очень мало читалась въ то время рабочимъ классомъ.

возможным домашний деспотизм. Вооруженная и развитая нация всего менѣе способна молчаливо выносить притѣсненія домашнихъ тирановъ, хотя, въ то же время, она чувствуетъ весьма сильное желаніе деспотически управлять своимъ слабымъ и неразвитымъ сосѣдомъ. Вооруженная и развитая нація, сочувствуя политикѣ своихъ министровъ, можетъ временно допустить нѣкоторыя исключительныя мѣры, но положительно не въ ея характерѣ тупоумно подчиниться какому бы то ни было деспотизму, хотя, въ то же время, эта нація можетъ чувствовать наклонность подчинять деспотизму другихъ. Въ Германіи, до извѣстной степени, повторяется теперь средневѣковый порядокъ, предшествовавшій повсемѣстному водворенію постоянныхъ армій и абсолютныхъ монархій. Повсемѣстная возможность сопротивленія повсемѣстно разстраивала тогда попытки деспотизма. Но если, благодаря современной военной организаціи германскаго народа и его интеллектуальному развитію, можно считать деспотизмъ невозможнымъ въ самой Германіи, то тѣмъ возможнѣе деспотизмъ нѣмцевъ во Франціи, Италіи, Бельгіи, Швейцаріи и у западныхъ славянъ. Послѣднія войны ясно показали, что нѣмцы, въ сношеніяхъ съ сосѣдями, не намѣрены слѣдовать политикѣ умѣренности, великодушія и справедливости. Было бы несогласно съ національнымъ характеромъ германскаго племени, у котораго не только Страсбургъ, Мецъ, Шлезвигъ и западные славяне, но, какъ справедливо замѣтилъ обломовскій Захаръ, «даже корка не пропадаетъ даромъ», еслибъ оно не воспользовалось временными преимуществами своей военной организаціи именно для того, чтобъ, оставаясь свободнымъ у себя дома, деспотически управлять всѣми, кто позволитъ собою управлять.

Чтобъ предупредить возможность подобнаго рода столкновеній, надо перенять не только прусскую систему организаціи войскъ, но расширить также и всѣ средства умственнаго развитія народныхъ массъ. Вмѣсто дѣйствовавшихъ до сихъ поръ національныхъ войскъ, должны появиться вооруженныя націи, подобныя прусской. Но, въ то же время, вмѣсто народныхъ массъ, руководимыхъ однимъ только природнымъ здравымъ смысломъ, должны появиться народы съ развитымъ умомъ, съ сознательною политикой и осмысленнымъ патріотизмомъ. Мало, если Франція, Испанія и Италія заведутъ у себя ландверъ по образцу прусскаго: надобно дать этому «вооруженному народу» нравственную силу прусскаго ландвера. Повсемѣстное обученіе ружейнымъ пріемамъ надобно повсемѣстно дополнить болѣе головоломною работой — обученіемъ грамотности. Только тогда Пруссія потеряетъ очевидныя преимущества своей настоящей военной организаціи.

Въ этой точкѣ вопросъ о преобразованіи воинской повинности переходитъ въ вопросъ объ обязательномъ, повсемѣстномъ учрежденіи народныхъ школъ. Чтобъ рельефнѣе выставить всю разницу, которая, безъ учрежденія народныхъ школъ, будетъ существовать между прусскимъ ландверомъ и нашими преобразованными войсками, мы укажемъ только на слѣдующій фактъ. Въ то время, когда у насъ число грамотныхъ рекрутъ составляетъ гораздо менѣе 10%, общаго числа рекрутъ, число грамотныхъ, поступающихъ въ прусскую армію, составляетъ гораздо болѣе 90% общаго числа рекрутъ.

Не будемъ далѣе анализировать всѣ вопросы нашей общественной жизни, находящіеся къ вопросу объ открытіи народныхъ школъ и о распространеніи знаній въ массѣ народа, въ точно такихъ же отношеніяхъ, какъ и вопросъ экономическій, еврейскій и военный. Достаточно сказать, что въ вопросѣ о народномъ образованіи заинтересованы не только благотворительныя наклонности человѣческаго общества, но и присущее каждому народу чувство самосохраненія.

Русскій народъ пришелъ къ тому фазису своего развитія, при которомъ уже недостаточно природной смѣтки и переимчивости, но необходима помощь всѣхъ источниковъ совершенствованія, которыми обладаетъ современная Европа. «Развитіе народной массы» является самымъ могущественнымъ изъ этихъ источниковъ. Въ настоящее время уже недостаточно копировать прусскую систему съ тою же точностью, съ какою она была копирована при Петрѣ III и Павлѣ I-мъ. Надобно постигнуть тотъ внутренній духъ, которымъ оживлена эта система. Духъ этотъ нельзя ни перенять, ни заимствовать. Надо вызвать его изъ глубины самого народа, дать ему надлежащее мѣсто въ народномъ организмѣ, признать его законно-дѣйствующею силой. Можно преобразовать по прусскому образцу нашу воинскую повинность, но новая система не будетъ ни прусской, ни русской, если на помощь къ ней не явится повсемѣстное распространеніе просвѣщенія въ массѣ русскаго народа.

Всего этого, кажется, слишкомъ достаточно, чтобъ оправдать законъ объ обязательномъ открытіи хотя одной начальной народной школы въ каждомъ обществѣ съ извѣстнымъ числомъ жителей, и хотя одного высшаго народнаго училища въ каждомъ уѣздѣ.

Но къ чему дѣлать учрежденіе народныхъ школъ обязательнымъ? Польза ихъ такъ очевидна... Для того, чтобъ сдѣлать обязательнымъ самое лучшее дѣло, надобно имѣть слишкомъ основательную увѣренность въ томъ, что иначе дѣло это не будетъ сдѣлано. Неужели же сознаніе выгоды, происходящей отъ распространенія знаній, недостаточно для того, чтобъ въ дѣлѣ открытія народныхъ школъ вполнѣ положиться на частный почивъ?

Но не надобно забывать, что польза, приносимая образованіемъ, принадлежитъ къ категоріи тѣхъ истинъ, которыя признаются всѣми, но почти никѣмъ не исполняются. Публика до такой степени къ нимъ присмотрѣлась, что перестала ихъ замѣчать.

Анализируя экономическія выгоды, представляемыя народною школой, мы назвали эту школу выгоднымъ промышленнымъ предпріятіем. Это выраженіе вѣрно въ буквальномъ смыслѣ слова. Но промышленная дѣятельность достаточныхъ классовъ охотно обращается къ предпріятіямъ болѣе осязательнымъ, приносящимъ выгоду, хотя и не вполнѣ вѣрную, но болѣе близкую по результатамъ и лично касающуюся антрепренера. Дѣло же народнаго образованія касается всѣхъ вообще и никого въ особенности. Приносимыя имъ выгоды совершенно вѣрны и едва могутъ быть измѣрены человѣческимъ умомъ. Но за то время, когда придется пожинать плоды народнаго образованія, находится въ томъ «прекрасномъ далекомъ», которое, вообще, не особенно прельщаетъ предпріимчивыхъ капиталистовъ. Послѣ этого понятно, отчего починъ всякаго солиднаго предпріятія въ дѣлѣ народнаго образованія почти всегда принадлежитъ правительству и отчего заботы его почти всегда оканчиваются радикальнымъ закономъ, обязывающимъ общины открыть у себя школы для первоначальнаго образованія.

Мы укажемъ только на одинъ примѣръ — отношеніе союзнаго правительства и правительствъ отдѣльныхъ штатовъ Сѣверной Америки къ вопросу объ основаніи народныхъ школъ. Положительный законъ предписываетъ сѣвернымъ штатамъ (этой колыбели американской свободы) открыть школу въ каждой общинѣ, въ которой живетъ не менѣе 50 семействъ. Чтобъ оцѣнить значеніе этой принудительной мѣры, надобно вспомнить, что въ Америкѣ центральная власть весьма неохотно рѣшается на вмѣшательство въ дѣла общинъ.

«Американскому правительству легко издавать законы объ обязательномъ открытіи народныхъ школъ, когда народныя школы открываются тамъ и безъ этихъ законовъ и когда законъ только вторитъ общественному мнѣнію».

Дѣйствительно, нигдѣ частныя лица не сдѣлали такъ много для народнаго образованія, какъ въ Америкѣ; но изъ этого вовсе не слѣдуетъ, чтобъ американское правительство, въ дѣлѣ народнаго образованія, служило только эхомъ мѣстнаго общественнаго мнѣнія. Законъ, окончательно организовавшій пенсильванскія школы, вслѣдствіе вновь устанавляемой имъ подати, былъ принятъ населеніемъ весьма недружелюбно. Въ нѣкоторыхъ графствахъ выборы производились при крикахъ: «не надо школъ!». Тѣмъ не менѣе, законъ былъ приведенъ въ исполненіе. Такимъ образомъ, замѣчаетъ авторъ, у котораго мы заимствуемъ эти свѣдѣнія, правительство Соединенныхъ Штатовъ, там, гдѣ дѣло коснется народнаго образованія, напрягаетъ всѣ находящіяся въ его распоряженіи средства и дѣйствуетъ не только убѣжденіемъ, но и принужденіемъ ¹).

Нѣкоторыя земскія собранія высказались въ пользу повсемѣстнаго открытія народныхъ школъ, но за то большая часть совершенно умалчиваетъ объ этомъ предметѣ. Даже о тѣхъ, которыя уже высказались въ пользу повсемѣстнаго открытія народныхъ школъ, слѣдуетъ сказать, что ихъ теоретическія рѣшенія еще не служатъ ручательствомъ практическаго осуществленія этихъ рѣшеній. Всѣ общественные вопросы легко рѣшаются въ принципѣ, но отъ рѣшенія какого бы то ни было вопроса въ принципѣ до осуществленія рѣшенія на дѣлѣ еще очень далеко. Вопросъ о повсемѣстномъ открытіи народныхъ школъ былъ рѣшенъ въ принципѣ Франціей въ 1793 году, но первое осуществленіе этого рѣшенія на дѣлѣ относится ко времени послѣ 1833 года, то-есть, къ министерской дѣятельности Гизо. Между тѣмъ, нельзя сказать, чтобъ какое-нибудь изъ промежуточныхъ правительствъ (1793—1833) теоретически отрицало пользу повсемѣстнаго

---

¹) Dupont-White „L'individu et l'état", XXXVII.

существованія народныхъ школъ, хотя, можетъ быть, нѣкоторыя изъ нихъ и смотрѣли на школу только какъ на орудіе своей партіи, какъ на средство провести свои тенденціи. Примѣръ Франціи доказываетъ, что иногда даже общій государственный законъ объ учрежденіи народныхъ школъ (если правительство не настаиваетъ на его исполненіи) можетъ остаться только проектомъ закона, тѣмъ болѣе случайностей предстоитъ постановленіямъ различныхъ земскихъ собраній, безъ сомнѣнія, глубоко сочувствующихъ идеѣ народнаго просвѣщенія, но у которыхъ такъ мало денегъ и такъ много другихъ хлопотъ, что, право, нельзя ихъ винить, если они отложатъ на неопредѣленное время лучшій предметъ сочувствій — народное образованіе. Чтобъ предупредить этотъ невольный грѣхъ, остается только одно средство — обезпечить открытіе народныхъ школъ, какъ интересъ въ высшей степени обще-государственный, общимъ для всего государства закономъ.

Недостатокъ средствъ едва-ли можетъ быть причиной замедленія дѣйствія такого закона, во-первыхъ, въ виду громадныхъ экономическихъ выгодъ, приносимыхъ распространеніемъ просвѣщенія въ массѣ народа; во-вторыхъ, въ виду того, что существует же уѣздъ, не надѣленный никакими особенными дарами природы, и не смотря на это, ассигновавшій на школы 14,000 р. с. [1]).

Разумѣется, нельзя ни требовать, ни ожидать, чтобъ обязательно открываемыя народныя школы съ перваго раза были поставлены на степень, удовлетворяющую всѣмъ условіямъ народнаго образованія. Но въ этомъ случаѣ, какъ и во многихъ другихъ, для начала лучше хотя что-нибудь, чѣмъ ничего. Сила вещей выработаетъ впослѣдствіи такой порядокъ, при которомъ плохія школы, съ плохими преподавателями, превратятся въ хорошія. Можно также надѣяться, что въ судьбѣ обязательно открываемыхъ народныхъ школъ обойдется не безъ счастливыхъ случайностей. Не смотря на то, что открытіе школы будетъ «обязательно», наиболѣе представительная часть мѣстнаго населенія добровольно поспѣшитъ къ ней на помощь. Повсемѣстное открытіе школъ вызоветъ на сцену дѣятелей, до сихъ поръ бездѣйствующихъ или остающихся въ тѣни.

Мы не входимъ въ подробности необходимаго, по нашему мнѣнію, общаго для всего государства, закона объ обязательномъ открытіи

---

[1] Стр. 367.

народныхъ школъ. Многое должно быть разрѣшено на мѣстѣ, при соображеніи всѣхъ мѣстныхъ условій. Напримѣръ, можно желать, чтобъ каждое село и каждая порядочная деревня имѣли отдѣльную начальную школу. Но едва ли это желаніе можетъ быть, при настоящихъ достаткахъ сельскаго населенія Россіи, обращено въ статью закона. Нѣтъ ничего удивительнаго, если нѣсколько селъ и деревень — цѣлая волость — сложатся для того, чтобъ имѣть одну начальную школу. Лучше имѣть одну хорошую школу на цѣлую волость, чѣмъ десять плохихъ въ каждомъ селеніи этой волости. Въ одномъ мѣстѣ народная школа, благодаря величинѣ прихода и религіозному единству населенія, будетъ приходской, въ другомъ она будетъ удовлетворять потребностямъ нѣсколькихъ приходовъ и вѣроисповѣданій. Французскій законъ предоставляетъ разрѣшеніе всѣхъ этихъ вопросовъ академическому совѣту каждаго департамента [1]). Мнѣ кажется, что у насъ рѣшеніе всѣхъ подобныхъ вопросовъ весьма удобно мо-

---

[1]) Le conseil académique du département peut autoriser une commune à se réunir, à une ou plusieurs communes voisines pour l'entretien d'une école. Loi du 15 mars, 1850, art. 36). Академическій совѣтъ соотвѣтствуетъ нашему училищному совѣту.

гло бы быть предоставлено училищнымъ совѣтамъ, общинамъ и земскому собранію. Училищный совѣтъ предлагаетъ проектъ распредѣленія обязательно открываемыхъ народныхъ школъ въ уѣздѣ или, другими словами, разсматриваетъ заявленія тѣхъ селеній и деревень, которыя не считаютъ себя въ силахъ имѣть отдѣльную начальную школу и, поэтому, желаютъ составить складчину для основанія общей для всѣхъ начальной школы; общины могутъ представить свои возраженія въ случаѣ, еслибъ ихъ просьбы о складчинѣ не были уважены; земское собраніе, по соображеніи того и другаго, дѣлаетъ окончательное постановленіе. Вмѣшательство государства и центральной власти въ дѣло распредѣленія школъ, по нашему мнѣнію, совершенно излишне, какъ потому, что центральная власть не можетъ уловить всѣ мелочи, на которыхъ должно быть основано это распредѣленіе, такъ и потому, что совершенно достаточно, если общій государственный законъ обяжетъ каждую общину и каждаго ея члена внести свою долю повинности на народное образованіе и предоставитъ, затѣмъ, мѣстному населенію самому распредѣлить результаты этой повинности — народныя школы. Въ народѣ найдется довольно здраваго смысла, чтобъ не тратиться напрасно.

Разумѣется, мы предполагаемъ, что народъ или, выражаясь точнѣе, дѣти рабочаго класса могутъ располагать нѣсколькими часами свободнаго времени для того, чтобы посѣщать школы. Но сдѣлавъ такое предположеніе, мы очень хорошо знаемъ, что оно далеко отъ истины. Въ этомъ отношеніи заслуживаетъ особеннаго вниманія положеніе дѣтей городскаго рабочаго населенія и тѣ дѣти, которыя изъ окрестностей отдаются въ ученіе къ какому нибудь мастеру. У насъ, также какъ и за границей, есть фабрики спекулирующія дѣтскимъ трудомъ. Мы не намѣрены входить здѣсь въ разсмотрѣніе положенія дѣтей рабочаго класса въ большей части нашихъ ремесленныхъ и фабричныхъ заведеній. Мы только обратимъ вниманіе на то, что если государство не вмѣшается въ это дѣло, то есть, не издастъ закона о томъ, что дѣтская работа должна прекращаться въ извѣстные дни для того, чтобы дѣти могли посѣщать ближайшую начальную школу, они вовсе не будутъ имѣть времени ее посѣщать. О вмѣшательствѣ родителей нечего и думать. Развѣ они предлагаютъ условія фабриканту или хозяину мастерской. Надѣяться на почину самихъ хозяевъ тоже нельзя. Изъ десяти владѣльцевъ фабрикъ и мастерскихъ, едва ли одинъ пожелаетъ добровольно нарушить Hausordnung своего заведенія для того, чтобы доставить своимъ рабочимъ возможность получить первоначальное образованіе. Земскія собранія юридически-некомпетентны для того, чтобы издать законъ о прекращеніи дѣтской работы въ извѣстные часы дня. И такъ, остается только одно средство—вмѣшательство государства.

Отъ закона объ обязательномъ открытіи народныхъ школъ переходимъ къ вопросу о томъ, необходимо ли сдѣлать обязательнымъ посѣщеніе этихъ школъ?

Нѣтъ ничего легче, какъ теоретически доказать необходимость подобныхъ законовъ. Родители обязаны дать своимъ дѣтямъ не только физическое, но и нравственное воспитаніе. Школа составляетъ существенный элементъ этого нравственнаго воспитанія. Отсюда выводится обязанность каждаго главы семейства посылать своихъ дѣтей въ школу и право общества подвергать его штрафу, въ случаѣ неисполненія этой обязанности. Съ этой точки зрѣнія, кажется вполнѣ раціональнымъ, вопервыхъ, обязать каждую общину основать у себя народную школу; вовторыхъ, обязать каждаго члена общины посылать своихъ дѣтей въ эту школу. Такъ смотрѣла на это первая французская революція. Но, положимъ, то были «люди отпѣтые» и часто «завѣдомо-развратные», и потому ихъ примѣръ не указъ для поколѣнія болѣе обдуманнаго и для класса людей, не имѣющаго ничего общаго съ французскою революціей. Между тѣмъ, оказывается, что наше духовенство чрезвычайно склонно прибѣгать къ административной помощи противъ крестьянъ, отказывающихся посылать въ школы своихъ дѣтей.

Но признавая настоятельную необходимость обязательнаго открытія народныхъ школъ, мы находимъ всякое обязательное ученіе не только несправедливымъ, но совершенно безполезнымъ.

Можетъ быть, обязательное посѣщеніе школъ возможно въ Испаніи, гдѣ очаровательные мальчишки Мурильйо, прикрытые весьма легкою драпировкой, круглый годъ валяются на мостовой и кушаютъ дыни. Но русская зима—это не такого рода вещь, которую можно бы не принять во вниманіе. Было бы безчеловѣчно обязывать родителей посылать своихъ дѣтей, за нѣсколько верстъ, въ школу, когда у нихъ нѣтъ ни обуви, ни теплой одежды, и когда въ домѣ часто нечего дать позавтракать передъ отправленіемъ сына въ школу. При этомъ надобно замѣтить, что ученіе въ нашихъ народныхъ школахъ всего лучше идетъ зимой, и что при краткости лѣтняго рабочаго времени подростки крестьянскихъ семействъ составляютъ, въ лѣтнее время, далеко небезполезную рабочую силу.

Обязательное посѣщеніе общественныхъ школъ не только у насъ, но и вообще вездѣ, гдѣ существуютъ религіозныя разногласія, невозможно по религіознымъ причинамъ. Должно уважать свободу мнѣній даже тогда, когда нельзя уважать самыя мнѣнія. Принудительное посѣщеніе общинной школы скорѣе раздуетъ религіозный и національный фанатизмъ, чѣмъ будетъ способствовать его излеченію посредствомъ распространенія знаній въ массѣ народа.

Наконецъ, сдѣлавъ очень вѣроятное предположеніе, что нѣкоторые родители, не по недостатку средствъ, но по своей небрежности, будутъ причиною того, что дѣти ихъ, въ равномъ возрастѣ, не посѣщали школы, мы, все-таки, не получаемъ аргумента въ пользу обязательнаго обученія. Природа не положила срока для того, чтобъ начинать учиться грамотѣ. Сколько русскихъ крестьянъ и, вообще, сколько замѣчательныхъ людей всѣхъ націй получило первоначальное образованіе далеко не въ дѣтскомъ возрастѣ! Слѣдовательно, если человѣкъ, по небрежности родителей, не получаетъ въ дѣтствѣ первоначальнаго образованія, то это еще не значитъ, что онъ никогда не научится читать и писать. Мы не имѣемъ права на столько не вѣрить въ здравый смыслъ народа, уже давно оцѣнившаго пользу грамотности, чтобъ «принуждать» его пользоваться школой. Что же касается отдѣльныхъ личностей, не способныхъ воспользоваться находящеюся у нихъ подъ рукою школой для того, чтобъ усвоить грамоту, то можно навѣрное сказать, что общество немного выиграетъ, если насильно сдѣлаетъ ихъ грамотными. Итакъ, къ чему придавать народной школѣ характеръ рекрутской повинности, если и безъ этого характера она будетъ содѣйствовать распространенію свѣдѣній въ массѣ народа?

Можно желать побольше нравственнаго вліянія со стороны достаточныхъ и образованныхъ членовъ общины на мѣстную школу, можно заставить общину давать деньги на школу, но посѣщеніе школы должно быть предоставлено здравому смыслу членовъ общины. Дурныя школы будутъ наполняться только насиліемъ и пустѣть тотчасъ, когда прекратится это насиліе. Школы, приносящія народу очевидную практическую пользу, будутъ посѣщаться народомъ безъ всякихъ принудительныхъ мѣръ. Отчего между молоканами нѣтъ неграмотныхъ?

Единственная форма принужденія къ посѣщенію школъ, которая можетъ быть оправдана (и то не у насъ въ настоящее время), заключается въ лишеніи всѣхъ не имѣющихъ первоначальнаго образованія, права пользоваться политическими правами.

Когда народъ достигъ извѣстной степени цивилизаціи, для каждаго члена этого народа создается такое положеніе, при которомъ его можно смѣло обвинить въ непростительномъ нерадѣніи или совершенной неспособности, если онъ своевременно не позаботился дать себѣ первоначальное образованіе. Государство выказало бы неуваженіе къ политическимъ правамъ гражданъ, еслибъ начало раздавать эти права первому встрѣчному, безъ всякихъ гарантій съ его стороны. Не забудемъ, что право участія въ политической дѣятельности общины и страны не составляетъ права прирожденнаго человѣку (le droit de l'homme), но есть обязанность, которую несутъ только люди, способные ее выполнить, и что вслѣдствіе неспособности къ исполнению этой обязанности, политическія права не даются дѣтямъ и несовершеннолѣтнимъ, больнымъ и преступникамъ. На извѣстной степени цивилизаціи народа можно смотрѣть на всякаго неграмотнаго, какъ на нравственно-несовершеннолѣтняго, и на этомъ основаніи считать его политически-неполноправнымъ. Поэтому Милль, въ своей теоріи представительнаго правленія, лишаетъ неграмотныхъ права пользоваться политическими правами.

Но смотрѣть, подъ этимъ угломъ, на дѣло первоначальнаго образованія народа можно только на извѣстной степени цивилизаціи. Такой взглядъ пока невозможенъ въ Россіи. Недостатокъ первоначальнаго образованія въ русскомъ мужикѣ настоящаго времени не обличаетъ ни неспособности, ни нерадѣнія, а просто является въ немъ послѣдствіемъ нашего историческаго развитія: крѣпостнаго права, бѣдности, отсутствія школъ и прочихъ неблагопріятныхъ условій. Пройдетъ нѣсколько лѣтъ, и положеніе вещей измѣнится. Нравственная отвѣтственность за недостатокъ первоначальнаго образованія будетъ лежать только на томъ поколѣніи, которое выростетъ внѣ всѣхъ этихъ условій. Только индивидуумовъ этого поколѣнія, лишенныхъ первоначальнаго образованія, можно будетъ устранить, на основаніи неграмотности, отъ участія въ волостномъ и сельскомъ сходѣ или въ выборѣ мировыхъ судей. Подобное устраненіе, въ настоящее время, было бы искаженіемъ, во имя доктрины, естественныхъ силъ общества, было бы наказаніемъ за несуществующую вину.

Не безъ удивленія прочли мы гдѣ-то, что духовенство одной епархіи предложило, въ видахъ наказанія русскаго мужика за педагогическую безпечность, лишить всѣхъ неграмотныхъ подростающаго поколѣнія права быть выбраннымъ въ общественныя должности. Но при современномъ состояніи и современномъ общественномъ значеніи сельскаго самоуправленія, лишеніе крестьянина права быть выбраннымъ въ общественныя должности будетъ для него такою заманчивою привилегіею, что половина грамотныхъ крестьянъ притворится неграмотною, чтобъ не лишить себя этой льготы. Надо видѣть, какъ ловко дѣльный хозяинъ взваливаетъ на себя разные пороки, льститъ обществу и поитъ сходъ, для того только, чтобъ не носить знака старшины или старосты и не засѣдать въ мѣстномъ синедріонѣ! Если дать неграмотнымъ поблажку, устраняя ихъ отъ общественныхъ должностей, то всѣ попечительные домохозяева поспѣшатъ взять своихъ дѣтей изъ мѣстной школы, чтобъ они впослѣдствіи не упрекали ихъ за безпечность. Ужъ если прибѣгать, въ видахъ распространенія грамотности, къ устрашенію посредствомъ «общественныхъ должностей», то гораздо цѣлесообразнѣе—пригрозить всѣмъ неграмотнымъ мужикамъ двумя и тремя общественными должностями. Тогда можно навѣрно сказать, что въ Россіи не будетъ неграмотныхъ.

VI.

Русскій языкъ въ народныхъ школахъ.

Лучшею системою народныхъ школъ будетъ та, которая за возможно дешевую плату доставитъ массѣ населенія возможно большее количество полезныхъ знаній.

Къ числу наиболѣе полезныхъ знаній относится умѣнье выражаться, или, по крайней мѣрѣ, умѣнье понимать главный языкъ страны.

Народные инстинкты повсемѣстно склоняются въ пользу преподаванія не на мѣстныхъ нарѣчіяхъ, но на широко развѣтвленныхъ міровыхъ языкахъ. Приведемъ нѣсколько примѣровъ.

Леонъ Фоше, по поводу возмущенія происшедшаго въ княжествѣ Уэльскомъ, указываетъ на причину его—бѣдность. А одною изъ главныхъ причинъ бѣдности и тяжелой зависимости мѣстнаго рабочаго класса онъ считаесть незнаніе англійскаго языка. «Почтенный фермеръ желаетъ устроить своихъ сыновей... Но они говорятъ только по-кельтски и очень мало понимаютъ по-англійски. Слѣдовательно, имъ доступно только ремесло поденщика или фермера, да и то только въ княжествѣ Уэльскомъ». Этимъ, по видимому, вовсе не экономическимъ обстоятельствомъ, обусловливается страшный запросъ на фермы, разорившій большую часть уэльскихъ арендаторовъ. «Сознаніе пользы — говоритъ Фоше — беретъ однако верхъ надъ природнымъ отвращеніемъ уэльсца ко всему англійскому. Они понимаютъ, что знаніе англійскаго языка служитъ для нихъ доходною статьей и смотрятъ на него, какъ «на средство успѣть въ жизни» (as the language of promotion), проложить себѣ дорогу. Общинныя школы пустѣютъ, если преподаваніе идетъ въ нихъ на кельтскомъ языкѣ. Только преподаваніе на англійскомъ побуждаетъ родителей посылать своихъ дѣтей въ школы» [1]).

Малорусское племя стремится къ той же политическо-этнографической цѣли, какъ и кельтское населеніе Уэльса. Неопровержимые факты показываютъ, что малорусъ не менѣе велико-

---

[1]) Leon-Faucher: „Etudes sur l'Angleterre" II, 31, 28.

руса желаетъ читать русскую книгу. Соображенія массы малороссійскаго народа отличаются въ этомъ случаѣ большою практичностью. Грамотность должна раскрыть передъ человѣкомъ весь образованный міръ, всю массу знанія, предоставить ему возможно бо́льшій кругъ дѣятельности, а не удерживать его, наперекоръ неодолимому историческому теченію, среди изящной, но не широкой національной обстановки, заслоняющей передъ нимъ свободный горизонтъ. Трудно представить себѣ что нибудь болѣе затрогивающее сердце малороссіянина, болѣе согласное съ духомъ народа и простонародно-художественное, чѣмъ «Народны Оповиданя» Марка Вовчка; а, все-таки, школьники охотнѣе читали русскую книгу, чѣмъ великолѣпный разсказъ, писанный на ихъ мѣстномъ нарѣчіи. Мы уже не говоримъ о другихъ произведеніяхъ южно-русской литературы, далеко уступающихъ «Народнымъ Оповиданямъ» по языку, изяществу поэтической формы и содержанія.

Подобныхъ примѣровъ можно бы набрать множество. Правда, можно подыскать и факты противоположные. Прибалтійскія пасторскія школы стремятся удержать нѣмецкую обстановку; школы Западнаго и Югозападнаго края до 1863 года стремились удержать польскую. Но это стремленіе вытекало и вытекаетъ не отъ латышей и бѣлорусовъ, то-есть не изъ народной массы, поставленной въ необходимость болѣе интересоваться заработною платой, чѣмъ теоріями, но изъ сословія людей достаточныхъ и потому склонныхъ къ доктринерству. Такъ какъ это стремленіе нельзя назвать народнымъ, то нисколько не удивительно, если прибалтійское онѣмечиваніе и западнорусское ополячиваніе школы встрѣчаетъ опозицію въ массѣ народа. Стремленіе эстовъ и латышей учиться русскому языку такъ очевидно, что нѣтъ надобности говорить объ этомъ. Польза изученія русскаго языка признается иногда даже людьми нѣмецкаго происхожденія. Уполномоченные колонистскихъ обществъ Южной Россіи, на съѣздѣ въ Одесѣ, въ 1866 году, нашли необходимымъ, чтобъ ихъ центральныя училища, въ видахъ преуспѣнія колоній, распространяли въ массѣ населенія знаніе русскаго языка и подготовляли способныхъ учителей. Мы знаемъ много случаевъ, когда населеніе Западной Россіи, по собственному почину, основало русскую школу, но не знаемъ ни одного, когда оно основало бы польскую или бѣлорусскую.

«Просвѣщенные люди» могутъ съ различныхъ точекъ зрѣнія смотрѣть на эти факты. Они могутъ одушевляться великими историческими воспоминаніями, могутъ сожалѣть о томъ, что мѣстныя нарѣчія, нерѣдко отличающіяся историческимъ значеніемъ, изумительнымъ филологическимъ богатствомъ, красотою формъ и гармоніей звуковъ, угнетаемыя преобладаніемъ господствующаго языка, лишены возможности выработать изъ себя литературныя нарѣчія и что вслѣдствіе этого мѣстные народные типы мало по малу принимаютъ типъ господствующей національности.

Но для кого существуетъ народная школа: для массы ли народа или для людей, симпатизирующихъ разнымъ теоріямъ? Въ отвѣтѣ не можетъ быть сомнѣнія.

Должно учить народъ для самого народа, и потому необходимо прислушаться къ инстинктамъ самого народа, присмотрѣться къ его прозаическимъ взглядамъ и подчинить имъ свои личныя симпатіи и антипатіи.

Народу, вѣчно добывающему трудовую копейку, не достаетъ времени и средствъ для того, чтобъ учиться во имя разныхъ доктринъ. Онъ нуждается въ такой грамотности, которая, насколько возможно, болѣе расширяла бы практическую приложимость человѣка, открывала передъ нимъ возможно большее число дорогъ къ заработку и вообще какъ можно лучше обезпечила бы ему кусокъ хлѣба. Преподаваніе въ школахъ Прибалтійскаго края одной только эстской или нѣмецкой грамотности на всю жизнь привязываетъ прибалтійскаго латыша въ Рижской губерніи и косвенно прикрѣпляетъ его къ существующему въ этой губерніи порядку. Знаніе русскаго языка создаетъ для него совершенно иныя отношенія.

Право русскаго языка на преподаваніе во всѣхъ школахъ имперіи опирается на ежедневные и осязательные интересы народныхъ массъ, къ какому бы племенному типу онѣ ни принадлежали. Это языкъ главной части славянскаго міра, дипломатическій представитель стомилліоннаго населенія, разбитаго на множество нарѣчій и поднарѣчій. Только русскій языкъ даетъ ходъ каждому члену народной массы по Европѣ и Азіи на громадномъ районѣ отъ Тріеста до Благовѣщенска, отъ Ледовитаго Океана до Арарата. Только русскій языкъ обезпечиваетъ всякому уроженцу рижской губерніи то что на всемъ пространствѣ Россіи ему не придется переучиваться и примѣняться!

И такъ, преподаваніе на русскомъ языкѣ во всѣхъ школахъ Россіи составляетъ одно изъ существенныхъ условій сдѣлать эти школы дѣйствительно полезными для массы русскаго народа, принадлежащаго ко всѣмъ разнообразнымъ народностямъ, населяющимъ Россію. Этого прежде всего требуютъ экономическія выгоды всей массы простонародья различныхъ національностей и племенныхъ оттѣнковъ, составляющихъ «русскій народъ».

Спѣшимъ сдѣлать оговорку. Необходимо допустить различіе между тѣми мѣстностями, гдѣ все школьное преподаваніе идетъ на русскомъ языкѣ, и тѣми, гдѣ русскій языкъ вводится, какъ одинъ изъ главныхъ предметовъ преподаванія. Къ первой категоріи относятся всѣ мѣстности Россіи, населеніе которыхъ говоритъ нарѣчіемъ, близкимъ къ общерусскому языку, ко второй—всѣ поселенія инородцевъ, еще не вошедшія въ круговоротъ обще-русской національной жизни. Но врядъ ли можно сомнѣваться, что вторая категорія есть только временное явленіе и что русскій языкъ долженъ быть общимъ знаменателемъ всего стремящагося къ образованію населенія Россіи. Могутъ исчезнуть мѣстныя отличія народностей, но русскій языкъ уже давно служитъ главнымъ, если не единственнымъ, проводникомъ цивилизаціи въ массу народа. Извѣстная степень литературной обработки мѣстныхъ нарѣчій происходящихъ отъ не славянскаго корня можетъ принести большую пользу дѣлу первоначальнаго образованія народныхъ массъ не русскаго происхожденія, но надобно обладать необыкновенной силой воображенія, чтобы для того, чтобы вѣрить въ способность мелкихъ литературъ выдержать конкуренцію литературъ съ міровымъ значеніемъ.

До сихъ поръ мы говорили только объ экономическихъ выгодахъ повсемѣстнаго введенія русскаго языка въ народныя школы. Онъ облегчилъ бы инородческому населенію способы передвиженія по всему пространству имперіи и доставилъ бы возможность заработывать всюду, гдѣ представляется высшая заработная плата. Въ этомъ случаѣ экономическія выгоды индивидумовъ рабочаго сословія совершенно совпадаютъ съ политическими интересами цѣлаго народа. Народная школа повсемѣстно носила бы тогда русскій національный характеръ. Она носила бы его не потому, что этого требуютъ разныя политическія соображенія, но потому, что въ этомъ случаѣ политическія соображенія совпадаютъ съ самыми насущными интересами рабочаго сословія. Политическій элементъ дѣйствовалъ бы здѣсь, какъ случайная выгода, какъ премія, сопровождающая возвращеніе капитала.

Но эта посторонняя выгода имѣла бы важныя практическія послѣдствія, потому что оно дало бы возможность окончательно отдѣлить вопросъ религіозный отъ національнаго.

Въ нѣкоторыхъ мѣстностяхъ Россіи религіозный вопросъ служитъ до сихъ поръ важнымъ административнымъ препятствіемъ. Католическая народная школа Западнаго и Юго-западнаго Края была до сихъ поръ непремѣнно «польской школой». Въ качествѣ «польской школы», она не могла сочувствовать простому распространенію полезныхъ знаній въ массѣ народа, но волей-неволей примѣшивала сюда такія цѣли, которыя всего менѣе совпадаютъ съ интересами мѣстнаго населенія и всего болѣе противорѣчатъ видамъ русской политики. Какой-нибудь ксендзъ вмѣсто того, чтобъ быть простымъ сельскимъ учителемъ, дѣлался органомъ политической партіи, болѣе безпокойной, нежели опасной. Нерѣдко ради какой-нибудь «kantyczki», надо было закрывать не безполезную, для распространенія грамотности въ мѣстномъ населеніи, начальную школу. Послѣдствіемъ этой связи національнаго вопроса съ католическимъ было то, что послѣ 1863 года, на всемъ пространствѣ Западнаго и Югозападнаго Края было прекращено преподаваніе почти во всѣхъ начальныхъ школахъ, открытыхъ по почину частныхъ лицъ. Такъ какъ вся мѣстная интелигенція была католическая, то почти всѣ мѣстныя школы были не только католическими (съ этимъ еще можно бы помириться), но и польскими (этого въ данной мѣстности никакъ нельзя было терпѣть). Такимъ образомъ, пришлось отказаться отъ всѣхъ частныхъ ресурсовъ въ дѣлѣ народнаго образованія. Но такой порядокъ можетъ быть терпимъ нѣкоторое время и едва ли долженъ оставаться навсегда. Это тѣмъ болѣе очевидно, что на ряду съ католическою школой можетъ существовать школа протестантская, магометанская и т. д., что, точно также, какъ католическая школа Западнаго Края пріобрѣла польскую внѣшность, магометанскія школы Кавказа и протестантскія рижской губерніи, при извѣстномъ стеченіи обстоятельствъ, могутъ усвоить себѣ антирусское направленіе. Вопросъ религіозный и въ нихъ можетъ слиться съ вопросомъ національнымъ, коранъ съ мюридизмомъ, катихизисъ Лютера съ культомъ Бисмарка. Правительство не всегда можетъ равнодушно смотрѣть на проведеніе извѣстныхъ политическихъ тенденцій, но желательно, чтобы при этомъ оно не затрогивало ни чьихъ религіозныхъ убѣжденій. Нельзя отнять у него права постращать какого-нибудь сепаратиста, разсуждающаго за весь народъ, но было бы чрезвычайно прискорбно, еслибъ, ради нѣсколькихъ горячихъ головъ, были закрыты всѣ школы, основанныя частными лицами или обществами какого-нибудь вѣроисповѣданія.

Повсемѣстное введеніе русскаго языка въ народныя школы совершенно освобождаетъ правительство отъ печальной необходимости закрывать католическія и вообще какія бы то ни было иновѣрческія школы и даетъ надежныя гарантіи частной предпрінмчивости въ дѣлѣ народнаго образованія. Очевидно, что съ той минуты, когда религіозный вопросъ, вполнѣ очищенный отъ политическаго характера, утратитъ всю свою жгучесть, правительство не только можетъ смотрѣть безразлично на всякую частную дѣятельность въ дѣлѣ народнаго образованія, но должно покровительствовать этой частной дѣятельности. Изъ какого бы источника она ни выходила: изъ протестантскаго, магометанскаго или католическаго, все-таки, въ концѣ концовъ, она будетъ укрѣплять политическое единство русскаго народнаго цѣлаго. Наряду съ этою дополнительною выгодой существовала бы другая, главная—распространеніе полезныхъ свѣдѣній въ массѣ народа большимъ количествомъ органовъ, нежели при томъ порядкѣ вещей, когда всѣ народныя школы являются общественнымъ учрежденіемъ и когда вовсе не существуетъ категоріи народныхъ школъ, основанныхъ частными лицами.

Частный починъ былъ бы далеко небезполезнымъ сурогатомъ распространенія просвѣщенія въ массѣ народа. Во Франціи, въ началѣ 60-хъ годовъ, при 50,640 общественныхъ школъ, съ 4,000,000 обучающихся, существовало 16,378 частныхъ школъ съ 88,500 учащихся [1]. Городъ Парижъ, имѣвшій въ 1867 году 419 учебныхъ заведеній, предназначенныхъ для народнаго образованія (сюда входятъ общинныя школы, дѣтскіе пріюты, школы для взрослыхъ, спеціальныя школы для рабочаго класса и т. д.), сверхъ того, помогалъ 38 безплатнымъ школамъ, основаннымъ благотворительностью частныхъ лицъ [2]. Су-

---

[1] Луи Рэбо „Народное образованіе во Франціи", Заграничный Вѣстникъ", 1865, сентябрь.

[2] Adolphe Joanne „Paris Illustré", 737.

ществованіе такого количества частныхъ школъ въ Парижѣ тѣмъ болѣе замѣчательно, что, какъ извѣстно, во Франціи все дѣлалось для Парижа, и потому всѣ существовавшія до этого времени правительства, прежде всего, заботились объ основаніи учебныхъ заведеній для населенія столицы.

Изъ свѣдѣній сообщенныхъ нашимъ министерствомъ народнаго просвѣщенія видно, что въ продолженіе 1870 года, сумма крупныхъ частныхъ пожертвованій на дѣло народнаго образованія (то-есть не для однѣхъ только народныхъ школъ но, вообще, для школы) простирается до 800,000 р. Сюда относятся пожертвованія гг. Нарышкина, Галагана, Полякова и княгини Суворовой. Но и кромѣ этого были значительныя пожертвованія, напримѣръ, г. Нечаева, но, народную школу въ Воронежѣ, 30,000 р. [1]...

И такъ, 1870 годъ показалъ намъ, какое важное значеніе въ дѣлѣ народнаго образованія можетъ имѣть частныя пожертвованія, даже въ русскомъ обществѣ, справедливо упрекаемомъ въ привычкѣ всего ожидать отъ правительства. Было бы крайне неблагоразумно игно-

---

[1] Правительственный Вѣстникъ, 5 марта, 1871.

рировать эту силу въ людяхъ инороднаго происхожденія или не православнаго исповѣданія.

Предположивъ, что частный починъ образованной части населенія Западнаго Края могъ бы доставить русскому народу пропорціональное количество образовательныхъ средствъ нельзя не пожалѣть, что это количество пропадетъ теперь даромъ или израсходывается на тайную школу. Вотъ послѣдствія существующей у насъ связи вопроса религіознаго съ вопросомъ національнымъ! Вмѣсто того, чтобы сдѣлавъ русскій языкъ обязательнымъ для всѣхъ школъ имперіи, въ то же время, сдѣлать частную дѣятельность по предмету народнаго образованія общедоступною для всѣхъ исповѣданій, мы позволяемъ держать русскій языкъ въ черномъ тѣлѣ, но парализуемъ, въ то же время, одинъ изъ лучшихъ видовъ частной благотворительности — народную школу.

Не лучше ли подчинить частную дѣятельность въ дѣлѣ открытія народныхъ школъ только одному «обязательному» условію, соблюденіе котораго само по себѣ въ высшей степени полезно для народа, нежели de jure освобождая ее отъ этого условія, de facto вовсе парализовать частную школу?

VII.

Отношеніе народныхъ школъ къ университету.

Чтобы окончательно опредѣлить значеніе народныхъ школъ въ ряду другихъ образовательныхъ учрежденій Россіи и ту роль, которую они должны выполнить въ интеллектуальной жизни русскаго народа, необходимо разобрать отношенія народно-образовательныхъ учебныхъ заведеній къ общественно-воспитательнымъ и къ университету. Говоря объ этихъ отношеніяхъ, мы будемъ имѣть въ виду не степень іерархическаго подчиненія народныхъ школъ гимназіямъ и университетамъ, но право перехода учениковъ народно-образовательныхъ учебныхъ заведеній въ общественно-воспитательныя и право поступленія въ университетъ. Что же касается до іерархическаго подчиненія одного разряда школъ другому, то оно едвали можетъ быть чѣмъ нибудь оправдано. У гимназій и университетовъ слишкомъ много своего дѣла для того чтобы имѣть время заниматься чужими. Мы нѣсколько разъ говорили объ индивидуализмѣ учебныхъ заведеній и о правѣ каждаго изъ нихъ на самостоятельность. При существованіи распространеннаго на всѣ учебныя заведенія права государства контролировать и издавать обязательные законы, при существованіи спеціальныхъ органовъ предназначенныхъ именно для этого контроля, іерархическое подчиненіе одного учебнаго заведенія другому было бы удвоеніемъ и утроеніемъ начальническихъ отношеній. Мѣра эта, какъ извѣстно, нигдѣ не приносила пользы.

Отношенія народныхъ школъ прежняго времени къ высшимъ учебнымъ заведеніямъ и къ университету были опредѣлены высочайшимъ рескриптомъ 1827 года на имя адмирала Шишкова. Въ силу этого рескрипта гимназіи и университеты были закрыты для дѣтей несвободныхъ состояній, то-есть, почти для всей массы тогдашняго простонародья. Цѣль этого стѣсненія заключалась въ томъ, чтобы каждый пріобрѣталъ познанія наиболѣе для него нужныя и не бывъ ниже своего состоянія, также не стремился черезъ мѣру возвыситься надъ тѣмъ, въ коемъ по обыкновенному теченію дѣлъ, ему суждено оставаться». Со времени обнародованія этого рескрипта, общественныя отношенія Россіи до такой степени измѣнились, что то теченіе дѣлъ, которое двадцать лѣтъ тому назадъ можно было назвать «обыкновеннымъ», въ настоящее время является вещью невозможной и, невозможное двадцать лѣтъ тому назадъ «стремленіе черезъ мѣру возвыситься», сдѣлалось теперь вещью совершенно естественной и законной. Хотя у насъ нѣтъ политически развитой демократіи, но послѣ 1827 года наше общество до такой степени демократизировалось, что въ настоящее время никому не прійдетъ въ голову лишить крестьянъ права посѣщать университетъ или отдавать своихъ дѣтей въ гимназію потому только, что они крестьяне. Исключеніемъ изъ этого общаго правила служатъ только нѣкоторыя учебныя заведенія, не имѣющія впрочемъ большаго вліянія на образованіе русскаго народа и, чѣмъ далѣе, чѣмъ сильнѣй наше общественное мнѣніе высказывается противъ сословнаго образованія, получаемаго въ этихъ учебныхъ заведеніяхъ.

Но если мотивъ, послужившій основаніемъ рескрипту 1827 года окончательно рушился, то изъ этого еще не слѣдуетъ, чтобы результаты самаго рескрипта, принявъ иныя формы и выставивъ другія причины, не могли снова появиться въ нашей общественной жизни. Можно сдѣлать такъ, что индивидуумы рабочаго сословія Россіи, пользуясь всѣми юридическими правами для того, чтобы путемъ образованія «черезъ мѣру возвыситься», на самомъ дѣлѣ будутъ лишены возможности проложить себѣ дорогу къ высшему спеціальному образованію. Стоитъ только учредить вступительные экзамены въ университетахъ и воспитанники высшихъ народныхъ школъ, пользуясь всѣми юридическими правами сдѣлать изъ себя свѣтило науки, на самомъ дѣлѣ будутъ подвержены дѣйствію рескрипта 1827 года. Они будутъ имѣть право поступить въ университетъ, но только очень немногіе будутъ имѣть возможность воспользоваться этимъ правомъ. Такое натянутое положеніе тѣмъ болѣе нежелательно, что можно напередъ предвидѣть очень сильное стремленіе воспитанниковъ высшихъ народныхъ школъ, уже усвоившихъ начатки своей спеціальности, въ университеты, гдѣ они захотятъ усвоить ее окончательно. Преподаванія русскаго языка во всѣхъ безъ исключенія школахъ Имперіи, на необходимость котораго мы указали въ предыдущей главѣ, между прочимъ, полезно въ виду вѣроятности этого стремленія. Скажемъ болѣе. Стремленіе это неизбѣжно. Оно вытекаетъ изъ свойства человѣческой природы не останавливаться на половинѣ дороги, рисковать и идти до конца. При этомъ мы вовсе не имѣемъ въ виду людей съ необыкновенными способностями, талантовъ человѣчества. Давно замѣчено, что геніальные люди нарушаютъ всѣ расчеты, развиваются вопреки драконовскимъ законамъ и отыскиваютъ необыкновенные, имъ однимъ извѣстные пути. Говоря о стремленіи къ высшему образованію, мы имѣемъ въ виду людей способныхъ, но не геніальныхъ, берущихъ трудолюбіемъ, а не творчествомъ. Никто не скажетъ, чтобы эти люди были безполезны для науки и общества, чтобы у насъ ихъ было слишкомъ много и чтобы народная масса не могла создавать этихъ людей. Общество, поставившее неодолимую преграду ихъ стремленію окончательно усвоить свою спеціальность, едва ли поступитъ практически. Оно ослабитъ свою «боевую линію». Мы не говоримъ уже о томъ, что общество не имѣетъ нравственнаго права препятствовать стремленію людей, не получившихъ систематическаго предварительнаго образованія, окончательно усвоить свою спеціальность.

Нельзя, вмѣстѣ съ однимъ изъ нашихъ доморощенныхъ философовъ, сказать этимъ людямъ: «учися держати умъ... высочайшаго себѣ не ищи, а глубочайшаго не испытуй, но елико ти предано отъ Бога, си содержи...» А если и сказать имъ это, они не послушаютъ и начнутъ «высоко-паривою мыслью» искать «небесное измѣреніе» и испытывать глубочайшія тайны природы.

Въ виду этой потребности «высокопариваго» ума современнаго человѣчества, нельзя не признать безъусловную необходимость такихъ учебныхъ заведеній, которыя давали бы людямъ, безъ систематическаго предварительнаго образованія, возможность вполнѣ овладѣть своей спеціальностью и достигнуть высшей точки спеціально-научнаго образованія. Но почему бы университету не быть такимъ учебнымъ заведеніемъ? Во всякомъ случаѣ, какъ бы ни назвать высшіе курсы наукъ, они будутъ университетскими курсами, какъ бы ни назвать институтъ, въ которомъ читаются эти курсы, институтъ этотъ будетъ университетомъ. И такъ, если мы признаемъ законность желанія воспитанниковъ высшихъ народныхъ школъ съ спеціальнымъ направленіемъ окончательно усвоить свою спеціальную науку, то предназначенные для нихъ курсы высшихъ наукъ, въ той или другой формѣ, подъ тѣмъ или другимъ названіемъ, будутъ университетскими курсами, преподаваемыми въ учебныхъ заведеніяхъ, совершенно соотвѣтствующихъ университетамъ.

Мы не видимъ никакой надобности основывать два университета тамъ, гдѣ достаточно одного и не видимъ никакой возможности имѣть два хорошихъ университета тамъ, гдѣ недостаетъ способныхъ професоровъ для одного. И такъ, существующіе университеты должны, по нашему мнѣнію, удовлетворять высшимъ образовательнымъ потребностямъ не только молодыхъ людей, окончившихъ общественно-воспитательныя учебныя заведенія (гимназіи), но и воспитанниковъ народныхъ школъ. Отъ этого много выиграли бы не только воспитанники народныхъ школъ, но и сами университеты. Они представляли бы тогда основанное на широкомъ и прочномъ фундаментѣ учрежденіе, въ которомъ встрѣтились бы обѣ системы учебныхъ заведеній: общественно-воспитательная и народно-образовательная; они сдѣлались бы тогда полнымъ выраженіемъ интелектуальной жизни русскаго народа и получили бы размѣры, соотвѣтствующіе образовательнымъ потребностямъ всей Россіи.

Но въ такомъ случаѣ—къ чему вступительные экзамены?

Мы уже разсмотрѣли вопросъ о безполезности вступительныхъ экзаменовъ въ университетѣ по отношенію ко всей массѣ слушателей.[*] По поводу права воспитанниковъ народныхъ школъ продолжать въ университетѣ свое спеціальное образованіе, снова возвращаемся къ вступительнымъ экзаменамъ.

Во имя чего полагаются преграды къ свободному слушанію университетскихъ лекцій? Потому ли, что каждый не получившій полнаго предварительнаго образованія признается неспособнымъ теоретически усвоить какую нибудь спеціальность или, потому, что связавъ посредствомъ вступительнаго экзамена существованіе классическихъ гимназій съ правомъ слушать университетскій курсъ, авторы послѣдней педагогической реформы, затрудняя вступленіе въ университетъ, хотѣли оказать косвенную поддержку нашимъ классическимъ гимназіямъ?

Противъ перваго предположенія возстаетъ

---

[*] Стр 39—78.

ежедневный опытъ. Сколько замѣчательныхъ спеціалистовъ сдѣлались таковыми, не получивъ предварительнаго образованія! Людей создаетъ воля и способности, а не книги. «Въ школахъ и учебныхъ заведеніяхъ, говоритъ Смайльсъ, мы обыкновенно получаемъ только начало развитія и охоту къ труду. Дальнѣйшее же воспитаніе и образованіе человѣка уже дѣло саморазвитія. Самая законченная система воспитанія должна оставить нѣкоторые пробѣлы, гдѣ бы умъ свободно и самостоятельно могъ трудиться надъ ихъ пополненіемъ и могъ бы испытать здѣсь свои силы.

Назначеніе университетскихъ курсовъ заключается не только въ томъ, чтобы имѣющему дать еще болѣе, но и въ томъ, чтобы помочь пріобрѣсти знанія и тому, кто имѣлъ мало способовъ своевременно получить общее образованіе. Ученый и профессоръ гораздо болѣе нуждается въ аудиторіи полной энергіи и честной самостоятельности, обставленной молодыми надеждами и доброй волей, чѣмъ въ людяхъ, выдержавшихъ всѣ предписанные экзамены и учившихся только для экзамена. Профессоръ College de France — Лабулэ, лекцій котораго, конечно, никто не назоветъ безполезными для умственнаго развитія современной

Европы, таким образом выражает эту мысль: «Професор — это посредник между ученым и почти невѣждой. Его роль — склонить сердца къ истинѣ и возбудить въ нихъ желаніе труда». Лабулэ идетъ еще далѣе. Онъ говоритъ, что обязанность професора и обязанность ученаго не одно и тоже. Дѣйствительно, хорошій професоръ соединяетъ въ себѣ достоинство хорошаго ученаго и популяризатора своей науки. Всякій ученый буквоѣдъ обыкновенно бываетъ неспособенъ популяризировать свою науку. Если Лабулэ не считаетъ униженіемъ своей учености излагать свою науку передъ аудиторіей «не выдержавшихъ экзамена», то имѣютъ ли десятки ученыхъ, не имѣющихъ и десятой доли заслугъ Лабулэ, нравственное право протестовать противъ отсутствія вступительныхъ экзаменовъ.

Многіе германскіе професоры, въ томъ числѣ Яковъ Гриммъ, тоже высказались противъ вступительныхъ экзаменовъ въ университетѣ. «Подобно церквамъ и театрамъ, университеты должны быть открыты для всѣхъ... Всякій ограничительный законъ благопріятствуетъ посредственности и не даетъ развиваться независимымъ талантамъ».

Итакъ, необходимость предварительнаго образованія для усвоенія какой нибудь спеціальности вовсе не можетъ служить оправданіемъ стѣсненій, налагаемыхъ на народъ вступительными университетскими экзаменами. Что это образованіе необходимо для полнаго усвоенія спеціальности, съ этимъ никто не станетъ спорить. Но съ какой же стати обременять университетъ разбирательствомъ вопроса о предварительномъ образованіи каждаго изъ его слушателей, когда каждый слушатель и безъ того поставленъ въ необходимость произнести надъ собой строгій приговоръ по этому предмету. Естественно предположить, что каждый изъ слушателей имѣетъ на столько здраваго смысла, чтобы не зная ариѳметики не слушать высшей математики, и безъ знанія древнихъ языковъ — не поступать на филологическій факультетъ. Никто не станетъ слушать проповѣдь, не понимая языка проповѣдника, никто не станетъ посѣщать театръ, не имѣя на столько развитаго эстетическаго чувства, чтобы находить удовольствіе въ драматическомъ искусствѣ. Предварительное образованіе дѣйствительно необходимо, но изъ того, что оно необходимо, еще не слѣдуетъ, что университетъ долженъ каждому «навязывать» его личную пользу. Надо быть послѣдовательным. Если мы разъ признали научное совершеннолѣтіе университетской публики и на этомъ основаніи допустили въ Россіи университетское преподаваніе, надобно признать также и то, что каждый изъ членовъ этой публики компетентный судья во всемъ, что для него полезно и безъ чего онъ можетъ обойтись. И такъ, университеты, какъ свободное и совершенно общедоступное ученое заведеніе, «подобно церквамъ и театрамъ», должны открыть свои двери рѣшительно для каждаго на столько совершеннолѣтняго человѣка, чтобъ имѣть опредѣленныя цѣли и нести нравственно-юридическую отвѣтственность за свои поступки. Что существуетъ для всѣхъ, существуетъ и для воспитанниковъ высшихъ народныхъ школъ.

Намъ остается упомянуть о томъ, что вступительный университетскій экзаменъ служитъ у насъ косвенной мѣрой, содѣйствующей развитію русскихъ классическихъ гимназій. Но это такого рода «поддержка», которая можетъ завалить самое зданіе. Классическое воспитаніе, какъ мы его понимаемъ, несовмѣстно съ протекціонизмомъ и невозможно при несвободныхъ отношеніяхъ школы къ центральной власти. Классическая централизація будетъ псевдоклассицизмомъ, не имѣющимъ никакого реальнаго значенія. Неумѣстный протекціонизмъ извратилъ мысль и чрезвычайно уронилъ у насъ кредитъ классическаго воспитанія, которому и безъ того трудно бороться съ господствующимъ въ настоящую минуту направленіемъ общественнаго мнѣнія. Русское общество долго не проститъ псевдоклассическому воспитанію тѣхъ стѣсненій, которыя весь русскій народъ испытываетъ, благодаря навязчивости нѣкоторыхъ друзей классицизма.

Весь протекціонизмъ, оказываемый вступительными университетскими экзаменами классическому воспитанію, будетъ способствовать только развитію псевдоклассицизма, можетъ, до извѣстной степени, содѣйствовать ознакомленію нашего образованнаго общества съ латинскими и греческими спряженіями, но отъ этого нисколько не выиграетъ ни мировое значеніе русскаго народа, ни русская классическая школа.

Этими данными опредѣляется мѣсто народныхъ школъ въ ряду другихъ учебныхъ заведеній и значеніе образованія, даваемаго народными школами въ общей экономіи интелектуальнаго развитія русскаго народа. Мы считаемъ воспитанниковъ высшихъ народныхъ школъ имѣющими право: безъ всякаго встунительнаго экзамена, слушать университетскія лекціи, держать окончательный университетскій экзаменъ только изъ предметовъ своей спеціальности, получать дипломы, занимать кафедры.... Талантамъ и труду — скатертью дорога, какимъ бы путемъ они ни пробились наружу, лишь бы это былъ путь гражданской и политической честности.

КОНЕЦЪ.

www.ingramcontent.com/pod-product-compliance
Lightning Source LLC
Chambersburg PA
CBHW080328170426
43194CB00014B/2498